U0596845

科技金融
区域发展研究

冯 锐／著

中国人民大学出版社

·北京·

目　录
Contents

第一章　绪　论 /1

第二章　科技金融发展的理论研究 /7

　　一、科技金融发展的理论渊源 /7

　　二、科技金融的内涵研究 /23

　　三、科技金融的影响机理研究 /28

　　四、科技金融的发展模式研究 /33

　　五、科技金融的影响因素研究 /38

　　六、科技金融的空间效应研究 /44

　　七、小　结 /48

第三章　全国科技金融耦合发展现状 /50

　　一、我国公共科技金融发展现状 /50

　　二、我国市场科技金融发展现状 /56

　　三、我国主要区域科技金融发展的对比分析 /79

　　四、主要区域的科技金融耦合度比较分析 /101

第四章　广东科技金融耦合发展现状分析 /112

　　一、广东科技金融耦合发展现状 /112

　　二、广东科技金融耦合发展测度及其空间动态效应 /117

　　三、广东科技金融耦合发展问题分析 /130

第五章　科技金融区域发展及其空间动态演变的理论研究 /135

　　一、科技金融区域发展的理论研究 /135

二、科技金融区域发展的空间动态演变效应
——基于局域溢出模型 /140

第六章　科技金融区域发展及其空间动态演变的实证研究 /156

一、科技金融区域发展的时空经验特征 /156

二、研究方法与数据来源 /160

三、科技金融区域发展耦合协调度及空间效应 /164

第七章　科技金融区域发展的国内外经验 /169

一、科技金融发展的国外经验 /169

二、科技金融发展的国内经验 /182

第八章　科技金融区域发展的体系设计和政策建议 /198

一、科技金融区域发展的体系设计 /199

二、科技金融区域发展的政策建议 /209

参考文献 /232

后　记 /243

第一章

绪　论

　　当今世界正在经历百年未有之大变局，中国处于中华民族伟大复兴的关键时期，科技金融发展是助力创新型国家建设，实现到本世纪中叶建成富强民主文明和谐美丽的社会主义现代化强国目标的必由之路。科技金融是科技创新和金融发展耦合的产物，是促进科技研发、创新成果转让和高新技术产业发展的金融工具、金融制度、金融政策和金融服务的系统性安排。科技金融将科技创新和金融发展两大要素协同起来，通过现代金融的创新服务推进实体经济的科技创新，实现实体经济的高质量发展。科技金融是我国新时代金融业的一种新业态，科技创新与金融发展相辅相成，科技创新是新时代坚持和发展中国特色社会主义基本方略的重要组成部分，创新是引领新时代发展的第一动力，也是建设现代化经济体系的战略支撑；与此同时，金融发展是新时代配置金融资源到经济社会发展的重点领域和薄弱环节、满足人民群众和实体经济多样化金融需求的重要力量源泉，是新时代国家核心竞争力的基础性支点，也是新常态下经济高质量发展的重要内容。因此，科技创新与金融发展是支撑我国创新驱动发展战略的重要基石。

　　回顾全球数次产业革命，推动每次产业革命的源动力均是新科学技术的产生和应用，而且每次产业革命的发展壮大和成功都离不开金融生态的创新和支持。第一次产业革命可谓是一场金融革命，英国经济学家、诺贝尔经济学奖得主约翰·希克斯（John Hicks）指出："工业革命不是技术创新的结果，或至少不是其直接作用的结果，而是金融革命的结果。"显然，工业革命中的新产业对资本的需求，比如对工业原料成本、研发成本、人力成本、厂房成本、设备成本等的需要，离不开金融业的发展。第二次产业革命中的重化工业在工业生产过程中具有支配性地位，相比此前的轻纺工业，重化工业部门具有规模经济的特征，拥有更高的社会化生产水平，但也需要配套更多的资本投入。事实上，德国在第二次产业革命中后来居上，分别超过法国和英国，主要得益于股份制银行的金融发展，即通过全能银行在分散风险和鼓励创新方面的设计将储蓄和投资等金融业务结合在一起，理顺了短期债务与长期资本的关系，将社会储蓄转化为工业企业的生产资本，从而弥补了德国在原始资本积累方面的先天不足，使德国只用短短 40 年的时间就完成了英国历时 100 多年的工业化进程。第三次产业革命是继第一次蒸汽技术革命和第二次电力技术革命之后人类文明史在科技创新领域的重大飞跃，而且第三次产业革命实质上离不开金融模式的变革与转型，即以银行为中心的生态金融模式演变为以客户为中心的生态金融模式，银行、证券、保险、期货等金融机构的合作模式呈现出混业经营的趋势。多样化的金融产品和服务对于汇聚了信息技术、新能源技术、新材料技术、生物技术、空间技术和海洋技术等诸多科技创新发展的第三次产业革命具有重大意义。相比于前三次产业革命，金融发展对第四次产业革命的推进作用是全方位的。第四次产业革命基于生产、流通和消费等各环节的系统性大规模制造及自动化，而针对科技进步投入的大部分资本是由金融市场完成的，所以金融资本也会在科技创新的过程中获得追捧和增值，实现第四次产业革命和金融资本的有机融合。第五次产业革命始于人类社会从工业文明向生态文明过渡的新时代，以人工智能、机器人技术、虚拟现实、量子信息技术、清洁能源以及生物技术为技术突破口的产业革命更加离不开金融的深入发展。金融服务的网络化、移动化、集聚化、智能化、社会化、多样化显著赋能于第五次产业革命的兴起，特别是逐步完善的5G、大数据中心和工业互联网等新型基础网络设施，有机融合的数字金融与云计算、区块链等新技术应用，必将引领世界信息技术新一轮的巨大变革。从历次产业革命后世界各国的发展可以看到，将科技创新与金融生态紧密结合是社会经济取得快速发展的重要基础和条件，是产业革命能否顺利推进的必要条件，也是大国崛起的重要基础。

我国经济在改革开放后实现了 40 多年的持续高速增长，我国科技金融的发展为实体经济的高速增长提供了强大的创新保障。回首我国科技金融的发展，在党中央、国务院的领导和支持下，在金融行业和科技领域的无数能人志士的共同努力下，我国科技金融从无到有、从小到大，走出了一条中国特色的道路。我国科技金融也成为实体经济从产业结构调整到转型升级，再到创新发展的重要保证。事实上，我国科技金融发展从1985年起到现在共经历了四个阶段：

第一，起步阶段（1985—1989年）。1985年，中共中央做出了关于科技体制改革的重要决定，大力促进科技成果的转化和应用，推进科技与金融的结合。一方面，中共中央深刻地意识到资本要素在科技创新的孵化阶段、科技成果商品化阶段和产业化阶段的重要作用；另一方面，资本要素在深化金融市场改革的过程中，通过依托科技成果转化能够有效获取更好的经济收益和增长。科技创新借助金融要素可以转化为现实生产力，而金融要素融入科技活动能够产生新增长点。基于以上考虑，国务院科技领导小组办公室与中国人民银行在1985年10月联合发布了《关于积极开展科技信贷的联合通知》。在中国人民银行的倡议下，中国工商银行、中国农业银行、中国银行和交通银行等先后开展科技信贷业务，支持科技创新成果向生产领域转化，并取得了显著的经济效应。

第二，发展阶段（1990—1996年）。中国人民银行在起步阶段开办科技信贷业务的经验基础上，在国家综合信贷计划中正式设立科技开发贷款科目，并采取积极措施。在国家信贷资金相对紧缺的情形下，科技开发贷款的新增规模每年均有大幅度的增加。例如，1990年安排资金26亿元，到1996年安排资金达到93亿元，在"八五"期间的年均增长率达到21.5%。截至1996年末，五大国有商业银行累计发放科技贷款700多亿元，共支持了接近7万个科技开发项目。与此同时，一批非银行科技金融机构相继成立，与国有商业银行共同构建了全社会多渠道、多层次、多形式的科技金融体系。据不完全统计，截至1995年末，省市级科技信用社、科技信托投资公司已发展到29家，注册资金总额达7.86亿元，累计融资额达51亿元，发放科技贷款42.9亿元，支持了2 300多个科技开发项目；开办科技风险投资机构7个，累计投资3.9亿元，支持了249个科技开发项目；经有关部门批准，先后为352个项目发行了债券，筹集资金28.25亿元。

第三，改革阶段（1997—2011 年）。随着我国金融体制改革的推进，比如《中华人民共和国中国人民银行法》《中华人民共和国商业银行法》《贷款通则》等法律法规的相继实施，国家开发银行、国家进出口银行、国家农业发展银行等国家政策性银行的相继成立，国有商业银行的市场化经营改革系列举措的推出，国务院科技领导小组办公室出台了适应金融体制市场化改革的新举措，组织相应的科技部门和金融部门逐步完善了科技开发贷款项目的论证、风险控制等管理方面，并形成了比较系统的管理办法。与此同时，为更好地适应市场经济体制改革的需要，我国银行对科技改造发放贷款开始涉及固定资产投资领域，对科技开发发放贷款开始涉及风险投资领域等。这些科技金融领域的开创性举措有效推动了科技创新的可持续发展，为科技成果转化提供了资金来源，促进了"科教兴国"战略的实施。

第四，新融合阶段（2012 年至今）。伴随着科学技术的高速发展，以习近平同志为核心的党中央全面认识到新时代科技金融的重要性，致力于完善科技金融体系，构建科技金融生态治理体系，支持高水平科技自立自强的新目标。党的十八大确立了创新驱动发展战略；党的十八届五中全会提出以创新为首的"五大发展理念"；党的十九大报告提出加快建设创新型国家的明确要求，指出"着力加快建设实体经济、科技创新、现代金融、人力资源协同发展的产业体系"。依据这些纲领性要求，我国积极发展多层次资本市场、批准地方股权交易中心、设立科技成果转化投资基金等。这些新要求为我国现代金融服务科技创新，推动实体经济发展指明了方向，同时也在推动新时代我国经济发展由要素投入型转向创新驱动型的发展过程中起着决定性作用。几十年来，中国共产党的科技金融思想历经起步、发展、改革和新融合等阶段的砥砺创新，为经济建设、改革开放、科技创新、金融改革和实体经济高质量发展提供了高效的科技金融工作指导，对中国特色社会主义现代化建设的历史进程产生了巨大影响。

科技金融成为我国创新发展和财富创造的主要动力源，科技创新和金融发展的有机结合也是我国区域经济发展的重要引擎。自党的十八大以来，实施区域协调发展是建设社会主义经济体系的重要战略部署，如"京津冀地区""长江经济带""泛珠三角区域"等的高质量发展都离不开科技金融的支持。以泛珠三角区域为例，在新的发展形势下，广东区域创新能力近年来始终稳居第一，而且创新优势在持续扩大，特别是 2017 年后，在深化粤港澳合作的框架下，珠三角地区与港澳地区的联动使得科技创新与金融发展的融合优势进一步显现。

泛珠三角区域具有坚实的金融业基础和科技创新优势。在金融发展方面，区域内的广州、深圳和香港的金融业具有显著优势，拥有广州期货交易所、深圳证券交易所、香港证券交易所等，众多的银行、保险、证券和风险投资机构等金融中介集聚在此。广东的金融业增加值从 2002 年的 455 亿元增加到 2020 年的 9 907 亿元，占 GDP 的比重由 2002 年的 3% 提升到 2021 年的 9%。根据 2021 年公布的全球金融中心指数排名，在泛珠三角区域中，香港排名第 6 位，深圳排名第 11 位，广州排名第 19 位，充分显示了泛珠三角区域坚实的金融基础和实力。在直接投资方面，珠三角地区的城市投资金额的九成以上来自港澳的直接投资。在科技创新方面，泛珠三角区域拥有多所具有全球影响力的大学以及众多在全球范围内具有独特优势的高新技术企业。因此，泛珠三角区域对创新要素具备较强的吸引能力，同时具备建设国际科技创新中心的良好基础。此外，泛珠三角区域的创新体系也具有较强的互补性，如珠三角中以广州、佛山为代表的西岸城市在家用电器、装备制造业等行业具有较强的创新基础，而以深圳、东莞为代表的东岸城市在互联网以及电子设备制造业具有较强的创新优势。与此同时，泛珠三角区域逐步成熟的金融服务与不断丰富的金融产品，顺利推进了泛珠三角区域科技金融的协同。

泛珠三角区域的科技金融发展以科技创新和金融发展的协同为突破口，打通了区域要素的流动通道，优化了人才要素、技术要素和资本要素等资源配置结构，这对于泛珠三角区域建设世界级城市群具有重要意义。

众所周知，科技金融是一系列金融发展促进科技创新的状态。《国家"十二五"科学和技术发展规划》把科技金融概述为"通过创新财政科技投入方式，引导和促进银行业、证券业、保险业金融机构及创业投资等各类资本，创新金融产品，改进服务模式，搭建服务平台，实现科技创新链条与金融资本链条的有机结合，为初创期到成熟期各发展阶段的科技企业提供融资支持和金融服务的一系列政策和制度的系统安排"。因此，在全球经济由传统的技术寻找资本模式向资本寻找技术模式急剧转变的大背景下，深入研究泛珠三角区域科技金融区域生态体系的构建，有助于实现科技金融深度耦合发展，同时对于泛珠三角区域的战略性新兴产业的发展具有重要的方向引领作用。本书旨在梳理国内外科技金融发展理论，比较分析国内外科技金融发展经验，准确把握泛珠三角区域科技金融区域发展动态与前沿趋势，深入研究泛珠三角区域科技金融耦合路径的优化及其空间动态效应，并提出有利于泛珠三角区域科技金融高质量发展的对策及建议。

本书主要研究以下六个方面的内容：第一，梳理金融发展和科技创新的历史，解释科技金融的内涵和影响机理，梳理科技金融的发展模式，并进一步剖析科技金融耦合发展进程中的影响因素和其空间效应，为科技金融的进一步发展提供理论基础。第二，研究全国的科技金融发展情况。本书分析了全国以及国家重点区域（如长三角、珠三角、京津冀地区）的科技金融发展状况，提出了我国科技金融发展存在的问题。通过我国重点区域科技创新与金融发展耦合度的相关数据，研究我国重点区域科技金融耦合协调度。第三，分析广东的科技金融发展现状，并对广东的科技金融发展及其空间动态效应进行测度，为优化科技金融发展提供理论支撑。第四，对科技金融区域发展及其空间演变机制进行理论研究，并通过构建理论模型探讨科技创新与金融发展的融合路径以及可能影响两者耦合程度的内外部动因。第五，研究国内外科技金融的发展模式，通过借鉴美国和日本等发达国家以及上海、深圳等国内主要城市科技金融的发展经验，提出一系列科学有效的政策建议。第六，从科技金融区域发展的体系设计出发，阐述科技金融发展的指导原则和设计框架，并结合区域现实情况从政府机构、金融机构、科技型企业和科技金融服务等方面提供一系列有利于科技金融区域发展的政策建议。

在理论价值方面，本书的研究能够为科技金融区域创新合作提供科学、合理、有效的发展机制和具体路径，引领科技创新与金融区域发展的深度融合和协同合作。在实践价值方面，本书的研究为科技金融区域发展构建了内生高效、共生耦合的实践路径。

——— 第二章 ———
科技金融发展的理论研究

　　科技金融是科技产业与金融产业在经济发展过程中不断融合而逐渐形成的，对它的研究主要起源于科技创新理论与金融发展理论的融合。科技创新是经济发展的源动力，而科技型企业"轻资产、高风险"的特征决定了科技产业的成长和成熟需要源源不断的金融资源为其补给。科技金融的发展过程实质是科技型企业不断寻求金融资源的过程。国外学者研究的是科技与金融的相互关系，并没有对科技金融本身进行界定。与此同时，国内科技金融的发展始于20世纪80年代，以我国第一批科技贷款的发放为标志，许多学者开始关注并投身到科技金融领域的研究，他们从科技金融的理论渊源、本质内涵、影响机理、发展模式、影响因素、空间效应等多方面进行分析，剖析我国科技金融领域的学术前沿所关注的热点问题和实践探索所面临的重点问题，对于推动科技金融领域的全方位研究起到了抛砖引玉的作用。

一、科技金融发展的理论渊源

　　回顾西方经济学关于经济发展、金融发展和科技创新理论的演变历程，它对科技金融的概念并没有相关研究和明确界定。从目前国内外科技产业与金融产业的融合发展实践来看，科技金融的理论渊源可以追溯到金融发展理论和科技创新理论。客观地讲，一国科技金融的发展离不开金融系统的有机建设和日臻成熟，更依赖于科技创新的不断迭代。因此，研究梳理金融发展和科技创新的历史历程、深入剖析其理论演进的内在动因和发展方向，有助于我们更深刻地理解科技金融发展的理论基石。

（一）金融发展理论渊源

追溯金融发展理论的渊源，国内外学者的研究起点各有不同，主流观点认为：金融发展理论研究的是金融发展与经济增长之间的关系，并据此展开。金融发展理论经历了麦金农（Mckinnon）和肖（Shaw）的金融发展理论、麦金农和肖学派的金融发展理论及内生经济增长理论。上述理论出现在金融系统雏形时期。在此之前，对金融中的基础元素——货币的早期研究，可以被视为金融发展理论的萌芽。因此，本节将以西方学者对于货币本质的早期研究为起点，按照时间脉络来梳理金融发展理论的历程，见图 2-1。

1. 对货币本质的早期探索

早在 14 世纪，尼克尔·奥雷斯姆（Nicole Oresme）便提出了著名的货币管理原则，强调了货币质量对国内经济的重要影响。15 世纪初，重商主义兴起，早期重商主义者认为财富就是货币，等价于金银，货币的增加就意味着经济发展，较早地提出了货币与经济发展之间的联系。作为早期重商主义者代表的让·博丹（Jean Bodin）认为，当时法国物价的上涨源于金银数量过多，并就此提出了货币数量论。到 17 世纪末，晚期重商主义者虽然认同财富就是货币，但他们已经开始从资本家的角度来认识货币，主张通过保持对外贸易的顺差来积累国家财富，实现经济发展。

在重商主义解体时期，苏格兰经济学家约翰·罗（John Row）系统地论述了货币在国家经济发展中的重要作用。他认为，当金属货币的供给无法满足当时贸易扩张的需要时，便会制约一国贸易和经济的发展。据此，他主张国家应当创办银行、发行纸币，以此来促进国家贸易和经济的发展。

2. 古典金融发展理论

金融发展理论的萌芽时期主要是研究货币的本质，以及货币作为财富的形式对一国经济发展的作用。自此，经济学家便开始了对于货币与经济发展关系的漫长争论，并逐步过渡到对金融发展与经济发展的全面思考。

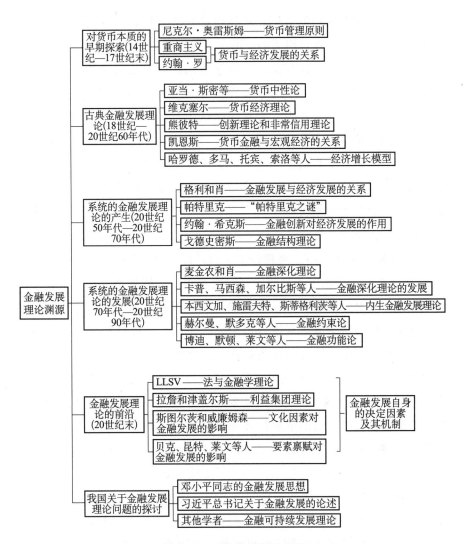

图 2-1　金融发展理论框架

对于货币与经济发展的关系，古典经济学派创始人亚当·斯密（Ad-am Smith）摒弃了重商主义的观点，他认为经济增长来源于生产部门的劳动，而不是货币的积累。古典经济学派认为，货币只是覆盖在实物经济上的一层"面纱"，对经济发展并无实质性影响，但与货币联系密切的各种金融活动，特别是银行的建立和发展，则促进了经济的发展。古典经济学派仅强调了银行在信用媒介中的重要作用，即通过慎重的银行活动，可以提高资本利用的效率，从而促进经济发展，但忽视了银行的信用创造作用，即银行在信用活动中可在一定程度上增加资本的总量。

古典经济学派的上述理论在经济学界的统治地位长达数百年，直到1898年，瑞典经济学家维克塞尔（Wicksell）首创货币经济理论，反对古典经济学派货币中性的观点。维克塞尔认为：名义货币供给量的变动首先会影响相对价格体系，然后再引起一般物价水平的变动，最终对经济产生重要的影响。维克塞尔论述了名义货币供给量的变化对短期经济运行的影响机制，但对于长期经济发展并未做出深入讨论，因而其理论仅可视为对金融系统功能的总结。

此后，针对货币金融对长期经济影响的问题，熊彼特（Schumpeter）在1912年发表的《经济发展理论》（*The Theory of Economic Developments*）一书中，提出了著名的创新理论和非常信用理论，论述了银行的信用创造功能对经济发展的长期影响，完善了维克塞尔的理论观点，同时弥补了古典经济学派重视银行信用媒介作用而忽略信用创造作用的不足。关于创新理论，熊彼特认为创新是经济发展的动因，并将创新定义为"生产函数的变动"，而这种函数是非连续性的，这就意味着创新这个概念究其根本是生产方式或生产关系的一种质变。通过创新打破经济原有的均衡，又会产生新的创新打破现在的均衡，通过这个没有穷尽的过程促使经济发展。关于非常信用理论，熊彼特指出：银行信用在经济发展中的重要作用就在于为创新活动提供必需的购买力，而这种购买力来源于银行的信用创造，因此银行的信用创造功能推动了经济的发展。

1936年，资本主义国家爆发了经济危机，传统的经济理论对于经济大萧条中出现的经济现象无法做出解释，英国经济学家凯恩斯（Keynes）出版了《就业、利息和货币通论》（*The General Theory of Employment, Interest, and Money*）一书。据此，凯恩斯建立了宏观经济分析框架，从宏观的角度来考察经济问题，研究影响社会总产出与社会就业的因素。凯恩斯论述了货币存量与利率之间的关系，并认为货币金融通过利率作用于社会总产出。在著名的流动性偏好理论中，凯恩斯认为货币供给由一国央行所决定，因此是外生变量，即它的变化影响着经济的运行，但其本身并不受经济因素的制约；与此同时，凯恩斯认为人们的货币需求源于流动性偏好这种普遍的心理倾向，并将货币需求分为交易性货币需求、预防性货币需求以及投机性货币需求。凯恩斯对于货币金融与宏观经济关系的论述，极大地推进了对金融发展与经济发展的研究，凯恩斯也因此被称为宏观经济学之父。

古典经济学派及后续学者对于货币金融与经济发展问题的思考停留在对经济增长所做出的理论解释上，20 世纪 50 年代哈罗德（Harrod）和多马（Doma）开始利用经济增长模型来解释经济发展，即通过选择与经济增长有关的因变量，在一定的假设条件下，构建其与经济增长之间的函数关系，定量分析各种因变量对经济增长的影响程度。基于 1939 年哈罗德发表的《动态经济学》（*Dynamic Theory*）以及 1946 年多马发表的《资本扩张、增长率和就业》（*Capital Expansion，Rate of Growth and Employment*），哈罗德与多马各自建立了经济增长模型，但由于这两个经济增长模型异曲同工，后来被人们统称为 Harrod-Doma 模型。根据该模型所论述的理论，均衡条件下国民收入的增长率为 $\Delta Y/Y = s/c$。其中，$c=K/Y$，K 为一国社会总资本；$s=S/Y$，S 为一国社会总储蓄。该模型的结论为：一国的经济增长率与该国的储蓄率成正比，而与该国的资本－产出比率成反比。此后，索洛（Solow）、尼古拉斯·卡尔多（Ncholas Kaldor）和琼·罗宾逊（Joan Robinson）等人均对 Harrod-Doma 模型进行了补充和修正，试图通过建立更完善的数学模型对经济增长做出更全面的解释。

关于 Harrod-Doma 模型及其修正，均为实物经济增长模型，金融因素仅为经济增长模型中的一个因变量。在 20 世纪 60 年代后，詹姆斯·托宾（James Tobin）、罗伯特·蒙代尔（Robert Mundell）、唐·帕廷金（Don Patinkin）和米尔顿·弗里德曼（Milton Friedman）等经济学家开始分析影响经济增长的货币因素，建立了包含货币因素在内的经济增长模型，系统地解释了货币因素与经济增长的直接关系，并针对货币政策的有效性提出了相应的见解。

托宾摒弃了以 Harrod-Doma 模型为代表的实物经济增长模型，继承并发展了凯恩斯理论，提出了著名的新古典货币增长模型。在货币增长模型中，托宾认为：货币通过改变人们的可支配收入来影响人们的储蓄与消费行为，进而作用于经济增长。蒙代尔阐述了开放经济条件下宏观稳定政策的理论，提出了对一国汇率政策的指导建议以及对货币政策和财政政策的指派原则。帕廷金在其著作《货币、利息和价格：货币理论与价值理论的融合》（*Money，Interest and Prices：An Integration of Monetary and Value Theory*）中建立了商品和债券的需求函数，强调了真正的平衡效应，并使用这些函数对货币理论的核心问题进行了静态和动态的分析，即货币数量和流动性偏好的变化对利息、价格及就业的影响。弗里德曼通过分析影响人们持有实际货币量的因素构建货币需求函数，将资产需求理论应用到货币需求的分析中，提出了影响货币需求的主要因素为恒久性收入的见解，而利率对货币需求的影响是微不足道的；与此同时，弗里德曼非常重视货币供给问题，认为货币供给是经济活动起伏的唯一影响来源，揭示了货币金融对经济发展的重要影响。

18 世纪至 20 世纪 60 年代的经济学者对于货币金融与经济发展关系的争论，从定性分析与定量分析方面均为金融发展理论的系统性提出提供了客观条件。与此同时，在 20 世纪 60 年代前后，西方国家因科学技术对生产力的巨大推动作用，它们的经济得以迅速发展，规范健全的金融体系逐渐形成并完善。经济学者开始对金融发展与经济发展进行全面思考，并提出了系统的金融发展理论。

3. 系统的金融发展理论的产生

20 世纪 50 年代美国斯坦福大学教授格利（Gurley）和肖在《经济发展中的金融方面》（Financial Aspects of Economic Development）和《金融中介机构与储蓄-投资过程》（Financial Intermediaries and the Saving-Investment Process）两篇文章中对金融发展与经济发展的关系做了开创性研究和系统性的论述。此后，格利和肖又在 1960 年出版了著作《金融理论中的货币》（*Money in a Theory of Finance*），以及在 1967 年发表了论文《金融结构与经济发展》（Financial Structure and Economic Development），可以认为他们开创了金融发展理论的研究框架。格利和肖认为，在以往关于经济增长问题的研究中，金融因素的重要作用或多或少地被忽视了，或者说其作用被其他变量的作用部分抵消了，因此格利和肖首先肯定了金融因素对经济发展不可替代的作用。与此同时，格利和肖认为，金融创新与技术创新使得间接金融机构得以发展，金融系统不断完善，肯定了金融中介在经济中的重要作用，其可以促进储蓄转化为投资并带动经济发展。因此，格利和肖指出：金融发展与经济增长之间存在着重要的联系，不可简单地将金融因素认为是经济增长的一个因变量，经济增长是金融发展的前提，而金融发展又反作用于经济增长。格利和肖通过对金融系统演变及发展的研究发现：经济发展程度越高，金融对经济增长的作用就越强烈，他们系统性地构建了完整的金融结构，分析了金融系统的各个组成部分对经济增长的影响程度。据此，格利和肖的理论较早地论述了金融发展与经济增长之间的关系，同时涉及金融制度与金融结构演变的初步分析，对金融发展理论具有承前启后的巨大贡献。

同期，西方经济学理论的发展在第二次世界大战后极度繁荣，金融发展理论也在此期间"百花齐放、百家争鸣"。美国经济学家帕特里克（Patrick）于 1966 年发表了《欠发达国家的金融发展与经济增长》（Financial Development and Economic Growth in Underdeveloped Countries）一文，将金融发展视为一个整体来分析金融发展与经济增长的关系。帕特里克认为，金融发展与经济增长之间的关系不可简单地认为是前者促进后者，而应当根据经济所处的不同阶段来考察两者之间的关系。根据帕特里克的论述，在经济增长的初期，金融发展确实先带动经济增长，但金融的快速发展会使经济结构变得逐渐复杂，从而不可避免地带来经济摩擦，这又会刺激对金融服务的需求，从而反作用于金融发展。因此，金融发展与经济增长的因果问题应当进一步讨论，这个因果问题后来也被经济学者称为"帕特里克之谜"。虽然针对这个问题，帕特里克并没有做出明确的解释，但部分学者认为，正是围绕"帕特里克之谜"的深入研究，使得金融发展理论得以快速发展。

英国经济学家约翰·希克斯（John Hicks）在《经济史理论》（A Theory of Economic History）一书中对市场经济做出了系统的论述，并通过考察金融因素对英国工业革命的作用，为金融发展与经济增长关系的研究提供了不同视角。他认为，工业革命是金融革命的结果，而技术创新是工业革命的催化剂，强调了金融创新对经济发展的巨大带动作用，实现了熊彼特所论述的"质变"。

雷蒙德·戈德史密斯（Raymond Goldsmith）在其著作《发达国家的金融结构与金融发展》（*Financial Structure and Economic Growth in Advanced Countries*）中，开创性地提出了金融结构理论。在书中，他系统地讨论了不同时期的金融结构模式与经济发展之间的关系，构建了金融相关比率（financial interrelation ratio，FIR）指标［即在某一时点上全部金融资产存量价值（Fr）与全部实物资产价值（Wr）之比，用以定量地反映金融结构与经济发展的变化关系］，进行了相应的实证研究，并得出了 FIR 指标与经济发展水平正相关的结论。戈德史密斯认为，金融发展是金融结构的变化，而金融结构的变化又会对经济增长产生正向影响。因此，一国为促进经济增长应根据当前的经济发展阶段对金融结构做出相应的调整。由此可见，戈德史密斯的研究强调了金融结构对经济增长的重要作用，并提供了一套定量分析该关系的指标体系。他的金融结构理论也被诸多学者认为是第一个系统性的金融发展理论体系。

4. 系统的金融发展理论的发展

（1）金融深化理论及其发展。麦金农和肖在 1973 年分别出版了《经济发展中的货币与资本》（*Money and Capital in Economic Development*）和《经济发展中的金融深化》（*Financial Deepening in Economic Development*）两部著作，提出了金融抑制理论和金融深化论（由于两者从不同视角论述了同一问题，故可统称为金融深化理论），标志着成熟完整的金融发展理论的出现。麦金农和肖所论述的金融抑制是指在经济较为发达的国家，其金融发展与经济增长之间应当存在相互促进的关系，而在经济较为落后的发展中国家，金融发展与经济增长之间却存在相互制约的扭曲关系，从而导致金融发展遭到严重制约。麦金农认为，在发展中国家落后的经济环境中，资本市场缺乏效率，导致资金供给者与资金需求者之间缺乏有效的投融资机制，同时在发展中国家，政府通常对资本市场进行干预并经常实施低利率政策，从而更难形成有效的金融体系，出现金融抑制的现象。肖认为不健全、不完整的资本市场使得资金供给者很难进入，这也是导致发展中国家资金供给不足的主要原因之一。因此，如果一国形成健全完整的资本市场，可以有效地促进国内储蓄转化为投资。虽然麦金农和肖对金融发展与经济增长在发展中国家的论述具有不同的出发点，但他们的观点异曲同工，皆主张通过完善金融市场（即推动金融深化）来消除金融抑制，实现经济增长。麦金农和肖的论述进一步修正了 Harrod-Doma 经济增长模型，将金融深化作为一个重要的因素纳入该模型中，推动了货币金融对经济增长影响研究的进一步发展；与此同时，他们提出了金融发展与经济增长之间存在相互影响、相互制约的结论，对两者之间的辩证关系做出了开创性的研究。围绕着麦金农和肖的金融深化理论，巴桑特·卡普（Basant Kapur）、马西森（Mathieson）和维森特·加尔比斯（Vicente Galbis）等经济学家皆进行了相应的修正和发展，他们通过严谨的论证，形成了完整的、规范的宏观经济理论模型，上述经济学者后来也被称为麦金农-肖学派。

（2）内生金融发展理论与金融约束论。金融深化理论的政策主张是显而易见的，即在欠发达经济体中，通过金融自由化消除金融抑制，从而实现经济增长。该理论的缺点也较为明显，即假设过于严格，理论适用性较低，其倡导的金融自由化也忽略了欠发达经济体的实际情况。20世纪 90 年代许多发展中国家的金融自由化改革都在不同程度上遭遇失败，政策效果较差。在此背景下，本西文加（Bencivenga）、施雷夫特（Schreft）和斯蒂格利茨（Stiglitz）等经济学者在吸收了内生经济增长理论（即经济增长是内生因素的作用结果，而内生技术变化才是经济增长的决定因素）的基础上，创立了内生金融发展理论。他们开始突破麦金农和肖学派的理论框架，试图寻找适用性更强的理论来解释金融发展与经济增长之间的作用机制，为政策提供有效的指导。内生金融发展理论融入了信息不对称等因素，将金融作为经济增长的内生变量，论述了金融在经济增长机制中的内生形成过程及其对经济增长的影响机制。该理论认为，经济摩擦导致了金融体系的内生发展和完善，而金融体系效率的提高可以降低交易成本并提高资金的使用效率，从而反作用于经济增长。与此同时，经济学者将实证方法引入内生金融增长模型，他们运用时间序列分析以及面板分析等方法，严谨定量地论证金融发展对经济发展的影响，得出了更加可信的结论，即金融体系的不断完善确实会促进经济增长。经济学界也接受了金融发展是经济增长的决定性因素的结论，这标志着前文所述帕特里克之谜得以解决。此后，以托马斯·赫尔曼（Thomas Hellmann）、默多克（Murdock）以及斯蒂格利茨为代表的经济学家相继提出了金融约束论。金融约束是指一国政府对存贷利率的控制以及对资本市场准入或竞争的一些限制，其政策目的是为金融部门（主要是银行业）创造租金并提高金融市场的运行效率。金融约束论的核心观点为，政府应当保证宏观经济的稳定，保持较低并容易预测的通货膨胀率，通过一系列诸如存贷利率管制、市场准入限制等金融约束政策来促进经济增长。

（3）金融功能论。在内生金融发展理论与金融约束论提出后，经济学者开始围绕"金融发展水平大致相同的国家却出现了不同的经济增长水平"这个问题展开讨论。在这个背景下，博迪（Bodie）和默顿（Merton）等人最早于1993年提出了金融功能观，他们在肯定"金融发展是经济增长的决定性因素"这个结论的同时，论述了因金融体系的不同功能而对经济增长所造成的不同影响，并形成了金融功能论。该理论认为，各国由于诸如市场化程度等金融发展的初始条件不同，其金融结构会呈现一定的差异，进而导致各国金融功能在作用方式及行使主体等方面呈现出差异，而金融发展对经济增长的影响主要是通过金融体系所发挥的功能来实现的。与此同时，莱文（Levine）等经济学家运用实证的方法对金融功能论进行了验证，得出依赖外部资金的企业的发展水平与金融发展水平正相关的结论。金融功能论从金融功能不断变化这一动态视角，揭示了金融发展水平影响经济增长的原因，但该理论忽略了各种制度因素会对金融功能产生影响的问题，缺乏理论的适用性与全面性；与此同时，它未涉及金融功能演变规律的细致讨论，而金融在不同的历史时期履行着不同的功能，这是外部环境等因素综合作用的结果。

5. 金融发展理论的前沿

对于金融功能论所涉及的理论缺陷，20世纪末经济学者将研究视角转向金融发展自身的决定因素及其机制。拉波尔塔（La Porta）、洛佩兹·德·西拉内斯（Lopez de Silanes）、史莱弗（Shleifer）和维什尼（Vishny）等人将法律制度等因素融入金融发展理论中，提出了法与金融学理论。该理论运用实证分析方法，得出了"一国的法律制度环境与发展水平对金融发展水平具有正向的影响作用"的结论。此后，关于金融发展问题，拉詹（Rajah）和津盖尔斯（Zingedes）提出了利益集团理论，即考虑了利益集团斗争的影响；斯图尔茨（Stulz）和威廉姆森（Williamson）引入了宗教和语言因素，借以考虑文化的影响；贝克（Beck）、德米尔居奇·昆特（Demirguc-Kunt）和莱文等人又引入了要素禀赋因素，论述了殖民地国家的金融发展水平所受到的殖民政策的影响；等等。

6. 我国关于金融发展理论问题的探讨

我国关于金融发展问题的研究起步较晚，主要集中在对中国特色社会主义现代化建设过程中金融问题的探索上。这些理论是党中央治国理政方略在金融领域的具体体现，在中国特色社会主义现代化建设的实践中逐渐发展并日益成熟。

（1）邓小平同志的金融发展思想。邓小平同志的金融发展思想主要可以分为以下三个阶段。第一阶段从革命战争年代至改革开放前，邓小平同志重点强调了银行在国民经济发展中的重要地位，并提出了"金融稳定论"等观点。

第二阶段是改革开放初期至20世纪90年代前。在这个阶段，以邓小平同志为核心的党的第二代中央领导集体形成，邓小平同志结合当时中国的国情，对金融体制改革与发展做出了进一步的指示，并重点提出了"利用外债论"、"银行改革论"以及"银行杠杆论"等观点，这一阶段的金融发展理论不断完善，邓小平金融思想初步形成。

第三个阶段是20世纪90年代以后。邓小平同志相继提出了"金融核心论"、"金融市场发展论"以及"金融开放论"等观点。在这个时期，邓小平同志的金融发展思想得以深化发展。

邓小平同志深刻把握金融发展问题，为我国金融体系良性健康的发展打下了坚实的根基，使我国资本市场建设迈出了坚实的一步。

（2）习近平总书记关于金融发展的论述。自党的十八大以来，习近平总书记多次阐述了关于金融业高质量发展的观点，他强调要坚持党对金融工作的统一领导，并争取在21世纪中叶建成社会主义现代化强国。

7. 其 他

许多国内学者开始不断探索金融发展与经济增长的关系，试图构建符合中国经济发展状况的金融发展理论。在亚洲金融危机爆发的背景下，白钦先提出了金融可持续发展理论。金融可持续发展是指金融与经济长期保持的一种持续稳定发展。该理论较好地解释了亚洲金融危机发生的原因：一些亚洲国家忽略了金融自身的发展规律，不合理地配置资源，造成金融体系中泡沫聚集，从而引发了金融危机。白钦先提出了金融可持续发展的三个原则，即"实现质性发展与量性发展相统一"、"实现金融相对稳定发展与跳跃发展并存"以及"实现金融整体效率与微观效率并重"。

（二）科技创新理论渊源

西方经济学者对经济增长机制的早期研究并不太关注科技创新。但是，随着经济的不断发展，越来越多的学者开始关注技术创新对经济增长的巨大推动作用，他们逐渐将技术创新因素纳入经济增长理论的研究框架内。回顾西方学者对创新的研究，最早可以追溯到马克思在其著作中所提的创新思想，以及熊彼特的创新理论。此后，出现了新古典学派、新熊彼特学派、制度创新学派和国家创新系统学派等对创新机制的系统论述，本节大致按照此脉络来梳理西方早期关于创新理论的渊源与发展，见图 2 - 2。

1. 马克思的创新思想

正如约翰·伊特韦尔（John Eatwell）所说："马克思恐怕领先于其他任何一位经济学家把技术创新看作为经济发展与竞争的推动力……然而到了 20 世纪上半叶，著名经济家中差不多只有熊彼特一个人还在继承和发扬这一古典传统。"回顾马克思的著作，虽然其并没有系统的有关创新的理论，却包含了大量有关创新的论述，可以归纳总结为以下三个方面：

第一，生产力的进步是创新的体现。马克思在解释生产力这个概念时，用了"技术"、"发明"、"机器"和"科学技术"等词汇，用"生产方式"、"生产资料"以及"资本的有机构成"等内容的变化来解释生产力的变革与发展，这可被视为技术创新的另一种论述方式。马克思认为，在资本主义生产关系下，机器及新生产方式的出现和使用能够极大地提

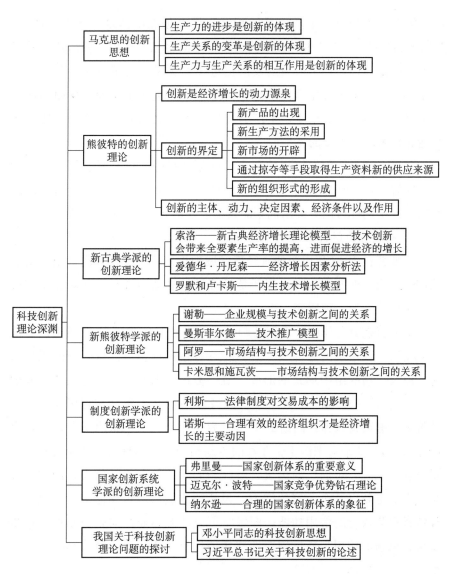

图 2-2 科技创新理论发展框架

高劳动生产力，从而推动经济增长。

第二，生产关系的变革是创新的体现。马克思认为，生产关系的变革对社会生产力的发展起到杠杆作用。马克思在表述"生产关系"时，谈及分工与协作等新的组织形式，并认为这种以新的组织形式为代表的生产关系极大地提高了生产效率，进而提高了整个社会的经济效益。

第三,生产力与生产关系的相互作用是创新的体现。马克思认为,"生产力的进步"与"生产关系的变革"之间会相互作用,而后产生对经济增长的推动合力:生产力的发展促进生产关系的变革,而生产关系的变革会使经济中出现更多的摩擦,倒逼生产力进一步发展,从而形成螺旋上升的合力。究其根本,生产力与生产关系之间的这种相互作用机制是通过技术创新连接的。

通过上述三个角度解释的马克思的创新思想,仅为其著作中提到的部分内容,而从马克思对"资本主义的市场扩张"和"剩余价值"等问题的研究中同样可以凝练出创新的其他表现形式,本小节不再赘述。

2. 熊彼特的创新理论

熊彼特在 1912 年出版的《经济发展理论》一书中,首次提出了著名的创新理论。熊彼特认为,创新是经济增长的动力源泉,创新是生产方式或生产关系的一种质变。

熊彼特在其著作中,将创新归类为"新产品的出现"、"新生产方法的采用"、"新市场的开辟"、"通过掠夺等手段取得生产资料新的供应来源"以及"新的组织形式的形成"五个方面。随后,熊彼特又从创新的主体、动力、决定因素、经济条件以及作用等几个角度进行了论述。概括说来,熊彼特认为:创新的主体应为企业家——"职能是实现新组合的人";创新的动力来源于企业家的创新精神,可简称为企业家精神,包括坚强的意志、对创造的热衷、对胜利的渴望等;创新的决定因素为社会观念的更新以及企业家的能力,包括预测能力与组织能力等;创新的经济条件为银行的信用功能,即银行可以源源不断地向企业家提供信贷支持;创新的作用为通过创造性破坏的往复过程,促使经济结构发生质变,进一步推动经济增长。

3. 新古典学派的创新理论

关于新古典学派的兴起,前文在金融发展理论渊源部分有所提及。20 世纪 50 年代后,西方国家的经济快速增长,经济学者试图通过构建经济增长模型来解释经济增长的内在动因,并在模型中引入了劳动、资本以及储蓄率等诸多变量,对当时的经济增长机制做出了最契合的理论解释。此后,受熊彼特的创新理论启发,越来越多的经济学者意识到技术创新对于经济增长的巨大作用，开始将技术创新因素引入经济增长模型中，形成了新古典学派的创新理论。索洛在 1956 年发表的《对经济增长理论的一个贡献》（A Contribution to the Theory of Economic Growth）中，提出了著名的新古典经济增长理论模型，他认为技术变化（也就是技术创新）会带来全要素生产率的提高，进而促进经济的增长。1957 年，索洛发表了《技术进步与总生产函数》（Technical Change and the Aggregate Production Function）一文，将技术进步因素融入柯布-道格拉斯生产函数并对美国 1909—1949 年的经济增长进行了实证研究，分析了技术创新对经济增长的实质影响程度，并得出"经济增长的 80％以上源于技术创新的拉动作用，而只有 10％左右源于生产资本的增长"这一显著结论。爱德华·丹尼森（Edward Denison）于 1974 年出版了《1929—1969年美国经济增长的核算》一书，提出了经济增长因素分析法，他通过实证分析方法进一步验证了索洛提出的理论观点。丹尼森测算了 1929—1969 年美国的经济增长水平以及资本和劳动等生产要素对经济增长的影响，并发现最重要的增长因素为知识进展。丹尼森将知识进展定义为国民收入增长率减去总要素投入量，再减去资源配置、规模节约与不规则因素的总和，其与技术创新非常相近。丹尼森得出结论：知识进展（或者说是技术创新）是经济增长的长期动因。此后，罗默（Romer）于1986 年发表了《递增收益与长期增长》（Increasing Returns and Long-Run Growth）一文，卢卡斯（Lucas）于 1988 年发表了《论经济发展机制》（On the Mechanism of Economic Development）一文，提出了内生经济增长理论，并构建了内生技术增长模型。他们认为，经济增长源于经济内部因素的驱动，并通过分析企业组织，发现企业在逐利的过程中带来了技术创新，而技术创新是经济增长的决定性因素。以上大致为新古典学派所构建的技术创新理论框架。

4. 新熊彼特学派的创新理论

熊彼特的创新理论提出后，得到了谢勒（Scherer）、曼斯菲尔德（Mansfield）、阿罗（Arrow）、卡米恩（Kamien）、施瓦茨（Schwartz）、罗森伯格（Rosenberg）等诸多经济学者的追随，他们从新技术推广、企业规模和市场结构等多个视角对熊彼特的创新理论进行了补充和修正，并形成了较成熟的新熊彼特学派，该学派坚持技术创新是经济增长核心动因的观点。

5. 制度创新学派的创新理论

同样地，受熊彼特创新理论的影响，制度经济学派的学者（如诺斯和利斯）对制度创新与经济增长之间的关系做了大量论述，并形成了制度创新理论。

诺斯在其经典著作《西方世界的兴起》（*The Rise of The Western World*）中提到，合理有效的经济组织才是经济增长的主要动因，这也是当时西方国家经济迅速发展的主要原因。随后，诺斯在其著作《制度变迁与美国经济增长》（*Institutional Change and American Economic Growth*）一书中，阐述了制度创新的内在动因，即潜在利润及创新成本会随着新制度的出现而降低。据此，诺斯将制度与创新思想相结合，阐明了制度创新对经济增长的巨大推动作用。

6. 国家创新系统学派的创新理论

随着世界经济的快速发展，经济学者开始认识到技术创新需要国家创新系统持续推动，才能保持它对经济增长的长期活力。弗里曼（Freeman）于 1987 年在其著作《失业和技术创新》（*Unemployment and Technological Innovation*）中提出了国家创新系统的概念，即一种在国家领域内引导并传播科技创新的关系网络。同期，弗里曼通过对日本经济的实证分析，发现一国政府对技术创新的发展具有重要的作用，强调了国家创新体系的重要意义。随后，迈克尔·波特（Michael Porter）于 1990 年出版《国家竞争优势》（*The Competitive Advantage of Nations*）一书，他提出了著名的国家竞争优势钻石理论，即国家竞争优势具有四个决定因素——要素条件、需求条件、相关产业以及公司竞争，而且国家竞争优势应以企业成功的技术创新为基础。在波特的理论中，企业在技术创新过程中居于主体地位，同时国家创新体系对技术创新企业具有引领作用。此后，纳尔逊（Nelson）在 1993 年出版的《国家创新系统》（*National Innovation System*）一书中指出，一个合理的国家创新体系的建立依托于全面且合理的技术及制度因素，需要一国政府、企业与科研机构等各部门协同发力，同时国家创新体系中的制度设计需要具有灵活性。国家创新理论建立了宏、微观间的各种内在联系，强调了技术创新所依托的国内外环境的重要性，使技术创新理论得到了进一步的完善和发展。

7. 我国关于科技创新理论问题的探讨

纵观我国社会主义建设的伟大历史进程，创新始终是我国经济发展的不竭动力。早前以毛泽东同志为核心的党的第一代中央领导集体就强调了科技创新对社会主义国家建设的重要作用。在中华人民共和国成立后，毛泽东同志提出了"阶级斗争、生产斗争和科学实验，是建设社会主义强大国家的三项伟大革命运动"[①]。在此基础上，党中央开始对科技创新事业进行系统发展，构建了中国特色社会主义的宏伟蓝图。

（1）邓小平同志的科技创新思想。邓小平同志在继承马克思主义、毛泽东思想的基础上，开创性地提出了"科学技术是第一生产力"的著名论断。

（2）习近平总书记关于科技创新的论述。首先，习近平总书记指出，"我们高度重视科技创新工作，坚持把创新作为引领发展的第一动力"；其次，对于中国经济体系中政府与市场之间的关系问题，习近平总书记提出"使市场在资源配置中起决定性作用和更好发挥政府作用"；再次，习近平总书记提出要"在适度扩大总需求的同时，着力加强供给侧结构性改革"；最后，习近平总书记指出，"要加快实施创新驱动发展战略，强化现代化经济体系的战略支撑"，同时坚持自主创新、重点跨越、支撑发展、引领未来的方针，加快创新型国家建设步伐。

二、科技金融的内涵研究

伴随中国科技产业与金融产业的深度发展，学界、政府及业界都在对科技金融进行不断的实践探索。科技金融的主要范畴也被新时代赋予了更丰富的内涵。国内学者基于我国改革开放 40 多年来在金融发展和科技创新领域的探索，从科技金融的基本内涵、本质内涵、特征内涵、功能内涵、政策内涵等不同的视角对科技金融的内涵进行了分析。

第一，科技金融的基本内涵。科技金融作为一个整体性概念是在 1994

---

① 第二届全国人民代表大会第四次会议公报. 人民日报，1963 - 12 - 04.

年中国科技促进会上提出的，学者的早期研究主要关注科技金融体系的构成要素，并以此对科技金融的基本内涵进行界定，即科技金融是科技、金融和制度等多要素组合的有机系统。例如，杨刚（2005）分析了科技金融的参与主体，强调投融资的中介机构和资本市场在服务于科技与金融结合过程中的关键性，其中的中介机构（涵盖评估机构、投资银行、投融资管理顾问公司、律师事务所等）在科技金融发展中具有重要影响。在此基础上，赵昌文（2009）以更加全面的科技金融构成要素为出发点，首次提出科技金融是促进科技开发、成果转化和高新技术产业发展的一系列金融工具、金融制度、金融政策与金融服务的系统性、创新性安排。以赵昌文为代表的学者强调科技金融的工具属性内涵，而房汉廷（2010，2015）等诸多学者将科技金融界定为一种由技术资本、创新资本及企业家资本深度融合和深度聚合的新经济范式，其核心是打破技术资本化、普通资本转化为创新资本以及企业家资本化三大维度的约束条件，释放技术红利、创新资本红利和企业家资本红利。无论是赵昌文对科技金融研究形成的工具论、房汉廷对科技金融分析归纳的范式论，还是其他学者，都强调金融制度这一构成要素的重要性。例如，王宏起和徐玉莲（2012）指出，科技金融是在国家金融政策和金融服务的系统化制度安排下，金融资源和科技创新主体的融合统一，其中的金融资源包括政府基金组织、金融机构、金融市场投资者等，科技创新主体包括从事科技创新、研发、成果转化及产业化的企业、高校和科研院所等。王元（2014）提出科技金融是我国金融体系的延伸和发展，是在合理的制度与科学的政策安排下实现金融资源要素和科技创新要素的帕累托组合改进。

第二，科技金融的本质内涵。国外学者的创新经济学理论和国内学者的科技金融理论的有机结合，可以更深入地解读科技金融的本质属性。一方面，国外学者索洛基于内生经济增长理论强调了创新的重要性，熊彼特分析了技术资本化在创新中发挥的财富作用，而佩雷斯进一步揭示了金融资本在创新中的财富创造效应，这些研究在一定程度上表明社会资本、技术资本、创新资本和企业家资本的深度耦合是科技金融系统发展的动力源泉；另一方面，国内诸多学者基于我国科技金融的发展历程，总结提炼了科技金融的"工具论"和"范式论"，前者对于科技金融产品设计、科技金融服务模式、科技金融政策制定具有指导意义，后者对于创新型经济发展、创新型国家建设具有现实意义，这些研究成果是坚持科技创新和金融创新"双轮"驱动、促进科技金融优化发展过程中重要经验的积累。从狭义上说，科技金融的本质是解决企业在科技创新活动过程中资本供给与需求的资本工具，是缓解或解决信用配给不足矛盾的有效措施；从广义上说，它是在市场失灵的背景下，通过政府调控和治理金融市场来支持科技创新活动并促进科技金融创新生态持续优化的"看得见的手"，是从顶层设计上解决科技创新风险与收益匹配问题以及科技金融市场与政府运行机制协调问题的有效机制（李华军，2019）。

第三，科技金融的特征内涵。自改革开放以来，我国的科技金融逐渐具有了中国特色，从最初的金融支持科技的起步，到金融支持科技、科技反哺金融的互动，再到目前金融、科技和实业的协同发展，科技金融的特征体现在同生性、创新性、综合性、风险性和政策性五个方面。

在同生性方面，科技金融是科技创新、金融创新和发展的共生、演化与融合的产物，而且科技金融的各主体之间并不是一个简单的线性组合关系，而是众多创新主体之间、科技与金融要素之间交互作用形成的复杂生态系统。在创新性方面，科技金融本身就是一种创新活动，它兼具前瞻性与制度优越性。客观地讲，虽然科技金融的发展在一定时期处于稳态，但随着社会技术体制的动态演变，原有的科技金融态势也会被新的科技金融态势所取代。在综合性方面，科技金融立足于政策性主体的引导和市场化主体的支持，前者涉及以财政科技投入、财政补贴、税收政策为代表的政策性金融体系，后者涉及以银行、保险、债券等为代表的信贷金融体系和以主板、中小板、创业板、科创板、新三板、区域性股权交易市场、券商 OTC 市场和风险投资市场等为代表的股权投融资体系，以上这些混合性的要素共同促成科技创新与金融资本的深度融合。在风险性方面，科技金融具有科技创新可能面临的失败和金融资本天然的内生风险，而且还具有金融与科技、产业融合发展过程中，金融资本在作用路径上承受的各种干扰因素导致的偏差（李华军和刘贻新，2018）。在政策性方面，科技金融在支持创新驱动发展的不同阶段采取了差异化的政策手段，特别是从创新政策的属性来看，科技金融具有天然的政策性禀赋，这是在具体的产业经济领域或创新活动应用过程中产生的。

第四，科技金融的功能内涵。科技金融的功能主要是服务科技创新与金融发展的有机融合，也可以实现科技创新链条和金融资本链条的有机结合。其功能的具体表现形式是多样的，比如融资筹资、创业孵化、信息服务、技术交易等。基于这些具体表现形式，科技金融的核心功能主要体现为资源配置功能、风险管理功能、监督治理功能和信息处理功能。在资源配置功能方面，科技金融引导金融资源流向创新领域，通过金融要素、技术要素在不同的地域条件下进行协调、配置和组合的时空动态变化，为区域经济发展培育重要产业和新兴产业；与此同时，通过探索和发展新兴科技金融服务释放产业转型升级新动能，加快构建满足经济发展需要的科技创新体系，催生国家创新的内生动力。在风险管理功能方面，科技金融发挥了金融市场的风险管理功能和在市场失灵情况下的政府治理功能，可以实现风险收益结构的优化。金融市场的风险管理借助金融制度、金融组织和机构、金融产品及金融服务等方面的创新对各种要素进行了整合和配置，实现了科技创新的"惊险一跃"，而在市场失灵情况下的政府治理则是针对金融市场功能发生异化或者发生脱实向虚情形下过度的虚拟金融创新，政府对各种要素市场进行全方位治理，消除和治愈科技金融的市场失灵风险。在监督治理功能方面，科技金融一方面发挥着财政金融对科技创新效能的监督管理，另一方面通过金融中介和金融市场对科技创新项目的治理结构、管理水平、诚信度等进行全程的监督管理。在信息处理功能方面，诸多科技型企业缺乏有形资产、未来不确定性大、更多依靠技术和智力等无形资产创造利润，金融机构很难评估科技成果的货币价值和企业经营风险。科技金融致力于解决科技型企业与金融机构之间的信息不对称，无论是通过金融市场还是通过金融机构进行资金配置，都必须让资本要素流向资本回报率较高的地方，实现风险收益的帕累托改进。

第五，科技金融的政策内涵。科技金融既是一种新型的科技金融制度安排，又是一种新型的政府政策供给工具，能够有效促进政府创新政策的持续供给（张缨，2015）。科技金融不仅是政策性金融、创业金融、创新金融的有机组合，而且这种新型的政策内涵包含于《国家中长期科学和技术发展规划纲要（2006—2020年）》及其配套政策等一系列政策文件中。例如，《国家"十二五"科学和技术发展规划》（2011年）明确了政府可以通过财政科技资金支持科技型企业，引导金融机构通过金融创新实现科技产业与金融产业的融合。此外，毛道维（2014）认为：科技金融是多元化金融的有机融合，包括以公共资金为主导的政策性金融、以市场资金为主导的商业性金融和两者的组合等，其核心问题是如何界定政策性金融与商业性金融的边界，更好地发挥市场配置资源的决定性作用。结合相关研究与实践，部分学者从公共政策视角延伸分析了科技金融的政策内涵。在科技金融制度安排方面，其政策内涵表现为财政支持方式创新创造的新产品（政府引导基金、创新券）、传统金融引入政府信用创造的新产品（银行风险补偿、政策性贷款）、为适应创新经济形态诞生的创新金融产品（创业投资、众筹融资）等；在科技金融政策工具方面，其政策内涵表现为从政府公共政策角度解放生产力，通过供给侧结构性改革和需求管理加速创新驱动型经济的新型科技经济工作。

　　基于以上学者的研究，我们对科技金融的内涵从本质、特征、功能以及政策等不同的视角进行了梳理，遗憾的是，并没有形成统一的观点。此外，科技金融的含义可以从宏观和微观两个维度进行总结。从宏观上说，科技金融是在生态环境的约束下以提高社会全要素生产率为目标，通过降低社会融资成本来培育、支持和驱动创新发展战略，营造更加市场化、便利化和国际化的金融生态及营商环境，从而助力创新创业，有效地提升社会生产力水平。自党的十八大以来，我国经济从高速增长转变为中高速增长，处于新常态下的资源和环境不仅是经济规模的基础支撑，而且是经济高质量发展的刚性约束，科技金融作为支持战略性新兴产业和打造高端装备制造产业的重要路径，通过科技创新与金融发展的耦合能够破除传统经济增长模式面临的生态环境约束，促进实体经济的高质量发展。因此，科技金融是在政府宏观政策和行业政策的调整下，通过市场机制不断满足企业科技创新的融资过程。从微观上说，科技金融将金融与科技产业相结合形成科技产业金融，促使金融服务于科技创新过程中的科技研发、技术成果转化和高新技术产业化等的所有环节及链条，发挥金融要素在技术创新过程中的市场力量和政府力量，通过金融资源有效催化科技资源的资本化、科技资产的资本化、科技成果的资本化，实现创新风险在科技型企业发展全生命周期的合理分布，改善科技型企业创新收益和创新风险的期限匹配，加速科技型企业的高技术积累和可持续发展，达成社会财富最大化。自党的十八大以来，在支持企业研发、创新到产业化方面，我国科技金融的内涵不断拓宽，即从直接融资到间接融资、从单一融资到多元融资、从单一融资市场到多元化融资市场，而且股权融资发挥的市场力量和政府主导基金发挥的政府力量双向并行。因此，科技金融帮助科技型企业在持续发展的过程中不断解决自身融资需求的问题，最终实现资本增值的目的。

三、科技金融的影响机理研究

科技金融的影响机理研究主要针对科技创新与金融发展之间的相互作用。简单来说，科技创新是企业发展的必然要求，而提升创新全链条的能力离不开金融支持。与此同时，金融发展离不开实体经济的支撑，而创新金融服务和金融产品都需要良好的科技生态。

1. 金融发展对科技创新的影响研究

国外针对金融发展对科技创新影响领域的研究最早起源于熊彼特的《经济发展理论》，该著作主要从理论层面论述了创新与金融发展之间的相互影响机制。熊彼特认为，金融发展可以带来科技的创新以及经济的增长，金融系统的不断完善可以保证创新型企业的资金来源稳定，因而在一定程度上可以促进企业的创新。英国经济学家约翰·希克斯在 1969 年出版的《经济史理论》（*A Theory of Economic History*）一书中，具体考察了金融功能在英国工业化进程中所产生的影响，并指出工业革命并不是技术创新产生的直接结果，因为技术创新的出现会刺激经济体系中对于长期金融资本的需求，但只有完备的金融市场才能满足这种需求，因此不稳定的金融市场是难以支持技术创新的。金和莱文（King and Levine, 1993）针对金融中介对经济增长过程中物质资本积累和改进物质资本利用效率的问题进行了研究，并指出金融中介具有的储蓄投资、支付清算、公司治理以及风险防范等金融功能有利于促进物质资本积累和物质资本利用效率的提高，进而在一定程度上能够提升科技创新的效率。

艾伦（Allen，1993）认为，具有完备金融功能的金融市场在一定程度上能够为高风险的创新性项目提供长期稳定的资金支持，从而促进科技创新的发展。阿吉翁（Aghion，1998）在熊彼特的研究基础上也认为金融深化和发展能够有效促进科技创新。默顿和博迪（Merton and Bodie，1995）认为，相比金融结构优化对科技创新的影响，学术界更加支持以金融功能强化服务科技创新的研究，这是因为金融功能可以排除一国文化和社会等因素的影响，更好地反映金融发展水平，显著影响科技创新。塔德斯（Tadesse，2006）从市场功能的角度研究发现，健全的金融体系能够通过分散风险和市场激励等方式扩大企业融资规模，促进企业技术创新。与此同时，对于金融功能影响科技产业发展的问题，默顿和博迪（2014）指出，金融功能伴随经济发展在时空范围内具有相对稳定性，通过动员储蓄、风险管理和配置资源等机制或渠道服务于科技产业，推动经济增长。此外，在实证研究方面，为论证理论上金融发展对科技创新的量化程度，部分学者开始通过技术进步的全要素生产率的增长率分解来考察金融深化对技术创新所具有的积极影响。亚历桑德拉和斯通曼（Alessandra and Stoneman，2008）通过不同国家的实际数据进行研究，得出金融深化对技术创新具有显著正向影响的结论。法比奥和亚历桑德罗（Fabio amd Alessandro，2008）通过实证研究发现，意大利的银行发展水平能够显著促进企业的技术创新，特别是中小企业和高科技类型企业。昂（Ang，2010）通过实证研究发现，韩国的金融自由化程度有助于国家科技创新能力的提升。需要注意的是，由于风险投资是金融体系的重要组成部分，所以很多学者研究了风险投资对科技创新的影响。例如，唐和齐（Tang and Chyi，2008）通过对中国台湾地区的实证研究发现，风险投资的发展水平能够显著促进技术进步的提升。

　　与国外的研究相比，国内学者的研究主要是基于金融发展对科技创新的影响展开。孙伍琴（2004）剖析了以金融市场为主的金融结构和以银行中介为主的金融结构对技术创新的差异化影响机制，并指出：由于银行中介的风险内部化，而且在信息处理上不能反映存款人的不同观点，使其不适合为高风险、高收益的高科技产业融资，但金融市场有利于投资者通过资产组合分散风险，并能提供表达投资者不同意见的机制，因而其更适合对技术创新进行支持，也就是金融市场主导型的金融体系更容易促进技术创新及新兴战略产业的成长。但是，该研究结论受到了诸多学者的质疑。例如，殷剑锋（2006）认为，多层次资本市场的建设能够促进金融体系的发展和完善，金融中介与金融市场在科技创新的不同阶段具有不同的作用；易信和刘凤良（2015）认为，金融产业支持科技产业的实质作用受到内生于金融体系的金融功能的影响，即金融体系中银行和市场的金融功能在不同的经济发展阶段对科技创新的作用具有差异性，因而不能过分强调金融市场对科技创新的作用而忽略银行中介的影响；李新功（2011）基于金融促进科技创新的市场化机制的视角，提出应当充分发挥政府的功能，促进政府与金融行业相融合的混合信贷体制的发展。在实证研究方面，国内学者通过实证研究定量分析了金融发展对我国技术创新的影响程度。例如，从国内区域经验的角度，叶耀明和王胜（2007）通过实证研究验证了长三角地区的金融中介对技术创新具有显著的正向影响；从国际经验的角度，明明（2013）以金融发展理论为依据证明了金融发展程度的提升有助于科技进步；从国内行业经验的角度，刘思婧（2015）通过九个制造业高技术密集度的行业样本数据证明了资本市场对制造业的创新能力具有显著推动作用。此外，张林和李雨田（2015）从理论上分析了金融发展对科技创新的影响机制以及两者之间的耦合协调机理，并以我国2002—2012年30个省市的面板数据对进行了相关的实证研究，指出金融作为一个社会资源配置平台，具有独特的获取信息和处理信息的优势，能够有效地甄别出市场前景好的高科技项目，淘汰低效率的项目。徐璋勇和陈立新（2018）基于2004—2015年30个省市的面板数据，区分了两个维度的科技创新——科学创新和技术创新，并通过实证的方法研究了银行业、证券业、保险业以及政府财政投入对科技创新的不同影响，指出我国不同金融业态在推动科学创新和技术创新的效应上存在显著的差异性。其中，银行业和证券业对技术创新具有显著的推动作用，但对科学创新的影响绩效较微弱；保险业对科技创新尚未发挥作用；政府财政投入对科学创新有显著的促进作用，但对技术创新却产生了不利影响。司秋利和陈正其（2020）从理论上分析了金融发展与科技创新的良性互动机制，并基于PVAR模型实证检验了我国金融发展与科技创新是否存在良性互动，同时分析了具体的区域差异性，指出从全国和东部地区来看，金融发展和科技创新存在良性互动，但金融发展与科技创新之间良性互动的程度较低，中部和西部地区只形成了金融发展支持科技创新的单向关系，并没有形成科技创新促进金融发展的关系。郑好和武山（2021）基于2008—2018年我国31个省份的面板数据，利用空间杜宾模型分析了金融发展对科技创新的空间溢出效应，并研究了其效应边界，指出金融发展对科技创新的空间溢出效应存在显著的正向影响关系，同时金融发展对科技创新的效应边界为850千米左右，并且超出此边界的空间溢出效应基本不显著。

2. 科技创新对金融发展的影响研究

国外针对科技创新对金融发展的影响领域的研究最早起源于门施（Mensch）的周期理论和弗里曼（Freeman）的技术创新政策理论，两者均将熊彼特的创新理论与微观经济理论结合起来，论证了科技创新的积极影响及其对经济金融的推动作用。门施指出，资本主义经济按照萧条、繁荣、再萧条的周期性规律运行，当社会上的资金流入具有创新性的行业时，就对应着经济的繁荣阶段，而当技术革新所带来的红利耗尽时，则对应着经济的萧条阶段。据此，门施认为，创新会带来社会发展中的技术革新，进而带动经济增长，相应的金融发展领域也会受到积极的影响。与门施的周期理论相比，弗里曼的技术创新政策理论更为强调政府的科技政策对金融发展过程的刺激作用。博格（Berger，2003）在门施和弗里曼的研究基础上，提出科技创新将在一定程度上有助于拓展银行的业务范围和产品种类，从而提高银行的服务质量。与此同时，孔索利（Consoli，2005）通过动力演化机制的分析方法论证了信息通信技术是零售银行业务结构变化的重要因素，进一步强调了科技创新对银行发展的重要影响力。此外，辛库斯和阿博拉德（Schinckus and Agbolade，2011）得益于计算机技术的深度应用，基于"消费者导向"的金融变迁理论视角强调了技术进步对金融产业的积极影响。在实证研究方面，哈桑和施密德尔（Hasan and Schmiedel，2003）通过考察1989—1998年49家证券交易所的面板数据，研究了先进技术与自动化控制对证券交易所运行效率的影响，并发现证券交易所采用先进技术能够有效控制交易成本，显著提升交易效率。舍特勒（Schertler，2007）采用15个西欧国家的面板数据进行量化研究，结果发现：国家的研发经费投入和专利数量、科研人员规模显著影响本国风险投资的市场发展。

国内学者针对科技创新对金融发展影响的研究起步较晚。戴志敏等（2008）通过理论研究指出，技术进步可以有效促进金融创新的发展，进而在一定程度上提高金融交易的市场效率，并最终促进金融业务新运行模式的产生。周昌发（2011）通过理论研究指出，科技创新的不同层次和不同阶段决定了金融市场的多层次结构，也就是主板市场、创业板市场、新三板市场以及风险投资市场。曹东勃等（2009）基于2008年国际金融危机事件的视角探析了科技创新与金融危机的关系，他们认为：过剩的金融资本在技术进步停滞的条件下会冲击传统的经济部门，或者金融创新活动在超越技术创新承载能力的条件下会导致金融衍生产品的过度使用，从而更容易产生流动性泡沫。张梦欢（2016）基于大数据、云计算、移动互联等技术的发展与应用的视角，认为科技发展对经济和社会进步的影响快速提升，同时科技创新使得金融业在基础设施建设方面取得了跨越式发展，金融业不仅有科技创新带来的物理特征和运行方式的变化，而且金融业在管理模式和经营方式上为适应经济发展做出了相应的改革。柏建成等（2020）为检验科技创新对金融发展的影响，选取了长江经济带11个省市1998—2016年的面板数据，基于Hansen门槛回归模型，以经济增长和产业结构为门槛变量进行了实证分析，然后根据其实证结论指出：当以经济增长为门槛时，科技创新会降低金融发展的边际下降速度，当以产业结构为门槛时，科技创新对金融发展的影响关系为倒N形；科技创新已成为长江经济带下游地区金融发展的新动能，对中游地区金融发展的整体作用趋势呈倒N形，对上游地区金融发展的驱动力疲软；科技赋能金融、金融服务科技是实现可持续金融发展和普惠金融的关键。张宸嘉（2021）基于科技创新推动农村普惠金融发展的视角，指出在农村普惠金融发展的过程中，金融机构应该加快金融科技创新，达到增加服务渠道和丰富产品类型的目的，以适应农村经济的发展变化；科技创新对于金融业务革新、农村金融机构转型有着积极的推动作用；移动互联网、大数据、云计算等信息技术逐渐成为新型金融产品与服务的技术基础，为数字普惠金融发展提供了重要的支持。

四、科技金融的发展模式研究

一个地区的科技金融能否高质量发展与科技金融的发展模式息息相关，特别是发展模式的选择与当地的经济发展基础和金融资源、科技资源禀赋相适应。在科技金融领域的发展方面，发达国家积累了丰富的成功经验，所以国外学者对科技金融发展模式的研究较多，主要是围绕如何有效开展"债权融资""股权融资""政府服务"来因地制宜地打造科技金融发展模式。基于国外学者的研究，科技金融发展模式主要包括英美模式、日德意模式和以色列模式。

第一，英美模式主要是通过股权融资服务科技型企业，即资本市场主导型模式。该模式充分发挥市场在科技金融发展中的决定性作用，以科技股权投资机构为市场供给者，以科技信贷机构为市场辅助支持者，以科技资本市场为纽带，共同激发科技金融的能量，满足科技型企业在技术研发、成果转化和产业化以及市场推广等各个发展阶段的融资需要与金融需求。具体说来，该模式具有如下特点：①风险投资成为科技金融发展的主导力量。风险投资在本质上是一种新型的集融资、投资、管理和资本退出于一体的融资契约安排。作为一种新型的高风险偏好的融资契约创新和权益类投资制度创新，在与新技术手段相匹配的情况下，风险投资是最高效的创新推动者。②科技银行成为科技金融发展的重要力量。商业银行对初创期的科技型企业具有"信贷歧视"，特别是对轻资产、可抵押物少的科技型企业。科技银行是对传统商业银行业务的独特创新，它从产品设计到市场定位，再到风险监控等，完全是为科技型企业量身定制的，能够满足处于不同阶段的科技型企业独特的融资需求。③多层次资本市场成为科技金融发展的核心基石。科技型企业的可持续发展需要多层次资本市场的支持和认可，多层次资本市场为各个层级的企业股权交易提供了场所。例如，美国拥有完善的证券市场，包括主板（如纽约证券交易所等）、二板市场（如纳斯达克）、第三层次各区域证券市场（如芝加哥、波士顿等）、第四层次全国性场外交易市场（如美国场外交易系统、粉单市场等）、第五层次地方性柜台市场。这样一个多层次和多元化的市场体系全面覆盖了具有不同流动风险的科技型企业。④营商服务成为科技金融发展的生态沃土。科技型企业的发展不仅要立足于内部的技术创新，而且要注重外部的软件服务，比如法治环境和孵化路演等，这样才能解决成长期创业企业的融资难题。在法治环境方面，政府应完善科技金融领域的法律法规，放宽市场事前的准入门槛，注重对市场事中、事后的监管；在孵化路演方面，政府可以为创业者提供研发和试验等基本的共享基础设施，通过搭建政府信息平台来消除信息不对称，让投资人更好地了解投资项目，为创业者提供大量的市场化资源。

第二，日德模式通过债权融资服务科技型企业，即银行主导型模式。该模式强调银行在科技金融发展中的决定性作用，通过银行中介缓解金融机构与科技型企业之间的信息不对称程度，解决间接融资存在的"信贷歧视"，在很大程度上满足了科技型企业的融资需求。具体说来，该模式具有如下特点：①银企关系成为科技金融发展的关键基础。大型银行、证券公司、保险公司等金融机构与科技型产业发展的区位空间分布高度集中和统一，它们集聚于日德中心商业区，形成互相作用、互相依存的网络关系，而且这些金融机构对科技型企业进行交叉持股，更加强化了银企关系。②信用担保体系成为科技金融发展的政策基础。科技型企业发展需要的信用保险和债务保证信用担保或信用保险的法律制度为其实施提供了扎实的基础，比如日本的信用担保体系是以信用保证制度和信用保险制度构成的一种双层担保融资模式，它很好地促进了日本高科技中小企业的发展（黄灿和许金花，2015）。③科技银行成为科技金融发展的重要途径。日本和德国政府支持民间资本投资或参股金融机构，积极引导民间资本参与建立科技银行，同时科技银行多以债权方式投资科技型企业，而投资资金的偿还主要是通过风险投资的再融资或第三方投资。

第三，以色列模式通过政府财政资金支持科技型企业，即政府主导型模式。该模式强调政府在科技金融发展过程中的引导和治理作用，通过制定和发布各类人才政策、产业政策和税收政策等，整合当地的科技资源、金融资源、人力资源和区位条件等优势，在科技金融的每个环节提供精准服务，实现科技金融的快速发展。该模式具有如下特点：①政府引导基金成为科技金融发展的主要标志。政府通过直接设立创投引导基金，吸引各类社会资本，实现政府资金的杠杆效应，推动区域创业风险投资事业的发展。例如，政府为了扶持初创企业发展，设立科技企业基金对这些企业进行直接注资，并帮助创业者进行项目和技术方面的可行性研究以及申请技术专利，通过一系列的直接投资和间接投资推动区域科技型企业的创新和创业。②政府科技孵化器成为科技金融发展的重要手段。为支持风险较高的创新技术理念成功转化为创业公司，政府直接负责科技孵化器的运营管理，并提供部分政府资助的补助金，同时政府持有孵化初期科技型企业的股权，并在未来一定时期内，通过风险投资者或者创业者收购政府所持股权的方式退出。③公共服务成为科技金融发展的基础环境。政府直接提供诸多公共服务，比如建立企业发展数据库，涵盖企业规模、产品定位、企业人数、面临问题等多维度的数据，通过专门的金融分析工具，获取各类企业最匹配的融资规模。这不仅增强了企业资源配置的科学性和有效性，而且最大程度地降低了政府财政负担。此外，政府还提供创业办公场地、信息咨询及培训机构等公共服务。

与国外学者的研究相比，国内学者关于科技金融发展模式的研究以科技金融的机理为理论基础，根据科技型企业生命周期不同阶段的特点，将科技型企业的资金需求与金融市场的投资者进行对接，从而推动了科技金融的可持续发展。依据金融市场的投资者类型，对科技金融发展模式的研究主要体现在四个方面。首先，银行主导型科技金融发展模式。银行主导型的金融产业通过发挥动员储蓄、遴选项目、监督企业和识别风险等比较优势助力科技产业发展（宋智文和凌江怀，2011）。针对动员储蓄，银行储蓄投资的低风险特点具有天然的吸储优势，可以帮助科技项目融资；针对遴选项目，银行通过自身的规模优势可以有效甄别优秀企业家和优质科技创新项目；针对企业监督，银行借助专业的技术和渠道规模优势能够获取科技型企业的内部信息，实施有效监管。其次，市场主导型科技金融发展模式。市场主导型的金融产业通过发挥识别价格和对称信息等比较优势缓解企业技术创新的资本约束（江春和滕云，2010）。在价格识别上，金融市场具有发现科技创新价值的功能，并通过价格机制实现金融资源由低效率向高效率配置，进而促进科技产业发展；在信息对称上，具有融资需求的科技型企业，通过主动公开和披露自身的财务信息，获取金融市场的资金支持。再次，政府主导型科技金融发展模式。政府通过建立企业孵化器，以及制定产业政策和金融政策等措施给予科技型企业充分的发展空间（唐雯等，2011），同时政府通过强化行业协会管理及其相关支撑服务体系的建设来支持科技金融产业发展（朱丽丽等，2011）。最后，社会主导型科技金融发展模式。社会机制在科技金融资源配置中起主要作用，通过信用借款、质押借款、民间互助会等形式给中小型科技型企业提供资金支持（杨勇，2011）。

结合国际经验，部分学者研究了北京中关村科技金融产业园、上海科技金融开发区、广东科技金融开发区、浙江杭州科技园以及江苏苏州工业园等本土化的科技金融发展模式（王元龙，2011；杨勇，2011；梁曙霞和李秀波，2012）。例如，在北京中关村科技金融发展模式改善上，吴翌琳和谷彬（2013）提出，通过信用担保机制和行业协会合作对目前的科技金融模式进行完善；在广东科技金融发展模式设计上，刘思（2012）指出，从科技金融政策、科技金融制度、科技金融平台和科技金融工具四个方面对现有模式进行升级。此外，麦均洪（2015）提出，从部门参与合作、筹融资体系和人才队伍建设等方面丰富现有的科技金融模式。

针对我国实践中的科技金融服务模式，部分学者进行了具体的对比研究。例如，北京中关村科技金融产业园采用了"一个基础＋五项机制"的科技金融服务模式，即打造一套企业信用体系，建立风险补偿、信用激励、投保贷联动、银政企多方合作、市场化选择等技术与资本的衔接机制，通过天使投资、创业投资、贸易融资等多元化渠道满足不同阶段的企业融资需求。需要注意的是，中关村信用体系的建设以企业自律性为主，政府通过信用评级机构制定信用调查表，真实有效地获取企业的信用信息，同时结合市场与行业的外部监督实现企业、中介机构和金融服务的有机结合。此外，中关村科技金融产业园根据企业融资的分类需求，具体设计了科技投资服务、科技担保服务、小微企业绿色信贷融资、信贷服务、天使投资基金、科技企业信用等产品，提升了中关村的科技创新能力，形成了富有特色的中关村科技金融发展模式（李兴伟，2011）。上海科技金融开发区采用"一个平台＋一个机制＋四大板块"的科技金融服务模式，即构建一个上海科技金融支撑条件保障平台，完善科技金融保障机制，同时围绕如何更有效地服务科技型企业的创新能力，形成科技信贷、资本市场、股权投资和科技保险四大功能板块，为处于不同发展阶段的企业提供融资保障，特别是科技信贷产品（石薇和王洪卫，2015）。上海政府投入了财政专项资金，出台了相关配套政策措施，打造了以微贷通、履约保和信用贷为主的产品体系，形成了融资租赁、出口信用保险融资和知识产权质押等诸多具体产品，大大提高了对处于初创期的小微企业和处于成长期的中小企业的支持力度（张明喜和赵秀梅，2016）。另外，上海科技金融服务平台的服务方式不同于传统的服务方式，涵盖了科技型企业重要数据库的相关信息和以信息为基础的数字金融服务与专家咨询服务（谢颖昶，2014）。广东科技金融开发区采用"一个主体＋两个平台＋三个体系"的科技金融服务模式，即打造一个科技金融主体，围绕科技信贷服务、科技金融服务和创投联动服务等搭建科技金融综合服务平台和政策性科技金融平台，构建科技信贷体系、科技风险投资体系以及多层次资本市场体系。广东的科技金融发展模式得到了很多政府部门的政策支持，比如《广州市科技创新促进条例》《广州市企业研发经费投入后补助实施方案》《佛山市人民政府关于加强和改进财政科技资金使用管理的实施意见》《佛山市科技型中小企业信贷风险补偿基金设立方案》《东莞市科技计划项目管理办法》等。此外，政府、企业、券商、投资银行以及创投资本之间的网络沟通为科技型企业提供了战略咨询、专业技术支持和相关服务（张倩霞，2018）。浙江杭州科技园采用"创投引导基金＋科技银行＋担保"的科技金融服务模式，即引进多个创投管理机构并设立创投基金，通过将银证、银园、银保以及银投进行结合，形成独特的科技银行服务平台，服务于各个阶段的企业发展。需要注意的是，杭州政府在科技金融服务模式上发挥了独特的作用：一方面，杭州政府颁布了《杭州市创业投资引导基金管理办法》等政策文件；另一方面，杭州政府推出了一系列信贷政策，包括客户准入机制、信贷审批机制、风险容忍政策、拨备政策以及业务协同政策，而且信贷政策的实施充分考虑到风险的精准管控，比如成立了专家咨询委员会实施联合信贷评审以及信贷审批采取风险管理前移政策等。此外，杭州科技金融服务中心与深圳证券交易所进行战略性合作，共同设立了公共服务平台，服务于科技型企业的持续健康发展（张倩霞，2018）。江苏苏州工业园采用了"政府＋商业银行＋担保公司＋保险公司＋创投机构"多方共担风险的科技金融服务模式（李苏等，2016）。苏州政府率先在国内成立人保财险苏州科技支公司和科技保险共保体，同时积极颁布了一系列科技保险政策，让各类保险机构为科技型企业提供科技金融服务。此外，苏州对科技型企业实行了金融分类支持，形成了金融产业链（杨晓丽和孙凌杉，2015）。

国内学者根据科技型企业面临的现实情况，对其创新融资模式进行了研究。部分学者提出将科技银行和知识产权质押作为银行主导型科技金融模式的衍生，发展科技担保、科技保险和创业风险投资作为市场主导型科技金融模式的补充，以及设立科技型企业技术创新引导基金作为政府主导型科技金融模式的重要内容（唐雯，2011）。另外，银行主导型的债权投资和市场主导型的股权投资并非独立的，银行机构通过债权投资为科技型企业提供信贷服务，从而创新出股权投资与银行信贷联动的信贷模式，形成"股权＋债权"的投资联动模式（陆岷峰和陆顺，2014；李浩然和彭俞超，2015；蔡洋萍和肖勇光，2015）。

五、科技金融的影响因素研究

科技金融是一种复合型金融服务，科技金融的发展离不开金融市场的服务，科技创新的成果转化和产业化需要金融市场的支持（和瑞亚，2014；Amore et al.，2013）。在科技创新和金融发展的融合过程中，国内外学者分别从外部环境和内部环境角度对科技金融发展的影响因素进行了研究，并从不同的角度提出了差异化观点。在外部环境方面，地区经济发展水平、经济体制状况、金融市场发展水平、知识产权保护程度、人力资源状况、政府支持力度等都可能影响到科技金融活动；在内部环境方面，间接融资机构、直接融资机构、企业科技创新水平、高技术产业的发展等也会影响到科技金融发展的情况，见图2-3。

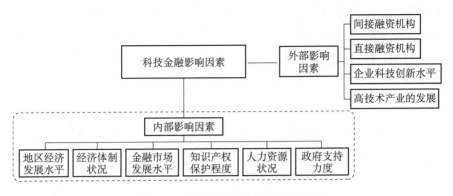

图 2 - 3　科技金融影响因素的示意图

针对外部环境方面的影响因素如下：

第一，地区经济发展水平。经济发展水平是对一国或地区经济的衡量，GDP 水平以及增加值都是经济发展水平的表现（高媛，2021）。地区经济发展水平越高，该地区拥有的优质企业就越多，那么金融机构就可以从中选择更好的科技型企业提供更全面的金融服务，同时科技型企业也能通过产品升级和供应链融资稳定外部资金来源，更专注于提高核心竞争力，从而快速捕捉并抢占市场的先机。此外，经济发展水平高的地区往往具有更完善的配套设施和产业链基础，能够为科技型企业提供更优质的营商环境，更容易形成金融集聚和产业集聚效应，为科技金融的发展保驾护航。

第二，经济体制状况。适宜的政府和市场关系结构，对静态资源配置与动态经济增长绩效至关重要。关于政府与市场的功能分工及交互作用的研究，是贯穿整个经济学理论发展的主题与主线（黄先海，2021）。一个地区的经济体制状况取决于在资源配置过程中政府与市场究竟谁能发挥主导作用，即取决于如何处置政府与市场的关系问题。在通常情况下，应当发挥市场经济在资源配置中的决定性作用，这有助于为科技型企业的发展铺设高速路，比如建立多层次资本市场可以打通科技型企业的融资屏障。然而，在发生市场失灵的情况下，发挥政府在资源配置中的主导作用更有助于为科技型企业提供公平稳定的外部环境，比如设立科技企业基金可以直接促进科技型企业的技术创新。从趋势上说，我国各个地方的经济体制逐渐由单一的政府主导型向"政府治理＋市场主导"的二元模式发展，这也决定了科技金融活动由单一的政府资金投入不断向多市场主体资金投入转变。

第三，金融市场发展水平。金融市场发展水平高的地区更有利于科技金融的可持续发展。只有建立完善发达的金融基础设施，实现信息和资金的及时流动，才能提高地区间金融机构和金融市场运作的效率（陈元刚，2015）。金融市场发展水平的高低可以从两个方面来考虑，即金融机构自身的发展和市场整体的监管水平。从金融机构自身的发展来看，银行、证券、保险、信托和基金管理等多种形式的金融机构不仅直接为科技金融的融资活动提供了多元化渠道，而且间接为不同层次的科技资本市场提供了全方位的金融服务，对科技金融活动具有重要影响。从市场整体的监管水平来看，及时有效的金融风险管理有助于防范金融市场风险，能在一定程度上维持市场秩序的相对稳定，保证科技金融的融资活动以及研发、新产品销售等环节的顺利进行，促进科技金融健康稳定发展。

第四，知识产权保护程度。知识产权保护作为刺激科技创新的基本手段，对科技创新具有重要意义。知识产权保护是国家科技创新的有效支撑，在知识产权保护下的科技创新成果才能顺利进入国际市场，从而确保其正当权益得到有效保护，不被剽窃，不被恶意侵权（蒋鹤，2021）。知识产权保护程度对科技创新成果保护具有重要作用，一个国家或地区的知识产权保护力度越大，科技创新以及技术成果转化的保障程度就越高，就能给科技创新以及成果转化带来越明显的激励作用。在科技创新的新时代，无论是以法律形式为知识产权提供法治保障，还是以行政执法和司法诉讼为知识产权提供法治保障，都对科技研发产品具有重要的保障作用，能够促使更多科技型企业参与科技创新活动，从而促进科技金融的发展。

第五，人力资源状况。科技金融的可持续发展在本质上依赖于科技人才的培养。科技人才在很大程度上决定了科技型企业的发展规模与发展质量。科技型企业只有建立完整的科研人才队伍，才能通过将大量的金融资源投入研发来获取核心技术，才能成功实现科技成果的不断迭代和升级。事实上，人才是科技创新活动的核心，如果没有人力资本的投入或者没有与进行科技创新活动相匹配的人力投入，金融资本的支持是无益于科技金融发展的，所以培养高素质的科技人才对发展科技金融不可或缺。

第六，政府支持力度。政府是科技金融活动的重要参与者，政府对科技金融活动的影响不仅可以通过财政科技专项基金等对科技金融进行支持，而且还可以通过政策性贷款对科技金融进行支持；与此同时，政府作为科技金融活动的主要参与者，还可以在一定程度上通过政策态度的传递引导整个社会的资金流向，提高资源配置效率并缓解科技型企业的资金来源压力，助力科技金融快速发展。因此，政府支持力度越强，越有利于给科技型企业带来全面的正向激励作用。

针对内部环境的影响因素如下：

第一，间接融资机构。作为企业重要的融资渠道，商业银行与小额贷款公司等间接金融机构在科技型企业的融资渠道中同样发挥着关键的作用。由于科技创新（特别是高新技术产业的激进式创新）具有高风险性，作为遵循安全性、流动性、收益性三大经营原则的商业银行，必须针对不同的创新主体，通过多种方式以及合理的制度安排加强对科技创新的支持（丁涛，2009）。众所周知，以商业银行为代表的间接融资机构无论是在发达国家还是在发展中国家都是企业外部融资的首要选择，因此间接融资机构能否充分发挥其职能，对科技型企业的发展具有较直接的驱动或抑制作用。如前所述，关于银行信贷对于经济发展的作用早在古典经济学派对货币本质的探索中便有所涉及，即"慎重的银行活动，可以提高资本利用的效率，从而促进经济发展"。此后，在对经济增长机制的不断研究或是不断完善的过程中，银行信贷对经济增长的重要推动作用始终未离开经济学者的视野。从理论上说，以商业银行为例，其对科技型企业的发展具有以下优势：首先，商业银行具有天然的信息优势，有助于消除与贷款企业之间的信息不对称问题，因此商业银行可以对本地区的企业质量做出长期的、连续的把关，并可以针对企业发展与银行战略阶段性地为企业提供资金贷款，从而与科技型企业的发展路径实现较好的契合；其次，商业银行天然具有科技耦合趋势，对科技型企业的融资支持契合商业银行自身发展战略，同时科技型企业连续不断的融资需求也可以在一定程度上反哺商业银行，两者之间更容易实现相互促进的合力；再次，商业银行具有规模经济优势，可在一定程度上分散贷款业务风险，其风险承压能力较强，可以为科技型企业提供长期稳定的资金支持；最后，从外部经济发展环境来看，商业银行对于区域经济发展具有金融聚集与产业聚集效应，能够为科技型企业的发展提供适当压力，促使科技型企业专注于提高企业核心竞争力。从现实情况来看，各地区商业银行对科技型企业的融资需求都给予了政策性支持。具体说来，各商业银行不断创新其对科技型企业提供的融资工具，强化了以核心企业为依托的产业链、供应链的融资服务，深化了与科技型企业的内外部合作并丰富了自身业务模式，同时优化了科技型企业的贷款期限并加强了连续用款支持。综上所述，以商业银行为代表的间接金融机构对科技型企业的发展产生了巨大的影响。

第二，直接融资机构。在间接融资机构为科技型企业提供较全面金融服务的同时，直接融资机构的多元化发展能在一定程度上缓解科技型企业的融资需求易受金融排斥的痛点，其针对性更强。科技创新型中小企业的融资需求贯穿企业发展的整个过程，其生命周期一般分为五个阶段，即孕育期、创业期、成长期（早期成长期、加速成长期、稳定成长期）、成熟期、蜕变期或衰退期。每个阶段的风险、收益、资金需求特点及需求量都不相同，因而各阶段所表现出来的融资特点及需求量也不尽相同。因此，科技创新型中小企业的融资方式随着生命周期的不同也呈现出周期性变化的趋势，在不同发展阶段对融资方式的选择也表现出阶段性特征（卫红，2011）。与此同时，对于科技型企业的创新活动来说，其最大的特征便是风险难以准确计量，但多层次资本市场能够起到风险分散、风险共担的作用，这无疑极大地推动了科技型企业的发展，完善了企业的融资路径。近年来，政府对于科技型企业的发展不断提高重视程度，多次强调要发挥资本市场在资源配置中的枢纽作用，全方位助力科技型企业发展，相关部门也相继出台了一系列政策措施支持科技型企业对接资本市场。习近平在2021年中国国际服务贸易交易会全球服务贸易峰会上的致辞中强调，继续支持中小企业创新发展，深化新三板改革，设立北京证券交易所，打造服务创新型中小企业主阵地。由此可见，北京证券交易所的设立是国家继续推动创新驱动发展战略、给经济增长注入新动能的重要举措，同时有助于进一步推动金融供给侧结构性改革，是对多层次资本市场发展的有益补充。这对于充分发挥资本市场的直接融资功能具有划时代的意义，对科技型企业的发展也提供了直接支持。具体说来，在"稳字当头，稳中求进"的党中央工作基调下，直接融资体系的不断完善对于科技型企业的发展起到了如下作用：首先，在融资准入方面，资本市场对于科技型企业的包容性逐渐增强，在完善投资者保护制度的前提下降低了企业融资门槛，同时针对中小型创新企业的融资需求提供了更丰富的市场融资工具，更加贴合科技型企业对金融服务的诉求；其次，在交易制度方面，多层次资本市场的发展为科技型企业提供了更灵活的交易制度，增强了市场弹性，可以保证科技型企业稳定资金来源；最后，在市场连接方面，资本市场的不断完善加强了其与科技型企业的良性互动，极大地丰富了企业的成长路径，并能助力金融与科技的耦合发展。

第三，企业科技创新水平。作为科技金融的直接需求主体，科技型企业自身的创新水平对科技金融的发展起到了至关重要的作用。科技创新是一个相当长的过程，可以分成各种不同的阶段，且有一定的步骤，具体表现为各种决策和行为（徐志成，2011）。我们可以从投入、研发、成果转化、营销以及持续创新等多个方面对企业的技术创新水平进行考察，寻找影响科技金融效率及水平的内生机理。在创新投入能力方面，科技型企业具有科技创新的融资需求，从而在本质上决定了其需要科技金融为其服务；在研发能力方面，科技创新是企业对创新想法进行实践研发的首要阶段，在一定程度上需要稳定的金融服务保障其研发持续性，因为企业的研发活动具有周期长、风险高的特点，这就催生了多种多样的创新性金融工具为其服务，刺激了科技与金融的耦合发展；在成果转化方面，我国多次强调要加大对企业研发成果转化的支持，包括一系列财政投入、税收优惠等政策，这类政策保障措施成为科技型企业的风险防火墙，引导了社会资金流向，加快了科技金融发展进程；在营销方面，科技型企业的研发成果通过创新性的营销策略，将科技型产品带入大众视野，这无疑是对科技金融发展的有力支持，使得全社会科技金融观念不断深化；在持续创新能力方面，科技型企业在快速发展的同时也会保障自身持续的创新能力，这就使其对金融服务有长期稳定的需求，为科技金融的发展不断注入新动能。不少学者在上述理论分析的基础上，通过实证研究测度了企业自身创新水平对科技金融效率的影响，均验证了上述理论分析机制，如韩威（2015）以河南省银行业资产占比所反映的金融市场规模，测度了科技金融效率与市场规模之间的关系，其实证结果验证了"金融市场规模与科技金融效率正相关的理论假设"。

第四，高技术产业的发展。高技术产业是科技金融发展的实际落脚点，也是连接科技创新与科技成果的桥梁，因此高技术产业的发展水平将直接对一个地区的科技创新能力产生影响，进而影响该地区的科技金融发展进程。不少学者也对上述机制做了相关的实证研究，如章思师等（2017）基于 DEA-Tobit 模型对我国 24 个省份的科技金融效率影响因素进行了实证分析，分别考察了研发投入强度、高技术产业总产值占 GDP 的比重、科技支出占地方政府支出的比重、创投企业数量、创投企业投资金额和创投企业吸引投资金额等因素，其实证结果表明：高技术产业总产值占 GDP 的比重对科技金融效率的影响最大，这说明高技术产业的市场规模对科技金融效率有很大的促进作用。庞金波等（2020）基于 PP-SFA 模型对我国 30 个省份的科技金融效率影响因素进行了实证分析，考察了研发人员总量、地区生产总值和劳动者素质等因素对科技金融投入效率的影响，其结果表明：以研发人员总量为代表的科技人力资本的投入对科技金融发展效率的影响最显著，而科技人力资本的投入强度与高技术产业的发展又直接相关。通过上述研究可以看出，高技术产业无论是从自身角度还是从其科技投入强度角度都为科技金融的高质量发展提供了坚实的基础，政府对于高技术企业的政策性支持势必会给科技金融发展持续注入新动能，并进一步促进其高速、高质量发展。

六、科技金融的空间效应研究

科技金融的空间布局对于特定区域内的经济高质量发展具有重要影响，也是科技金融发展的客观优势条件。一个国家或地区的科技活动和金融活动的空间集聚以及科技产业和金融机构的合理布局，有利于科技型企业建立成熟的信息传递机制和良好的科研环境与浓厚的创新氛围。由于科技金融发展具有较低的经营成本和交易成本，因而科技金融的空间聚集和辐射效应就较强，进而会吸引更多的新科技金融机构进入，使科技金融的空间效益更加强化，形成良性循环和内生持续发展机制。事实上，科技金融活动的开展都是在一定区域空间内进行的，围绕着前期研发、中期成果转化和后期产业化发展的一系列投融资活动，都离不开特定的区域空间。国内外不少学者关注科技金融的空间效应并展开分析，试图验证空间效应对科技金融的内生促进作用，进而形成对科技金融发展路径的指导。

国外学者关于科技金融发展空间效应的研究主要是从地理、聚集和人文等因素展开的。关于影响科技金融发展空间效应的地理因素，波蒂厄斯（Porteous，1995）对金融交易中交易双方的地理距离进行了相关分析，他通过实证研究发现：金融交易双方的物理距离确实会在一定程度上影响金融交易的效率，交易双方的物理距离越近，双方的交易效率越高。这主要是因为物理距离决定了信息交互程度，信息交互程度越高，则信息不对称的程度就越低，相应地就会降低金融交易的风险，提高金融交易的效率。波蒂厄斯和雷（2000）又将视角放到股权资本流动的问题上，他们通过实证研究发现：地理距离会对股权资本流动产生负影响。具体说来，科技与金融聚集度较高的地区，它的高技术企业和人才等科技要素以及各类金融服务和人才等金融要素的聚集程度就会相对较高，因而空间效应对股权流动等金融活动的促进作用就相对更加明显。与此同时，藤田昌久和维纳布尔斯（Masahisa Fujita and Venables，1999）分析了科技型企业集群的价值问题，他们通过实证研究发现：科技型企业聚集度较高的地区在整体上会提高个体的价值。由于聚集度较高地区的信息不对称程度低，交易成本也会在一定程度上因聚集效应而降低，该地区易于实现资源共享与资源整合，从而整体提升该地区的投资声誉，提高金融交易效率，丰富金融服务。纳雷什（Naresh，2002）从动态视角分析了英国各地区产业群的演进路径，他通过实证研究发现：英国金融业集群度较高的地区会吸引更多的金融类公司进入该地区并快速成长，这主要是因为该地区的金融服务不断完善并吸引越来越多的科技型企业进入，而科技型企业源源不断的金融需求进一步刺激了金融企业的迅速发展和金融服务系统的完善。哈灵顿（Harrington，1999）认为，不同地区由于存在文化、制度和政治等方面的差异，导致金融系统产生不同的组织与结构特征，金融效率也会存在一定的差异，进而导致对实体经济的支持程度有所不同，这也从侧面说明了科技型企业的发展具有一定的地域依赖效应。泰勒（Taylor，2003）通过分析伦敦金融服务业的影响因素发现，人际关系网络的紧密性以及社会资本的丰富程度是一个地区金融业务发展的关键影响因素，从一定意义上说，这同样来源于该地区的科技与金融的聚集效应。

国内关于科技金融发展空间效应的研究主要从地理距离、金融聚集和金融扩散等问题展开。刘军等（2007）研究了金融发展中存在的现象，认为存在金融聚集效应和金融扩散效应。其中，金融聚集效应是指大量的金融机构聚集在一起形成规模经济并充分发挥金融功能以促进经济增长的一种效应，金融扩散效应是指由于某地区金融功能的逐渐完善，形成了专业化的网络布局，并且网络内的金融功能和金融服务向周边地区辐射溢出的一种效应。在此基础上，李林等（2011）通过建立空间计量模型验证了我国存在金融聚集效应与金融扩散效应。吴新生（2011）将视角放在了地理空间问题上，并基于我国1978—2010年31个省份的金融发展数据做了实证分析，他研究发现：我国各地区确实存在着显著的金融聚集效应以及金融趋同现象。他得出以下三个结论：第一，在全国范围内，各省份区域金融的发展过程中存在着显著的空间依赖特征和正的空间自相关性，同时空间溢出效应会随着时间推移而逐渐弱化；第二，在全国范围内横向来看，存在着"西热、中冷、东不均"的局部空间聚集特征，因地域的不同，空间聚集效应的强弱存在一定的差异；第三，我国各省份区域金融在发展过程中存在趋同现象，并且这种趋同机制在空间布局上存在一定的差异。类似地，杜家廷（2010）通过计量方法检验了我国28个省份在金融发展水平上存在的差异，并发现我国各省份区域金融发展存在着显著的空间溢出效应。我国中部地区和东部地区具有地理条件优势，同样存在着显著的空间溢出效应，而西部地区由于地处偏远，同时金融系统不完善、金融基础设施不完备，导致其金融发展进程较为缓慢，存在显著的空间依赖效应。此后，钱明辉（2014）提出使用金融业的空间区位指标来衡量区域性金融的辐射能力，并实证检验了我国金融业的空间布局和区域相关性，发现我国金融业确实存在显著的空间溢出效应和区域相关特征。叶茜茜（2011）通过构建金融发展量化指标，以空间演化方法分析了我国区域金融的发展程度及演进过程，她研究发现：2000—2008 年我国金融业发展存在"两极化"的演变趋势；具体说来，社会资本及金融资源逐渐向长三角、珠三角和环渤海等经济区域流入并持续保持此态势，同时政府的行政管理以及制度因素等也对这种趋势产生了相应的影响。齐昕（2015）将视角放在了金融潜能的空间溢出效应上，测度了 2004—2012 年我国东三省的地级市中存在的金融聚集趋势潜能、金融规模发展潜能和金融辐射潜能等空间溢出效应的程度，他研究发现：我国东三省的地级市存在的金融潜能对于经济增长有着显著的空间溢出效应，但由于东三省所在地域存在劣势，其空间溢出效应水平偏低，金融发展可能存在着发展不平衡的现象。李红（2014）通过空间面板杜宾模型检验了金融聚集所带来的影响，该研究发现：我国存在着金融聚集效应带来的正向影响，即由于金融聚集会带来人才、金融机构、金融资本以及社会资本的持续流入，在一定程度上会对区域经济增长产生正向的激励，并对周围城市具有辐射作用。寻舸等（2015）分析了制度因素对科技金融聚集效应的影响，该研究发现：政府主导的科技投入体制、金融机构的垂直管理体制、区域信用制度、人才制度以及监管体制等制度因素会对科技金融聚集效应的强弱产生影响。杜江等（2017）对 2001—2013 年我国 29 个省份的科技金融及科技创新发展水平进行了测度，通过使用空间杜宾计量模型检验了各省科技金融发展对区域科技创新水平发展的影响作用以及科技金融的空间溢出效应，他们研究发现：各省份的科技创新能力呈现出显著的相关性，科技金融的发展对该区域的科技创新能力具有显著的正向激励作用，并且科技创新能力具有显著的空间溢出效应，各地区的科技创新能力都存在一定程度的空间互动。此外，通过对比地理空间距离因素和经济距离因素对科技创新能力的影响程度，他们发现适当的社会经济距离对科技创新能力的提升具有更显著的作用。宋宝琳等（2018）通过运用熵权法对 2010—2016 年河北省 11 个区域的科技金融发展水平进行了测算并对空间自相关效应进行了检验，他们研究发现：科技金融在各区域内的空间溢出效应显著，同时相邻地区的科技金融发展存在明显的空间依赖性。邹建国等（2018）基于空间计量模型对 2001—2015 年我国的省级面板数据进行了实证分析，他们的研究结果显示：科技金融的发展对于区域内的产业结构升级具有显著的正向促进作用，并且存在空间溢出效应对相邻区域产业结构升级的正向激励作用。与此同时，各地区的空间溢出效应程度有所不同，其在东部地区最为显著，西部地区居中，而中部地区相对较弱。李志强等（2020）构建了科技金融评价指标体系，并运用经修正的熵权法对我国 30 个省份的科技金融发展水平进行了测度，然后通过使用空间杜宾模型对科技金融发展的空间溢出效应进行了实证研究，他们的研究结论为：科技金融的迅速发展对我国经济增长质量的提高存在显著的正向激励作用，各省份的科技金融发展进程存在明显的空间溢出效应，而邻近省份的科技金融发展会对本地区的经济增长质量产生显著的正向促进作用。与此同时，科技金融在各地区的空间溢出效应有所不同，中部地区最显著，西部地区居中，而东部地区最小。

通过对国内外学者关于科技金融空间溢出效应的研究的梳理，我们可以看到：科技金融的空间布局对区域内经济的高质量发展具有显著的正向促进作用，也就是科技金融的空间溢出效应较为明显。与此同时，对科技金融空间溢出效应的梳理有助于充分发挥我国科技创新与金融发展双轮驱动的重要作用，对于通过完善科技金融布局推动我国经济结构的调整以及产业结构的转型升级具有较强的指导意义。

七、小　结

当前，世界正在经历新一轮科技革命和产业革命的浪潮，同时面临新冠疫情叠加国际冲突加剧的风险挑战，因而国际上的不确定、不稳定因素逐渐增多，当今世界面临着"百年未有之大变局"。我国在过去的一年里，在以习近平同志为核心的党中央的正确领导下，全国人民团结努力，如期全面建成小康社会，实现了中国第一个百年奋斗目标，并开启全面建设社会主义现代化国家、向第二个百年奋斗目标进军的新征程，实现了"十四五"的良好开局。与此同时，我们认识到，国内经济面临着新的下行压力，而将科技创新与金融生态进一步有机结合并深度发展是我国新时期取得经济高质量发展的重要基础。因此，通过梳理科技金融发展的理论渊源，深入剖析科技创新与金融发展理论演进的内在动因，有助于进一步形成科技创新与金融发展充分结合的双轮驱动作用机制，并对全面推进科技金融区域发展进程提供相应的理论基础。

本章介绍的相关研究，均从经济发展的宏观视角出发，探索金融发展与科技创新对经济增长的影响机制，并未对科技金融区域发展路径进行探讨。与此同时，通过深度探析，我们不难发现现有文献对于金融发展与科技创新的耦合发展机制及进程的研究还停留在理论阶段，并未全面接受实践的检验，而且理论应用的范围也略为宽泛，进而该理论体系的针对性并不强，难以形成对科技金融区域发展的具体指导。因此，本书将结合区域发展现状及其战略布局，具体探析科技创新与金融发展在区域建设中的耦合机理与发展方向。

此外，本书将借鉴我国学者在探索中形成的较为完备的科技金融理论体系，在考虑了经济体制、知识产权保护、人力资源以及政府支持力度等影响科技金融发展的内部因素，以及间接、直接融资机构等外部影响因素的基础上，进一步探析科技金融发展所需的条件，从更深层次理解科技金融发展的内在机理与外部影响作用。

第三章

全国科技金融耦合发展现状

科技金融在我国最早出现于 1993 年的中国科技金融促进会上，随着我国的科技发展，科技金融对于科技发展的促进作用逐渐被强调。根据金融与科技的不同结合形式，科技金融可分为公共科技金融与市场科技金融。本章首先对我国公共科技金融与市场科技金融的发展现状与存在的问题，以及我国重点区域科技金融的发展情况进行简要介绍。然后，本章基于 2010—2019 年我国长三角、珠三角和京津冀地区科技创新与金融发展耦合度的相关数据，研究我国重点区域科技金融耦合的协调度。

一、我国公共科技金融发展现状

一般来说，公共科技金融是指政府为支持科技创新和解决科技产业发展过程中遇到的市场失灵问题，对科技金融资源配置过程采取的一系列引导行为和政策性金融安排。[①] 科技创新是推动经济发展的重要手段之一，而金融又是支持科技创新发展的关键力量，因而以政府为主体的公共科技金融在科技金融体系中起到牵头作用。对公共科技金融的测度常以财政科技经费、企业研发经费投入程度等为指标，下面就我国的公共科技金融投入情况与存在的问题进行分析。

（一）我国公共科技金融投入现状

2011—2020 年我国研发经费投入强度（研发经费与国内生产总值之比）持续增加（见图 3-1），2011 年我国研发经费投入强度仅有 1.78%，随着时间的推移，我国研发经费投入强度在 2014 年首次突破 2.0%。截至 2020

---

① 王伟，王硕. 公共科技金融研究述评与展望. 科学管理研究，2021，39（2）.

年末，我国研发经费投入总量达到 24 393.1 亿元，较 2019 年增长 10.2%，虽受新冠疫情的冲击，同比增速有所放缓，但仍然保持两位数以上的增速，研发经费投入强度达到 2.40%，比 2019 年提高了 0.17 个百分点，增长幅度创近 11 年来新高。尽管我国科技经费投入规模逐年增大，但其投入强度与发达国家相比仍有较大差距。针对我国研发产出数量多但整体质量不足的现象，需要通过调整科技投入方向和科技投入结构来改善。

图 3-1　我国研发经费投入规模与投入强度

从研发经费投入的活动类型来看，可以分为基础研究、应用研究和实验开发，2020 年这三项活动的投入占比分别为 6.0%、11.3% 和 82.7%。全年基础研究支出为 1 467.0 亿元，较 2019 年增长 9.8%，同比回落 12.7个百分点。高等学校、政府下属研究机构是我国基础研究活动的两大主体，基础研究经费分别为 724.8 亿元和 573.9 亿元，分别比 2019 年增长 0.4% 和 12.5%，增速较 2019 年分别回落 22 个百分点和 8.1 个百分点，两者对全国基础研究经费增长的贡献率由 2019 年的 89.6% 减少到 50.4%。出现较大回落的原因是受到新冠疫情影响，学校和政府机构的基础研究增速有所放缓。此外，2020 年我国的应用研究支出为 2 498.5 亿元，较 2019 年增长 14%；实验开发支出为 18 309.5 亿元，较 2019 年增长 11.7%。

从研发经费投入的活动主体来看，各类企业的研发支出高达 18 673.8亿元，同比增长 10.4%；政府下属研究机构的经费支出为 3 408.8 亿元，同比增长 10.6%；高等院校的经费支出为 1 882.5 亿元，同比增长 4.8%。企业、政府下属研究机构、高等院校的经费支出所占比重分别为

76.6％、14.0％和7.7％。由此可见，企业占全国研发支出的比例超过75％，对全国研发投入增长的贡献达77.9％，较2019年上升9.4个百分点，表明了企业对研发投入的拉动作用进一步增强，同时表明了企业在社会科技创新方面的重要地位。其中，规模以上工业企业的研发经费为15 271.3亿元，比2019年增长9.3％；企业研发投入强度（研发经费与营业收入之比，下同）为1.41％，比2019年提高0.09个百分点。重点领域的企业研发经费投入强度稳步提高，这为攻克核心关键技术和提升产业基础能力创造了条件。

从研发经费投入的产业部门来看，规模以上工业企业的研发经费高达15 271.3亿元，投入强度为1.41％，同比增长0.09个百分点。其中，高技术制造业的研发经费投入为4 649.1亿元，投入强度为2.67％，同比增长0.26个百分点；装备制造业的研发经费投入为9 130.3亿元，投入强度为2.22％，同比增长0.15个百分点。此外，在规模以上工业企业中，有十大行业的研发经费投入超过500亿元，这些行业的研发经费投入占规模以上工业研发投入的73.6％。因此，企业研发经费投入强度的逐步提高，为实现我国经济的高质量发展打下了牢固的基础。

从研发经费投入的区域来看，我国东部地区的研发经费投入为16 517.3亿元，同比增长9.2％；中部地区的研发经费投入为4 662.9亿元，同比增长12.0％；西部地区的研发经费投入为3 212.9亿元，同比增长12.4％。虽然目前东部地区的研发经费投入总量远大于中部和西部地区的总和，但中部和西部地区的研发经费投入增速高于东部地区。我们可以预见，在未来，这三个地区研发经费投入总量的差距将不断缩小。此外，部分重点地区的研发经费投入增速高于全国平均水平，比如京津冀地区的研发经费投入为3 446.0亿元、长三角地区的研发经费投入为7 364.7亿元，两地区分别比2019年增长5.6％和9.5％。从具体省份的研发经费投入情况来看，2020年研发经费投入超过千亿元的省（市）共有8个，分别为广东（3 479.9亿元）、江苏（3 005.9亿元）、北京（2 326.6亿元）、浙江（1 859.9亿元）、山东（1 681.9亿元）、上海（1 615.7亿元）、四川（1 055.3亿元）和湖北（1 005.3亿元）；其中，四川和湖北为2020年新增研发经费投入超千亿元的省份。

　　近年来，国家财政科技拨款呈上升趋势（见图3-2），为我国科技创新实力的提高提供了保障。我国鼓励和提倡科技创新活动，同时地方政策逐渐落实，地方国家财政科技拨款的占比呈上升趋势，可见地方政策的导向效应显著。2020年，国家财政科技拨款为10 095亿元；其中，中央国家财政科技拨款为3 758.2亿元，占国家财政科技拨款的37.2%；地方国家财政科技拨款为6 336.8亿元，占国家财政科技拨款的62.8%。2020年，中央和地方国家财政科技拨款略微下降。

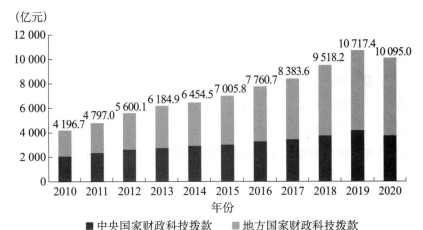

图3-2　国家财政科技拨款情况

　　整体而言，随着我国科技经费投入规模和投入增速的不断提高，我国的科研结构也在不断优化调整，但我们要清晰地认识到现阶段我国研发经费投入强度与美、日、德等科技强国仍有差距，特别是在基础研究领域的经费投入强度与发达国家平均15%的水平有较大差距，我国研发项目呈现出的量多但质少的状况亟须得到解决。因此，目前我国应该加大政策支持力度，对高精尖产业提高财政支付倾向，并对基础研究领域和应用研究领域的关键技术、核心科技提供精准支持，有效落实各项支持政策；积极发挥政府在研发经费投入中的领头作用，引领全社会资金投入相关领域，保证基础研究、应用研究和实验开发的运用；积极打造适于学术研究和科技创新的良好环境，改革院校和科研机构的考核评测、科研管理模式，从而调动科研人员进行科技创新的积极性，提高我国研发的产出质量和产出效率。

（二）我国公共科技金融发展问题分析

第一，科技金融在我国尚属起步发展阶段，现阶段面临着中国金融市场缺乏专业人才的问题。参考图 3-3 我国科技服务从业人员数量，2016年以后的科技服务从业人员数量维持在 400 万人以上，但他们主要分布在经济发达城市，如北京的科技服务从业人员数量占全国的 15% 以上。科技金融作为知识密集型产业，往往需要具备金融和科技复合背景的高端专业人才，以更好地实现产业与金融的结合。显然，这与传统金融市场仅需专业的金融人才有着巨大区别。由于目前我国金融市场的深度与广度不足，同时现有的金融科技、金融工程人才储备不够，所以金融创新产品的设计和研发过程远远落后于欧美等发达国家，而缺乏相应金融产品创新、开发的经验又反过来抑制了金融科技、金融工程相关专业人才培养的进度，使得高端专业人才需要更长的培养周期，进而制约了科技金融产品、科技金融市场的发展，并导致我国现阶段科技金融的创新活力不足。

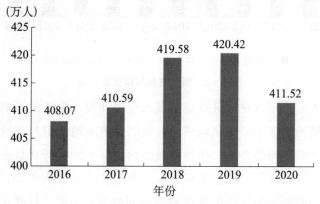

图 3-3　2016—2020 年我国科技服务从业人员数量

第二，全国的科技金融体系各自独立，未能形成统一的整体，各体系之间缺乏妥善的协调，未能最大化利用市场信息，缺乏合规的共享平台，因而信息资源不能得到有效整合。一方面，贷款、担保、政府补贴和引进风投等众多关键步骤需要多方协调，无法在一个平台上实现；另一方面，相关职能部门存在的诸多问题使得科技型企业需要长时间的准备来获得融资、补贴。因此，科技型企业、金融机构和政府部门之间的合作效率有待提高，横向和纵向间的联动效应亟须加强，否则难以形成科技金融对社会服务的长效机制。

第三，科技创新力度不够，产、学、研成果转化过程不畅通，这也是制约我国科技金融发展的重要原因。目前，中国正处于关键的经济转型阶段。近年来，国家一直致力于扩大科技投入规模，提高产、学、研成果产出比，但现阶段存在着科技成果质量不高、科技创新动力不足等问题，我们不应急于求成，为了追求科技金融的短期利益，而牺牲科技金融长期可持续的发展。从政策制度方面来看，科技资源使用率低下往往会造成科技金融创新力度不够，而此前的做法是通过相应政策从宏观层面出发对产业进行优化和调整，这样的做法通常没有考虑到微观层面的适用性，没有考虑金融资源和科研成果的生产率、利用率，容易造成科技金融市场的结构性失衡；从市场调控方面来看，我国商业银行由于有着盈利目标，因此对中小微科技型企业的贷款支持不足，而高息、限贷等举措也遏制了中小微科技型企业的发展，直接导致市场上的金融资本产出率远小于发达国家的平均水平。根据 2020 年中国专利调查报告统计数据，2015—2020 年我国有效发明专利产业化率整体稳定，基本保持在 35％的水平（见图 3-4），而有效专利产业化率最高达到 46.00％，最低只有 34.6％，2020 年的有效专利产业化率为 41.60％。即便目前我国每年可产出近 5 000 项产品专利和 3 万多项科研成果，但这些专利、科研成果实际能流向市场并满足需求的比例不高，与欧美发达国家仍存在一定差距。究其原因，一部分是研发商掌控着科研成果，并借助垄断地位

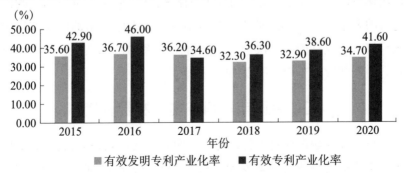

图 3-4　2015—2020 年我国专利产业化情况

对科技产品实行高定价策略；另一部分是市场上对于科技型企业的资金支持不足，导致科技型企业的发展受限。而科技金融产品研发阶段的技术开发、产品开发和产能开发的资金缺口过大、研发阶段连续性较低等问题，使得在完成研发的初始投资到最终形成经济收益的闭环过程中，科技型企业无法获得合理的收益，从而制约了我国现阶段科技金融的发展动力。

第四，强化公共科技金融在市场中的引导作用迫在眉睫。虽然政府在加大资金投入、引导资金流向方面占据主导地位，但受制于资金规模有限、跨地区资金流动不便等因素，目前引导资金运作的体系仍不够完善，在整个资金的运作过程中存在诸多问题，具体表现在投资对象选取、资金运用和资金退出等方面，从而在很大程度上影响了政府资金的支持效果。与此同时，公共科技金融体系的不完善、业务领域狭窄、机构数量不足，使得中小科技型企业所需的资金和金融服务十分受限，相应的科技金融环境亟须得到有效改变。即便中央和地方政府多次加强立法及政策引导，仍没有较好地完善相应的法律政策，目前有关研发、专利保护、投融资限制等方面的法律欠缺，相应的政策未能结合企业实际情况而执行，导致政策的传导效应和执行效果都不佳。除了与科技金融相关的法律不完善、政策执行力度不足外，我国各地区金融信用规章制度的体系和内容都相对独立，缺乏统一标准，导致许多重要政策无法落实，不能发挥实质作用。此外，我国还未能建立完善的社会信用体系、担保体系来满足中小微科技型企业的需求。与传统发达国家相比，我国的社会信用体系、担保体系建设存在较强的滞后性，从而严重抑制了我国科技金融的未来发展，所以科技金融信用体系、担保体系的建设和完善问题亟待解决，只有彻底解决公共科技金融体系的协调性、合作性不足等问题，才能使政策法规发挥预期效应。

二、我国市场科技金融发展现状

市场科技金融是相对于公共科技金融而言的，它强调发挥市场功能，以市场手段促进科技型企业发展，进而推动国家科技创新进步。在经过多年发展后，市场科技金融的形式逐渐丰富，下面主要对科技信贷、创业风险投资以及多层次资本市场三方面进行介绍。

（一）科技信贷

科技信贷是指专为科研开发、科技成果转化或应用工程等领域发放的贷款，其主要服务对象为科技型企业。随着近年来科技金融的备受关注，作为其中创新方向之一的科技信贷也受到了重视。

自20世纪80年代以来，科技信贷在我国逐渐发展（见表3-1）。在此期间，科技信贷的发展也随国家政策、商业银行改制等因素而受到不同程度的影响。

表3-1　我国科技信贷发展重要事项

年份	重要事项
1985年	在国务院科技领导小组办公室和中国人民银行联合颁布《关于积极开展科技信贷的通知》后，我国的科技信贷业务正式步入起步阶段，在中国人民银行的统筹下，中国农业银行和中国工商银行率先开办科技信贷业务。
1995年后	随着《国务院关于金融体制改革的决定》《中华人民共和国中国人民银行法》《中华人民共和国商业银行法》《贷款通则》等法律法规的颁布，我国金融体制的改革浪潮来袭。三大政策性银行在我国相继成立，并统筹负责国家政策性业务；中国工商银行、中国农业银行、中国建设银行和中国银行这四大国有银行转变为自负盈亏、自主经营、自担风险的商业银行。向科技型企业提供贷款业务的重任主要落在政策性银行身上。
2008年	《中国银行业监督管理委员会关于商业银行改善和加强对高新技术企业金融服务的指导意见》指出，商业银行应当与科技型小企业建立稳定的银企关系，改善对小企业科技创新的金融服务，对创新能力强的予以重点扶持。
2009年	《关于进一步加大对科技型中小企业信贷支持的指导意见》为科技型企业的发展提供了新动力，营造了良好的金融环境，推动了科技型企业创新产品的成果转化。
2009年	中国首批科技银行正式亮相，中国银行业监督管理委员会批准中国建设银行成都高新支行和成都银行高新支行成立。自此，科技支行发展模式在我国开始流行起来。

从金融机构科技信贷发展情况来看，尽管早在20世纪80年代我国就提出了发展科技信贷，但由于金融体制改革，传统商业银行的经营开始自负盈亏。在2009年前，我国科技信贷的整体发展较慢（见图3-5），

在实际筹集的科技经费中，能获得金融机构贷款的占比非常小，2004 年的占比为 1.15％，2008 年的占比仅为 0.34％。科技成果的转化在很大程度上依赖经费投入，从我国科技活动经费的基本结构可以看出，我国科技活动经费主要依赖政府投入资金与企业自筹资金，2004—2008 年两者的比重之和基本占全部科技活动经费的 80％以上，而金融机构对于我国科技活动的支持力度较弱，并呈现逐年下降的趋势。由此可见，金融机构发放的科技贷款在我国科技经费结构中的比例偏低，我国金融对科技的支持作用没有得到充分发挥，同时银行发放的科技开发贷款资金仅占金融科技贷款的很少一部分。科技开发贷款资金的严重短缺，制约了我国科技成果产业化的发展，影响了我国自主创新能力的提高。

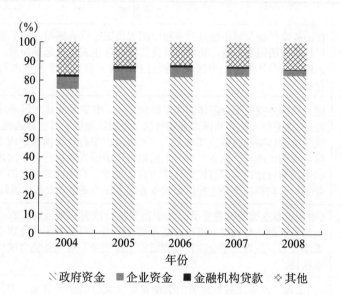

图 3-5　科技经费的资金来源

近年来，由于政策推动，国家全力支持重大科技创新项目，使科技贷款的发放情况整体呈上升状态（见表 3-2）。2018 年国家开发银行全年发放科技贷款仅为 467 亿元；2019 年，国家开发银行全年发放科技贷款的金额超千亿元，上涨约 1.6 倍；2020 年，国家开发银行全年发放科技贷款的金额为 1 494 亿元，同比增长 23％。国家开发银行积极支持战略性新兴产业和先进制造业的发展：2020 年，发放战略性新兴产业贷款 3 304

亿元，发放制造业中长期贷款 2 659 亿元，使制造业中长期贷款同比增长了 37%，创历史新高。2021 年，国家开发银行共发放 700 亿元科技创新和基础研究专项贷款，重点支持国家重大科技创新任务、关键核心技术攻关、前沿性基础研究、应用研究和科技成果转化，为推动科技、产业、金融良性循环做出了积极贡献。该专项贷款于 2021 年 3 月设立，在"十四五"期间的总体规模为 3 000 亿元。

表 3-2　2018—2020 年国家开发银行科技贷款发放情况

	2018 年	2019 年	2020 年
科技贷款（亿元）	467	1 212	1 494

从科技专营机构的发展情况来看，在国家的支持下，商业银行也积极创新金融组织的形式，大力发展科技支行和科技信贷业务部门，开展科技部门与银行之间的科技金融合作模式创新。自 2009 年国内首批科技银行出现，至 2019 年，我国已设立超过 750 家银行科技支行、科技金融专营机构，全国科技型企业贷款余额突破 40 000 亿元。截至 2021 年，银行业金融机构科技型企业贷款余额较年初增长 23.2%，比全部贷款的平均增速高 12.1%。银行业金融机构外部投贷联动项下科创企业贷款余额较年初增长 18.3%；全国银行业金融机构设立科技支行、科技特色支行、科技金融专营机构共 959 家，同比增长 14.4%。在提供科技金融服务方面，通过减少科技小额贷款公司审批环节来提高科技型企业申请科技贷款的效率，积极引导和鼓励符合条件的自然人、企业法人与其他社会组织在科技型企业聚集度较高的省级以上高新技术开发区、经济开发区等园区投资设立小额贷款公司来促进科技小额贷款公司的发展，进而拓宽科技型企业获得贷款的渠道。

从科技信贷模式、产品和服务的创新来看，国家引导政策性银行、商业银行和非银行金融机构创新信贷工具，开展股权、专利权、商标权和版权等担保贷款业务。截至 2020 年末，全国专利、商标质押融资总计 2 180 亿元，同比增长 43.9%。此外，为了满足各领域科技型企业的融资需求，由政府部门主导、其他金融机构出资而设立的信保基金，也能为符合产业政策要求、科技创新能力强、成长潜力高的中小微科技型企业提供信用担保,以"专利权质押+信保基金担保"的方式来提高企业信贷额度。鼓励金融机构发展应收账款保理等供应链融资和票据贴现业务,积极创新科技型企业流动资金贷款还款方式。支持省、市、县(区)联动设立政府科技贷款风险补偿金和科技贷款贴息资金,形成政府引导、多方参与的科技型企业贷款风险补偿机制。

(二)创业风险投资

从目前我国的实际情况看,风险投资业筹集和储备了大量的创投资本,但其投资额还不到总资本的十分之一,投资强度远远不够。相关统计数据显示,2019 年中国风险投资市场共披露投资项目 3 015 项,投资金额为 866.8 亿元,占中国 GDP 的 0.09%,平均投资金额为 2 893 万元。在《国务院办公厅转发科技部等部门关于建立风险投资机制若干意见的通知》中,风险投资被定义为提供股权资本,为以科技型为主的高成长性初创企业提供经营管理和咨询服务,为被投资企业成熟后提供股权资本、经营管理和咨询服务,通过股权转让取得中长期资本收益的投资行为。

(1)中国创业投资机构总量(见表 3-3)。自 1985 年第一家风险投资机构成立以来,风险投资在我国经历了 30 多年的发展历程。从图 3-6 可知我国创业投资机构数量的变化情况,2013—2019 年我国风险投资机构的数量从 1 408 家增加到 2 994 家,仅 2018 年就新增风险投资机构 504 家。截至 2019 年,我国共有风险投资基金 1 916 家,创业投资管理机构 1 078 家。从增长率来看,大多在 10%~20%之间波动。但在 2019 年,创

表 3-3　2013—2019 年中国创业投资机构总量

	2013 年	2014 年	2015 年	2016 年	2017 年	2018 年	2019 年
创业投资机构数(家)	1 408	1 551	1 775	2 045	2 296	2 800	2 994
风险投资基金(家)	1 095	1 167	1 311	1 421	1 589	1 931	1 916
创业投资管理企业(家)	313	384	464	624	707	869	1 078

业投资机构数的增速放缓，只比 2018 年多 194 家，增速仅为 6.9%。从
2018 年的数据来看，其增长率高达 22%，表明近年来我国风险投资的发
展速度非常快。从风险投资管理的资金量来看，随着"大众创业，万众
创新"的兴起，越来越多的资金进入创新创业领域，风险投资的规模也
迅速扩大（历年情况参见表 3-4）。目前，我国的风险投资规模已超过美
国，成为世界第一。2019 年，我国风险投资管理资本的总额达到 9 989.1
亿元，比 2018 年增加 810.1 亿元，增长 8.8%；基金平均管理资金 3.33
亿元。虽然近年来我国风险投资管理资金总量的增速逐年放缓，但增量
仍然可观。与 2013 年相比，我国风险投资管理资本的规模增长了近
1.8 倍。

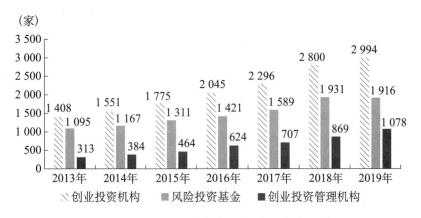

图 3-6　2013—2019 年中国创业投资机构总量

表 3-4　2013—2019 年中国创业投资管理资本的发展情况

	2013 年	2014 年	2015 年	2016 年	2017 年	2018 年	2019 年
创业投资管理资本总额（亿元）	3 573.9	5 232.4	6 653.3	8 277.1	8 872.5	9 179.0	9 989.1
增长率（%）		46.41	27.16	24.41	7.19	3.45	8.83

　　（2）金融机构的资产管理规模。风险投资基金是一种资产管理产品，
属于资产管理行业私募基金的子类，是私募基金最重要的组成部分之一。
风险投资基金的发展模式与私募股权基金的整体发展息息相关，金融资
产管理环境对风险投资基金的影响不容忽视。近年来，相关统计数据显

示，金融机构的资产管理规模逐年增长，2014—2016 年整个资产管理行业发展迅速，其资产管理规模从 2014 年的 52.31 万亿元增长到 2016 年的 97.52 万亿元，增长率接近 90%。2017—2018 年资产管理规模的增速较往年有所放缓，2018 年各金融机构的资产管理规模甚至出现负增长，截至 2019 年底，我国金融机构的资产管理总规模为 107.76 万亿元。在国内资产管理规模中，银行理财基金仍占据最大份额，占比为 24.91%；私募股权基金首次超过了证券公司的资产管理规模，占当年总规模的 12.75%。2013—2019 年中国创业投资的增长情况见图 3-7。

图 3-7　2013—2019 年中国创业投资的增长情况

从备案时点看，截至 2019 年底，全国注册风险投资企业有 1 777 家，增长 6.41%，增速比 2018 年提高 3.13 个百分点。从已注册风险投资企业的投资和经营情况来看，总体上比较稳定。2019 年，114 家风险投资企业因业务转型、注册地变更、注册资本不足、投资运作不符合十部委规定等原因退出备案。与风险投资企业数量的不断增长相对应，我国风险投资企业的资产规模也在不断增加。截至 2019 年底，我国风险投资企业的总资产达到 7 258.46 亿元（不含承诺资本），同比增长 10.86%，增速比 2018 年提高 3.39 个百分点。

从实到资本来源看，2019 年底财政预算占 18.30%，同比下降 0.18 个百分点；国有事业单位占 42.31%，同比下降 0.06 个百分点；非国有事业单位占 25.73%，同比下降 0.15 个百分点；个人缴费占 12.08%，同比提高 0.66 个百分点；外商投资占 1.58％，同比下降 0.27 个百分点。此外，民间资本占 39.39％，同比提高 0.24 个百分点。从承诺资本来源看，2019 年底财政预算占 13.32％，同比下降 0.56 个百分点；国有事业单位占 45.17％，同比下降 0.52 个百分点；非国有事业单位占 26.77％，同比下降 0.34 个百分点；个人缴费占 13.27％，同比提高 1.81 个百分点；外商投资占 1.47％，同比下降 0.39 个百分点。此外，民间资本占 41.51％，同比提高 1.08 个百分点。

（3）创业投资及退出情况。从投资行业来看（见图 3-8），中国在高科技领域的投资约占 60％，再加上风险投资的投资偏好，高新技术产业似乎能在一定程度上满足其高风险、高回报的要求。因此，不难想象，未来高新技术产业仍将受到风险投资机构的青睐，获得比传统产业更高的投资额，其产业分布更加分散、热点变化更加频繁。2019 年，当年投资最多的行业将集中在半导体、传统制造业和医疗保健业，分别达到 8.5％、8.1％ 和 8.1％，而 IT 服务业的投资额和投资项目将大幅下降。

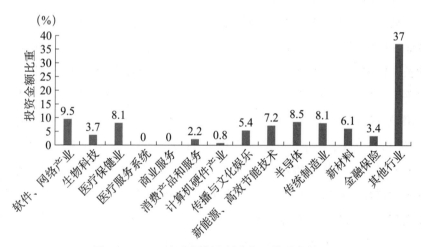

图 3-8　2019 年中国创业投资行业的分布情况

从投资案例的数量看，2019 年新增投资案例 2 149 起，同比减少 237 起；年末投资案例为 20 353 起，同比增长 1.61％；多年来，累计投资案例已增至 31 548 起，与投资案例的增长相比，投资金额呈下降趋势。2019 年新增的投资额为 339.47 亿元，同比减少 122.20 亿元；年末投资余额为3 664.09亿元，同比增长4.80%。

从不同投资阶段的案例分布看，2019年创业投资企业在种子期、初创期、扩张期、成熟期和重建期的投资比例分别为28.11%、43.32%、25.41%、2.89%和0.27%。从年度变化看，种子期的投资占比快速上升12.10个百分点，初创期的投资占比下降7.81%，扩张期的投资占比下降3.51%，成熟期的投资占比下降0.76%，重建期的投资占比下降0.02%。从不同投资阶段的金额分布看，2019年创业投资企业在种子期、初创期、扩张期、成熟期和重建期的投资比例分别为14.22%、42.07%、38.18%、5.20%和0.33%。从年度变化看，种子期的投资比例增加了5.02个百分点，初创期的投资比例增加了3.88个百分点，扩张期的投资比例增加了1.83个百分点，成熟期的投资比例减少了10.61个百分点，扩张期的投资比例下降了0.12个百分点。从总体来看，2019年的总体投资规模呈下降趋势，投资活跃度略有下降；早期企业的投资比重持续上升，成熟期的投资比重持续下降。

从投资的相关指标看，受国家宏观经济下行影响，2019年风险投资企业在增加就业、提高企业研发能力、促进创新产品产业化、支持经济增长、促进税收增长等方面的贡献明显下降，所有指标都低于全国平均水平。2019年，创业投资企业的年末就业增长率为−24.55%，低于当年全国城镇就业1.91%的平均增长率；创业投资企业的研发投资增长率为−10.48%，低于当年全社会研发投资11.77%的平均增长率；创业投资企业所投资企业的销售额增长率为−22.05%，低于全社会GDP 6.10%的平均增长率；风险投资企业所投资企业的纳税增长率为−35.16%，低于当年全社会1.02%的平均增长率。这表明风险投资企业主要投资于中小企业，而中小企业更容易受到宏观经济低迷的影响。

从投资退出角度看，创业投资企业的资本退出渠道基本实现多元化，2019年创业投资企业的股权退出案例和注册数量持续增加。从股权退出案例看，2019年股权退出案件有1 827起，比2018年增加394起。截至2019年底，创业投资企业已实现退股11 195宗。从股权退出金额看，2019年的股权退出金额达到171.80亿元，比2018年增加27.35亿元，其退出增速明显高于 2018 年。截至 2019 年底，创业投资企业的股权退出总额已达 1 257.66 亿元。从退出方式看，通过上市转让方式退出股权的案件比例约为 20%。但近年来，通过协议转让、回购等方式退出股权的案例不断增多。截至 2019 年底，上市转让股权退出案件不断增多，在全年不同退出方式的各类股权退出案件中，协议转让股权退出案件居首，占 32.90%；其次是通过回购方式收回股权，占 26.82%；最后是通过上市转让实现股权退出，占 20.31%；采用整体收购清算方式的股权退出案件比例一直很低，2019 年采用清算方式的股权退出案件比例为 8.97%；整体收购仅占全部股权退出案例的 2.24%。

自 2006 年《创业投资企业管理暂行办法》颁布实施以来，特别是从创业板市场推出以来，我国的创业投资发展迅速。短短几年时间，我国的创业投资就已经走过了美国 50 多年的发展历程，无论是数量还是规模都已接近发达国家的最高水平。风险投资作为优化资本配置、支持实体经济、促进经济结构调整的重要途径，已成为多层次金融体系和资本市场不可或缺的组成部分。然而，我们也看到了近年来我国风险投资发展中存在的诸多问题，甚至已到了发展的瓶颈期。风险投资基金在法律、税收、运行机制等方面的缺陷日益明显，要解决这些问题，还需要从顶层设计入手。

（三）多层次资本市场

资本市场作为企业直接融资的重要渠道，对社会经济发展有重要意义。因此，为满足不同规模企业的直接融资需求，构建符合国家发展特色的多层次资本市场至关重要。自 20 世纪 90 年代开始，我国多层次资本市场体系逐步发展起来。但鉴于我国特殊的国情，中国的资本市场在政策的推动下具有明显的缺陷，即缺乏资本市场自然演进和适应的时间。与此相比，美国的资本市场是在市场经济中自发产生的，并经长期演化为一个合理复杂的体系。目前，我国的直接融资比重与发达国家相比仍处于较低的水平。截至 2020 年 9 月底，我国直接融资的存量为 79.8 万亿元，约占社会融资规模的 29%，与美国的直接融资占社会融资规模的

80％仍相差甚远。

从我国多层次资本市场的结构来看（见图3-9），我国已建成包括由主板、创业板和科创板构成的场内市场，以及由新三板和区域性股权交易市场构成的场外市场的多层次资本市场。

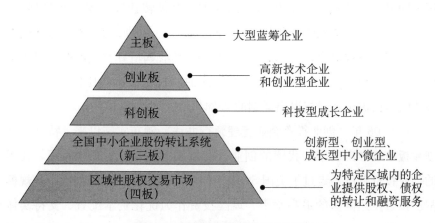

图3-9 我国多层次资本市场结构

1. 主 板

主板又称一板市场。在中国，上海证券交易所（以下简称"上交所"）和深圳证券交易所（以下简称"深交所"）都设有主板市场，主板市场是我国多层次资本市场的最重要组成部分。如图3-10所示，主板市场在近30年间给数千家企业上市融资提供了平台。该市场处于多层次资本市场的顶端，对发行人的营业期限、股本大小、盈利能力等方面有着较高的要求，在主板市场上市的企业多为资本规模大、盈利能力稳定的大型成熟企业或行业领军企业，主板在资本市场乃至国民经济发展中具有重要地位。2004年6月，我国在深交所设立中小企业板，中小企业板的设立初衷是为了给具有成长性的中小企业提供融资平台，促进中小企业的快速成长与发展，中小企业板的上市条件与主板相同，只不过发行规模相对较小。受限于国内资本市场的发展情况，中小企业板一直处于较为尴尬的地位，直至2021年4月6日我国正式将主板与中小企业板合并，不再单独设置中小企业板。自20世纪90年代沪、深两市正式成立以来，我国的一板市场历经三十多年的发展，不仅完成了我国的业务机制转型和国家吸引外汇等历史任务，也是整个宏观经济发展的重要场地，在优化资源配置和扩大直接融资方面做出了巨大贡献。一板市场是目前我国资本市场体系中最成熟、规模最大的资本市场。

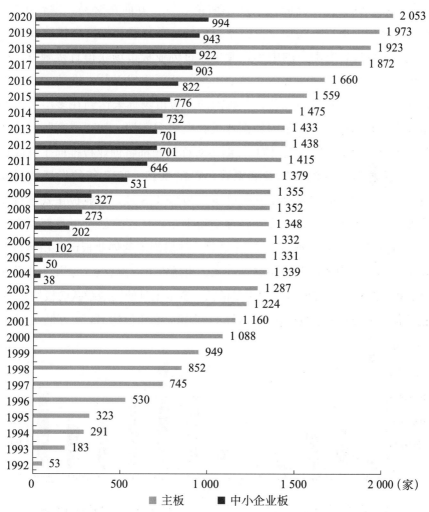

图 3-10　我国主板、中小企业板上市企业数量变化趋势

2. 创业板

创业板又称二板市场，是我国构建多层次资本市场的重要一步，其设立目的是为了进一步便捷中小企业上市融资。2009 年 10 月 23 日，我国在深交所开设创业板，相较于主板，其上市条件明显宽松，在成立时

间、资本规模、公司绩效等方面的指标要求更低，旨在为高新技术企业和创业型企业提供新的发展动力，因为创业板也肩负着开展国家创新战略和培育创业型企业成长的重任。根据创业型企业和高科技型企业的需求及特点，创业板一方面强调风险防范，另一方面在交易、发行审核、监管等制度上更加市场化。在创业板市场，私募股权投资和风险投资得到进一步发展，有潜力的中小企业也通过创业板市场获得直接融资。虽说创业板市场逐渐成为我国交易所市场的活跃组成部分，推动了我国多层次资本市场的建设与完善，但我国的二板市场远未达到在多层次资本市场中应有的作用，这是因为创业板存在诸多弊端，如"三高"问题严重、上市后业绩"变脸"、信息披露不对称问题都将创业板推向了危险边缘。从我国创业板的整体发展来看，它在 2015—2017 年的发展情况较好，随后创业板的发展速度有所放缓。2020 年 8 月，创业板正式推行注册制，而后首批试点企业成功在深交所上市，从而使创业板重新焕发了活力（见图 3-11）。截至 2022 年 3 月，注册制下的创业板已平稳运行一年多，累计受理企业 IPO 申请 838 家、再融资申请 426 家，新增上市公司 282 家，成为 A 股市场 IPO 申报最活跃、资本工具使用最踊跃的板块之一。创业板上市公司的总数也快速增至 1 110 多家，总市值达 12.34 万亿元。

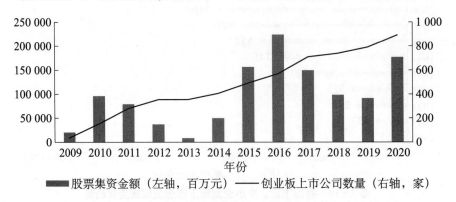

图 3-11　2009—2020 年我国创业板发展状况

3. 科创板

科创板是由国家主席习近平于 2018 年 11 月 5 日在首届中国国际进口博览会开幕式上宣布设立的独立板块，2019 年 6 月 13 日在上交所正式开板。随着我国宏观经济实力的不断增强，经济结构迎来转型升级，高科技企业的融资难题日益突显。为此，我国设立科创板，主要服务于符合国家战略、突破关键核心技术、市场认可度高的科技型企业。我国创新了科创板的上市标准，跟以往仅仅依靠"营业收入""净利润"等财务指标作为主要标准不同的是，考虑到科技型企业资产结构的特殊性，科创板更多采用"预计市值"作为主要依据，它看重公司的未来发展潜力，对部分预估市值较大、发展潜力好的公司，甚至凭借"主要业务或产品成果"等非财务数据来评判。新设立的科创板采用了注册制，简化了中小企业上市的流程，证券监管机构只负责审核递交资料的准确性和真实性，而在发行人的资质审核和判断方面不做干涉，将判断上市公司股票好坏的决定权留给市场和投资者，发挥资本市场的市场性，为众多科技型企业和广大投资者带来了机遇与挑战。与此同时，科创板打破了只有盈利的公司才能上市的规则，同时打破了红筹和可变利益实体架构公司不能上市的规则。尽管这种为科技型企业专设的资本市场在我国出现得较晚，但就目前来看，科创板的发展速度较快，2019—2021 年科创板的发展情况见图 3-12。截至 2022 年 4 月 1 日，共有 405 家企业登陆科创板，总市值为 42.46 万亿元。

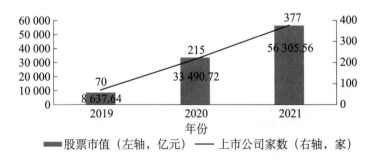

图 3-12　2019—2021 年科创板的股票市值和上市公司数

4. 新三板

新三板的全称为全国中小企业股份转让系统，于 2012 年 7 月设立，新三板定位于为创新型、创业型、成长型中小微企业发展服务。这类企业普遍规模较小，尚未形成稳定的盈利模式。在准入条件上，不设财务门槛，申请挂牌的公司可以尚未盈利，只要是股权结构清晰、经营合法规范、公司治理健全、业务明确并履行信息披露义务的股份公司，均可经主办券商推荐后申请在新三板挂牌。为进一步推动新三板的发展，2019年10月中国证监会开始全面深化新三板改革，提出包括优化发行融资制度、完善市场分层、建立挂牌公司转板上市机制、加强监督管理、健全市场退出机制五项要求。在精选层挂牌一段时间后，符合交易所上市条件和相关规定的企业，可以直接转板上市。表3-5反映了新三板市场挂牌公司的股票发行情况，新三板在2014年后进入快速发展阶段，而2018年后的发展速度有所回落，这与科创板的出现及注册制的推行有一定联系，2012—2020年新三板市场挂牌公司的股票累计发行次数达11 398次，筹资金额超5 300亿元。

表3-5 新三板市场挂牌公司股票发行情况

年份	发行次数（次）	发行股数（亿股）	筹资金额（亿元）
2012	24	1.93	8.59
2013	60	2.92	10.02
2014	329	26.52	132.09
2015	2 565	230.79	1 216.17
2016	2 940	294.61	1 390.89
2017	2 725	239.26	1 336.25
2018	1 402	123.83	604.43
2019	637	73.73	264.63
2020	716	74.54	338.50

资料来源：中国证券监督管理委员会.中国证券期货统计年鉴2021.北京：中国统计出版社，2021.

注：发行统计中不包含优先股。

2021年9月3日，北京证券交易所（以下简称"北交所"）成立。从北交所的特征来看，在融资准入方面，它突出了创新型中小企业的经营特点，实行注册制，坚持以信息披露为中心，从中小企业的实际情况出发，强化制度针对性、精准性和包容性，压实各方责任，提高违法成本，强化投资者保护，其审核注册各项安排与科创板、创业板总体保持一致，切实把好"入口关"。在退出安排方面，坚持"有进有出""能进能出"

的市场生态，发展多元化的退市指标体系，完善定期退市和即时退市制度，在尊重中小企业经营特点的基础上，强化市场出清功能。建立差异化退出安排，北交所退市公司符合条件的，可以退至创新层或基础层继续交易，存在重大违法违规的，应当直接退出市场。在市场连接方面，加强多层次资本市场的有机联系，丰富企业成长路径。在新三板创新层、基础层培育壮大的企业，鼓励继续在北交所上市，同时坚持转板机制，培育成熟的北交所上市公司可以选择到沪、深交易所继续发展。截至2022年2月23日，北交所挂牌上市公司的数量扩至85家，当日北证A股多数飘红。截至收盘，85只个股中65只上涨，占比超过七成。自北交所开市以来，日均成交19亿元，较精选层增长近四倍，带动创新层、基础层交投活跃度同步有效改善。目前，北交所的合格投资者近490万户，较精选层增长近两倍，各类机构投资者持续入场，公募基金保持资金净流入，社保、保险、QFII等积极参与。

5. 区域性股权交易市场

区域性股权交易市场又称四板市场，是为特定区域内的企业提供股权、债券的转让和融资服务的私募市场。对于促进企业（特别是中小微企业）的股权交易和融资，鼓励科技创新和激活民间资本，加强对实体经济薄弱环节的支持，具有积极作用。我国区域性股权交易市场的发展见表3-6。截至2020年，我国在区域性股权交易市场上的挂牌企业数达34 666家，累计筹资金额达6 980.05亿元。

表3-6　区域性股权交易市场的发展情况

年份	挂牌企业数（家）	展示企业（家）	纯托管企业（家）	筹资金额（亿元）
2018	24 808	—	—	1 783.88
2019	28 831	—	—	2 312.53
2020	34 666	129 292	10 305	2 883.64

从我国资本市场的整体发展情况来看，截至2021年，我国共有A股上市公司4 603家，当年新增上市公司483家（未计入北交所2021年上市的41家），同比上涨21.97%。在2012—2021年期间，除2013年因为国内IPO停摆，导致该年仅两家新上市公司外，A股新增上市公司的数

量呈规律性波动（见图 3-13）。A 股新增上市公司的年复合增长率约为 13.54%。

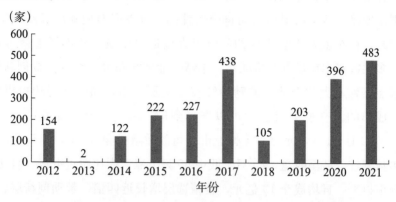

图 3-13　2012—2021 年我国 A 股新增上市公司数量

按照具体板块来看（见图 3-14），2019—2021 年科创板过会企业共391 家，创业板过会企业共 359 家，上交所主板过会企业共 215 家，深交所主板过会企业共 109 家，北交所过会企业共 84 家（近两年）。创业板在2021 年新上市公司的数量最多，为 199 家，占比为 41.2%，同比上涨85.98%。科创板新上市公司数量排名第二，为 162 家，占比为 33.5%，同比上涨 11.72%。上交所主板、深交所主板分别有 88 家、34 家新上市公司，分别同比下滑 2.22%、37.04%。"双创"板块上市企业数量的占比约为七成。

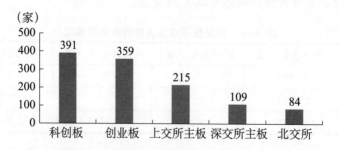

图 3-14　2019—2021 年我国各板块过会企业情况

由此可见，自 2019 年以来，科创板和创业板注册制的成功试点，为国内资本市场基础制度改革创造了良好开局，为以科技型企业为代表的实体经济提供了有力支持。科创板、创业板试点注册制，既显示了我国大力推进资本市场改革的决心，又兼顾了改革节奏与市场发展的平衡，是落实国家创新驱动发展战略、增强资本市场对提高我国关键核心技术创新能力的服务水平的关键举措。在未来，注册制改革仍需不断推进。

从服务科技型企业来说，科创板已取得了一定效果。根据上交所的数据，截至 2022 年 2 月 28 日，科创板共有 391 家上市公司，合计首发募集资金总额为 5 478.48 亿元。科创板上市公司的平均募集资金额为 14.01 亿元，中位数为 7.79 亿元。与此同时，391 家科创板上市公司合计 A 股市值达 5.21 万亿元，平均数为 133.20 亿元，中位数为 68.84 亿元。市值超过百亿元的上市公司共有 151 家。其中，市值超过 500 亿元的公司有 17 家，市值超过 1 000 亿元的公司有 4 家。目前，科创板上市公司主要分布于新一代信息技术、生物医药、高端装备、新材料、节能环保、新能源六大行业。其中，集成电路（信息技术子行业）有 49 家上市公司、生物医药有 84 家上市公司、高端装备三大先导产业有 74 家上市公司。

（四）我国市场科技金融发展问题分析

自党的十九大以来，党中央着重强调科技创新的重要性。国家发改委、科技部不断出台和调整相关法律法规，对中小企业频频发出利好的信号，"大众创业、万众创新"不再处于口头呼吁阶段，而是在一步步地尝试，但将传统金融直接套用到科技型企业上，难免会出现很多不兼容的情况。与传统企业相比，科技型企业具有技术更新快、规模小、投资高、风险大、收益高的特点，同时科技型企业又存在资产水平低、贷款风险值高、缺乏抵押品，以及知识产权定价困难、传统定价方法不再适用、科技型企业的资产难以流通等问题。科技型企业往往难以满足中国证监会的基本要求，难以通过发行股票实现股权融资。尽管新三板的出现为中小企业融资打开了一扇新的大门，但实际上，科技型企业很难完全参与其中。因为在发挥资本的杠杆作用时，风险投资的作用并没有得到充分发挥。目前，我国风险投资的目标是短期投资，随后通过 IPO 上市，然后再退出。这种方式在投入大量资金后，虽然加速了科技型企业的成长，但在支撑发展和稳定方面存在缺陷。

1. 科技信贷发展问题

虽然科技信贷在中国已经过了 40 多年的发展，但目前其发展还是存在一些问题：第一，科技型企业的科技信贷业务开展困难。首先，市场上的银行专门针对科技型企业的贷款产品仍不算充足。现在的银行信贷策略仍倾向于发展情况良好的、资信优良的大企业，因而其信贷流程和信贷方式大多是依据大企业、大项目客户的特点设计的。比如银行偏好依靠财务报表对大企业进行客户评价，而科技型企业的财务行为常有不规范的操作出现，因此使用大企业的评价体系不能反映科技型企业的风险，所以银行提供的贷款产品也无法为科技型企业提供实质性帮助。其次，贷款的综合费用偏高。即使目前国家对贷款利率上浮设置了上限，但对于科技型企业来说，它们有着经营不稳定、资金流容易断裂、信息不对称等因素带来的风险，仍不足以让银行放心承担全部风险，导致银行惜贷现象普遍存在，银行倾向对优质企业提供贷款，而大多数前景不明朗的科技型企业因达不到银行要求，需要加上抵押物担保、再担保、反担保等各种费率，因而增加了科技型企业融资的时间成本和金钱成本。最后，地区间信贷融资环境差异大。我国科技信贷资金在不同地区的分布严重不均，如经济发达地区的科技产业发展较好、融资环境佳，容易产生良性循环，银行和担保机构有多余的资金，就愿意主动向科技型企业提供各种信贷服务，而经济欠发达地区的创新氛围不强、信贷基础体系较薄弱，而且容易出现信息不对称情况，同时科技信贷的融资氛围不强，进而使该区域的创新环境不断恶化，科技型企业的资金需求普遍不能得到满足，致使经济欠发达地区的科技创新更难推进。第二，科技信贷机构的自身综合竞争力有待加强。科技信贷机构的股东构成基本以国有大中型银行为主，这种股权结构有待改善。由于国有银行在经营方面强调稳健，加之相关科技信贷人才不足，以及政府对银行的不当干预时有发生，容易导致科技信贷资源的错配，使科技信贷机构对有潜力的科技型企业的信贷支持不够充足。第三，知识产权的评估过程烦琐。知识产权质押融资作为一种新型科技信贷融资方式，受到了众多科技型企业的欢迎，但随着该业务的深入发展，影响知识产权质押融资进一步发展的因素也逐步显现。首先，国内合格的评估机构少，估值与变现差异大。

目前，国内可以提供高质量评估结果的知识产权评估机构较少，大多数评估机构都不具有相关资质或相关经验。与此同时，目前没有成交活跃、机制成熟的知识产权交易平台，这使得评估价值和交易价值差异过大，因而质押的知识产权难以处置。其次，办理质押存在着物理距离远、手续多、耗时长的问题。在知识产权质押中，专利质押是在国家知识产权局办理，软件著作权质押是在国家版权局办理，但要到北京现场办理，银行不仅难以了解最新的质押资料要求和手续流程，而且经常出现需要重复办理的现象，导致办理手续耗时长，普遍需要三个月以上，质押登记的时间无法满足企业对资金的时效要求。最后，支持政策的覆盖范围有待进一步扩大。目前，对知识产权的贴息等政府支持政策仅针对专利，对于著作权或者商标权几乎没有涉及。软件企业由于偏重于软件研发，因而申请专利的难度较大，对核心技术一般都是通过著作权保护，所以政策支持对象和范围有待扩容、扩大。

对于上述情况，我们可考虑以下改进方式：第一，应持续完善科技金融服务体系，推动商业银行的科技金融服务业务提质增效。例如，科技信贷金融创新应保证风险可控、依法合规，然后在此基础上，引导成立与职能定位一致的产业基金，充分发挥风险补偿机制的作用；科技型小微企业在转贷款业务中的融资占比应适当提高，而商业银行应争取在科技型企业贷款余额、科技型企业有贷款户数方面实现增长，提升针对科技型企业专业金融服务的质量。此外，科技信贷金融创新应加大对高新技术企业创新发展的支持力度，保证高技术制造业能够合理获得中长期贷款，对于科技型企业在首贷、再贷、知识产权质押融资、信用贷款等方面的投放力度需要加强。第二，对于商业银行的科技信贷项目设置专门的绩效考核方式，制定科技金融业务考核方案，鼓励银行机构发展长期收益覆盖长期风险的风险管理模式，设置相关工作人员的激励模式与尽职免责政策。当科技型企业出现不能偿还贷款的情况时，经内部调查后，有确切证据证明授信部门和业务人员的授信过程是依法依规且符合银行内部管理制度安排的，应豁免其全部或部分责任。鼓励适当提高科技型企业贷款不良容忍度，特别是对于科技型企业的不良贷款容忍度可高于各项贷款不良率的3%。第三，加强知识产权评估、登记、托管、流转等知识产权市场化服务体系的建设，简化知识产权质押登记流程和知识产权质物处置机制，为开展知识产权质押融资提供高效便捷服务。与此同时，争取进一步扩大非实物专利的范围，积极推进专利保险工作，为科技型企业的创新发展补充动力。

2. 创业风险投资发展问题

虽然我国风险投资业的整体发展迅速，但由于起步较晚，其退出机制和激励机制还不完善。1985 年，中国新技术创业投资公司正式成立，它是我国风险投资业正式起步的标志。2016 年，随着《国务院关于促进创业投资持续健康发展的若干意见》等文件的出台，风险投资行业逐步规范，并进入快速发展轨道。在 2015 年至 2018 年间，投资额从 838.4 亿元增长至 20 655.1 亿元，综合增长率达 135%，由其投资规模的迅速扩张可知风险投资业在我国的发展速度之快。然而，风险投资业的发展仍存在诸多问题：一是投资规模小、长期资本紧缺。风险投资的资金来源主要是私募基金，而私募基金的门槛较高，民间资本进入的难度较高，因而风险投资的融资渠道较窄、资金规模相对有限，而由政府主导或国有企业设立的风险投资企业对国有资本的使用具有明确的要求，相关手续流程更为烦琐，难以发挥风险投资灵活高效的优势。二是退出渠道有限。目前，风险投资的变现方式主要包括公开上市、股权转让、兼并收购、企业回购等，但 A 股市场上市门槛高和大股东的减持受限都影响风险资本退出获利，而缺乏灵活的退出渠道以及退出机制，抑制了风险投资的发展。三是缺乏系统性的监管和税收政策。目前，我国风险投资存在政策多、边界模糊、税收政策落地难、适用性不高、监管措施不到位等问题。

3. 多层次资本市场存在的问题

资本市场是科技型企业融资的重要场所。无论是发行股票还是债券，都是企业获取资金，支持规模化生产或新一轮产品开发的有效途径。然而，由于我国资本市场发展时间较短，而且整个发展过程由政府主导，缺乏市场性，因而许多体制、机制尚未成熟，直接影响到企业的融资效率。

（1）我国的股票发行制度仍然缺乏市场性。我国资本市场的发展起始于 20 世纪 90 年代，在 30 余年的发展中，新股发行制度也在不断变革，以适应市场发展的需求。最早的审批制实施了完全计划发行模式，在这种行政主导的股票发行模式下，难免出现发股流程烦琐、效率低下、缺乏市场性等情况，难以满足资本市场发展的需要，导致资本市场发展缓慢。因此，在 2001 年我国开始实行核准制，在 2004 年又对新股发行制度进一步优化，发展为核准制下的保荐人制度。尽管核准制相较于审批制呈现出一定优越性，但随着我国经济的快速发展，核准制已不能完全满足我国众多企业的上市融资需求。一方面，核准制对企业的硬性指标要求严苛，使得许多有着广阔发展前景但未能满足国内上市要求的企业选择海外融资，即在国外上市；另一方面，在核准制下需要中国证监会对拟上市企业提交的资料逐一进行审核，只有审核通过才能上市。在这个过程中，监管机构拥有的权力较大，资本市场缺乏市场性，并且提交上市申请后的审核周期长，企业需要耗费大量时间等待排队上市。为克服核准制的弊端，我国开始进行注册制试点，2019 年 6 月首先在科创板进行注册制试点。一年之后，2020 年 6 月创业板也开始实行注册制。在核准制下，IPO 从受理到上市的平均时间达 19 个月，而在注册制下，IPO 从受理到上市的平均排队时间为 11.6 个月。注册制有效地激活了资本市场的活力，提高了资本市场的融资效率。目前，我国形成了在主板市场实行核准制、在科创板和创业板试点注册制的新股发行制度。从适应市场发展的需求来说，一方面，我国的主板市场新股发行制度有待进一步市场化，因而全面推行注册制仍是当下资本市场改革的一大目标；另一方面，近年来，企业对于上市计划有更多的要求，如双层股权结构设计等，但我国资本市场相应的制度变革仍相对滞后。

（2）交易制度和层级制度有待完善。以新三板为例，新三板独特的做市商制度存在占用自有资金、价差约束、微观结构不合理等问题，导致整体流动性不足，不利于企业融资。新三板分级制的初衷是培育创新型企业，发展多层次资本市场，但该制度的实际效果并不理想，创新层和基础层没有真正的区别，对科技型企业的扶持作用并不明显。

（3）公司债券发行机制不完善。中国资本市场长期以来存在着股票和债券失衡现象。债券主要是国债和金融债券，而公司债券相对较少。债券发行机制的不完善和融资工具的缺乏，使得企业合理的融资需求得不到满足，减少了企业在资本市场上的可用资金。

（4）各层次资本市场之间缺乏联通，不利于资本市场各板块之间实现优势互补。目前，我国的多层次资本市场在一定程度上满足了不同发展阶段公司的融资需求。对于初创期企业而言，一般资本规模较小，未形成稳定盈利模式，企业资金流存在较大不确定性，前期投入资金过大可能需要经历较长时间的亏损；此时，企业可选择通过区域性股权交易市场和新三板进行融资。当企业进一步发展壮大，需要更多资金支持日常运作及创新发展时，可以根据企业的性质以及规模选择到创业板或者科创板，甚至是主板市场进行上市融资，以满足发展需要。如果各层次资本市场之间的转板机制不畅通，则企业难以通过转板制度来实现不同层次资本市场间的跨越。此时，企业不仅需要投入相当大的人力、物力、财力去筹备挂牌或者上市，而且需要在当前市场上进行停牌，其融资能力无疑会受到影响。因此，各层次资本市场间的互联互通显得十分重要。此前，已经在新三板挂牌的企业想要转板上市，也需要重新按照上市流程申请上市。2020 年 11 月，上交所和深交所分别发布新三板精选层挂牌公司转板科创板和创业板上市的相关制度。强调简化新三板精选层转板流程，省去了传统上市中的申报辅导、辅导验收、证监会核准注册、发行招股等流程。新三板转板新规的出台为企业在资本市场上转板提供了制度保障，是推进我国多层次资本市场间互联互通的重要一步，但距离各层次资本市场间的完全互联互通仍有差距。

（5）资本市场的法治环境建设还需要从立法和执法两个层面同步推进。一方面，立法工作可视作资本市场的顶层设计，国家应及时更新相应的法规政策，以适应新经济环境下资本市场的发展，比如建立适合注册制的股票发行、退市以及多层次资本市场间的转板制度等；另一方面，应加强执法工作，对于资本市场中的违法行为必须严厉打击，切实做到执法必严、违法必究，保障资本市场平稳有序运行，切实保护广大投资者的利益。

三、我国主要区域科技金融发展的对比分析

前面已对我国公共科技金融与市场科技金融的发展现状与存在的问题进行了介绍，接下来将列举长三角、珠三角和京津冀这三个地区的科技金融发展情况，具体分析我国在不同区域的科技金融发展情况与存在的问题，并通过长三角、珠三角和京津冀三个区域的科技创新与金融发展耦合度数据，研究区域科技金融耦合协调度。

（一）长三角科技金融发展现状

2019 年，以《长江三角洲区域一体化发展规划纲要》为重要指导，长三角地区贯彻统筹规划、区域协调发展的理念，结合区域优势来寻求合作、转变方式、促进发展，保持区域经济的良好发展态势。自 2020 年以来，《关于进一步加快推进上海国际金融中心建设和金融支持长三角一体化发展的意见》等政策出台，这些政策旨在发挥长三角合作机制的积极作用，沪、苏、浙、皖将深入实施长三角一体化发展，聚焦重点领域、重点区域、重大项目和重大平台，各方深化分工合作并形成合力，共同推动长三角一体化发展。

从长三角区域经济发展情况来看（见图 3-15），2019 年长三角地区三省一市的地区生产总值为 23.7 万亿元，约占全国生产总值的 24%，同比增长 7.5%。江苏的地区生产总值在长三角地区的占比最高，达到 42%，安徽、浙江和上海分别占比 16%、26% 和 16%，江苏的增速最明显。长三角地区的经济在全国处于领先水平，整体发展状况良好。

从社会融资环境来看，近年来长三角地区的货币信贷和社会融资规模都保持适度增长，金融业对长三角地区的实体经济（特别是民营、小微企业）的支持力度进一步加大。截至 2019 年 12 月末，长三角地区的本外币各项存款余额为 47.6 万亿元，占全国的比重为 24.0%，较 2018 年上涨 9.9%，高于全国平均 1.3 个百分点；各项贷款余额为 38.2 万亿元（见图 3-16），占全国的比重为 24.1%，较 2018 年上涨 13.5%，高于全国平均 1.6 个百分点；长三角地区的社会融资规模增量累计金额达 6.2 万亿元，较 2018 年增加 1.4 万亿元。

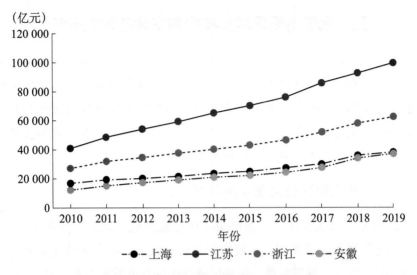

图 3-15 长三角地区生产总值变化趋势

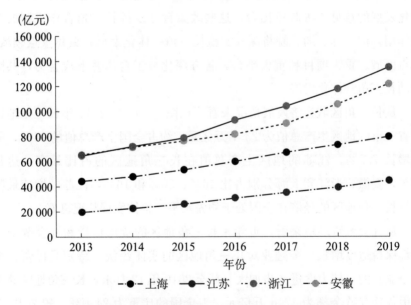

图 3-16 长三角地区银行业金融机构各项贷款余额

从创新投入情况来看,研发支出是衡量一区域内企业创新意识和创新能力的重要指标。如图 3-17 所示,自 2016 年开始,江苏、浙江、上海三区域的研发投入都超过了千亿元,其中,江苏的研发经费投入一直处于全国领先水平。2020 年，江苏、浙江、上海和安徽的研发经费投入在全国分别排在第二名、第四名、第六名和第十一名，长三角地区的研发经费投入占全国的 30.2%。从创新投入情况来看，长三角地区的整体投入水平较高且持续增高，江、浙、皖地区处于全国领先水平，但安徽的研发投入明显不足，仅为 883.2 亿元。与 2016 年的数据相比，安徽的研发投入增速远高于其他省市，达到 16%；浙江、上海分别增长 13%、11%；江苏的增速相对稳定，达到 10%。从以上数据不难看出，长三角地区各城市的创新投入水平仍存在较大差异，特别是安徽与其他三省市的差距较大。

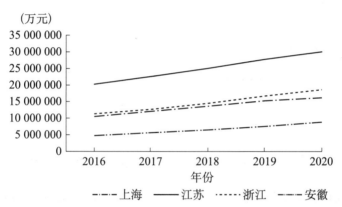

图 3-17　长三角地区情况研究与试验发展（R&D）经费内部支出

2017 年，江苏和浙江的科技财政支出占比约为 4%，五年内的数据波动不大。安徽的科技投入比重明显提高，从 2013 年的 2.5% 提高到 2017 年的 4.2%，可见近年来安徽科技投入的比重逐年加大；但 2017 年上海科技支出的占比降至 5.2%，较 2013 年下降 0.6%，是长三角地区科技财政投入比重最高的城市。近年来，上海、安徽、浙江的教育财政投入的比重均有所下降，其中上海下降 3.5%，降幅最明显，安徽、浙江略微下降，江苏的教育支出比重呈现上升趋势，但上升的幅度并不明显。

从创新产出来看，在创新投入水平不同的前提下，创新产出也呈现出不同的发展水平，随着长三角城市群科技金融资源的逐步积累，高新技术产业的创新意识也在不断增强。近年来，长三角地区技术创新专利的发展势头显著，2015 年长三角地区共申请专利 963 316 件，2020 年长三角地区共申请专利 1 639 093 件，整体申请通过率也由 2015 年的 62.8%上升到 2020 年的 70.2%。如图 3-18 所示，2020 年上海、江苏、浙江、安徽分别成功获得专利授权 139 780 件、499 167 件、391 700 件、119 696 件，专利申请成功率分别为 66.5%、69.4%、77.3%、59.2%。长三角地区在专利创新方面发展迅速，但各区域间仍存在一定差异，安徽无论从申请总量还是申请通过率上都落后于长三角地区的平均水平。

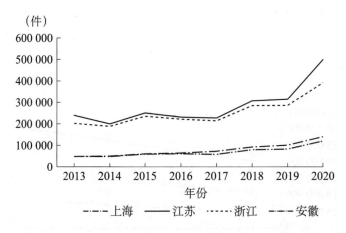

图 3-18 2013—2020 年长三角地区各省、市专利申请授权数

通过对规模以上工业企业技术市场的合同周转率和新产品销售收入进行分析，可以比较科技成果转化阶段的技术创新效应。技术市场的合同成交额越大，新产品的销售收入就越多，这意味着区域创新产出绩效越高，科技成果转化率就越高。2017 年，上海技术市场的合同成交金额为 810.62 亿元、江苏为 778.42 亿元、浙江为 324.73 亿元、安徽为 249.57 亿元。由此可见，各地区呈现出明显的分化情况，而且上海和江苏技术市场的合同成交额远高于浙江和安徽，甚至达到后者的两倍。从技术市场合同成交量的增长情况分析，5 年来，浙江、安徽的增速明显高于其他两地，分别为 3 倍和 2 倍，江苏、上海基本保持 50%的增长水平。在 2007 年以后，主营业务收入在 500 万元以上的工业法人企业被纳入规模以上工业企业统计范围，而规模以上工业企业的新产品销售收入可以反映企业创新成果在市场上的交易情况，从侧面反映创新产出效果。2013 年，上海工业企业的新产品销售收入为 7 688 亿元、江苏规模以上

工业企业的新产品销售收入为 1 971 亿元、浙江规模以上工业企业的新产品销售收入为 14 882 亿元、安徽规模以上工业企业的新产品销售收入为 4 379 亿元。2017 年,上海、江苏、浙江、安徽规模以上工业企业的新产品销售收入分别增加到 10 068 亿元、28 579 亿元、21 150 亿元和 8 843 亿元。不难看出,各区域仍然存在较大的差异,这与各地的经济发展水平有较大关系,但总体的区域间差距正在不断缩小。

根据 2019—2021 年《中国城市科技金融发展指数》的排名,上海、杭州、南京均跻身中国科技金融发展十大领军城市,这充分展示了长三角地区科技金融的综合实力。接下来,我们具体分析长三角地区这三个中心城市的科技金融现状。

1. 上海的科技金融发展现状

上海作为长三角地区的龙头城市,也是科技创新的重点地区,2020 年的科学技术预算支出为 396 亿元,在长三角地区三省一市中的支出占比达 22%。上海高技术产业企业的数量在 5 年内翻倍,2020 年高技术产业企业达 1 195 家。自上海建设科创中心以来,积极推动科技与金融深度融合,财政科技、科技信贷、创业投资、科技保险、资本市场等各类金融工具、产品、业态、主体的多样性不断丰富,初步建立了以政府多元投入、科技信贷服务、市场化创业投融资为主的科技金融生态服务体系。

在科技信贷和科技保险方面,上海政府出台了《上海银行业支持上海科创中心建设的行动方案(2017—2020 年)》等政策文件,引导银行重视处于种子期、初创期和成长期的企业,提高科技产出率和信用增值率。上海积极发展科技信贷金融机构,设立了上海农村商业银行、上海浦东发展银行、民生银行上海分行、兴业银行上海分行、上海银行等 7 家科技支行和 89 家科技特色支行。截至 2017 年底,辖区内的科技型企业贷款余额首次突破 2 000 亿元,同比增长 38.05%,高于辖区内贷款总体增速 25 个百分点。上海鼓励科技保险发展,加大了政策性融资担保支持力度,发展政策性融资担保基金。通过融资担保、再担保、股权投资等形式,与上海现有的政策性融资担保机构、商业融资担保、商业银行等多种金融机构探索合作方式,推动科技型企业的科技信贷业务的发展,不断构建覆盖上海的中小企业融资担保和再担保体系。截至 2017 年底,担保基金已与 35 家银行签署了合作协议，完成担保项目 4 000 余个，担保贷款额近 60 亿元。

在股权投资方面，上海出台了《上海市天使投资风险补偿管理暂行办法》等政策措施，2017 年创投引导基金共引导投资 45 只基金，总投资规模达 190 亿元，投资项目 610 个。天使投资引导基金共投资 16 只基金，总投资规模达 18 亿元，投资项目 300 个，比如浦东新区在浦东科技投资平台下设立了规模达 10 亿元的引导基金作为母基金。浦东新区还通过"协议配置""有限合伙人""有限合伙人＋普通合伙人"三种投资方式来吸引风投机构的合作参与，成功设立了 21 只投资基金，带动了近 400 亿元的社会资本；在资本市场方面，上海股权托管交易中心通过设立明确的上市条件、审计机制等，强化了资本市场对科技型企业的融资服务功能，推出了适应科技型企业需要的交易方式和融资工具。截至 2017 年，共有 137 家科技型企业在上海成功上市，融资总额近 15 亿元；2019 年 6 月，科创板正式开板，也使我国进入资本市场注册制新时代。截至 2020 年 12 月底，统计上交所科创板数据，共有 215 家科创板企业上市，其中上海科创板上市企业家数达 35 家，占比超 16％。

与此同时，在科技金融保障机制和科技金融信息平台的建设上，一方面，上海聚集了资金、政策、中介服务等资源，如银行、保险公司、风险投资机构、证券公司、中介机构、征信系统、专家库等，打造综合性、一站式的科技金融服务载体；另一方面，政府制定出台政策，鼓励科技金融服务体系建设。

2. 杭州的科技金融发展现状

在公共科技金融方面，杭州政府积极通过政府政策和财政资金方式提供支持。政府政策支持包括政府颁布的各种采购、税收以及促进市场科技金融发展的行业政策，财政资金支持包括以财政资金构建的科技金融平台、政府为科技创新设立的专项资金、政府注资设立的风险补偿资金池以及投资引导基金等。杭州市委、市政府自 2006 年开始就陆续出台了一系列与科技金融体系建设相关的政策（见表 3-7）。在政府推进下，市场科技金融发展速度加快，逐渐构建出内涵丰富的科技金融体系。

表3－7　杭州的科技金融政策

颁布年份	科技金融相关政策文件
2006 年	《杭州市人民政府办公厅关于印发促进创新型企业融资担保试行办法的通知》（杭政办〔2006〕27 号）
2007 年	《杭州市重大科技创新专项资金管理办法（试行）》
2009 年	《关于鼓励和支持杭州科技银行建设的通知》
2010 年	《杭州市人民政府办公厅关于印发促进我市股权投资业发展实施办法的通知》（杭政办〔2010〕11 号）
	《杭州市人民政府办公厅转发市财政局等六部门关于杭州市创业投资引导基金管理办法的通知》（杭政办函〔2010〕313 号）
2011 年	《杭州市人民政府关于推进创新型城市建设的若干意见》（市委〔2011〕2 号）
2013 年	《中共杭州市委、杭州市人民政府关于实施"聚焦高新、促进创新"战略支持杭州高新开发区争创国家自主创新示范区核心区的若干意见》（市委〔2013〕14 号）
2014 年	《杭州市科技型中小企业融资周转资金管理办法（试行）》（杭科计〔2014〕38 号）
2015 年	《关于印发〈杭州市科技型小微企业"助保贷"管理办法〉的通知》（杭科计〔2015〕119 号）
	《杭州市人民政府办公厅关于印发杭州"创新创业新天堂"行动实施方案的通知》（杭政办函〔2015〕151 号）
2016 年	《杭州市人民政府关于推动政府产业基金发展，促进产业转型升级的实施意见》（杭政函〔2016〕116 号）
	《杭州市天使投资引导基金管理办法》（杭科计〔2016〕218 号）
	《中共杭州市委、杭州市人民政府关于深化改革、加强科技创新、加快创新活力之城建设的若干意见》（市委〔2016〕16 号）

　　在发展科技银行方面，以杭州银行科技支行为例，它实行"政府支持＋技术保障＋附加风险收益补偿"的联合经营模式，不仅贷款单独核算、单独审批，而且设定了贷款企业的期权收益分享安排，同时财政按贷款基准利率的20％给予补偿。该业务模式可以使银行享受企业发展的期权收益。在这一机制的作用下，杭州银行科技支行关注科技型企业的融资需求，有针对性地开发了订单贷款、受赠贷款、期权贷款、基金贷款、股权质押贷款、知识产权质押贷款等多种创新金融产品。科技支行已成为杭州众多科技型中小企业的成长伙伴，其信贷客户涉及电子信

息、高新能源、节能环保、医药、文化创意、传统行业技术改造 6 大行业，近 20 个子行业，基本覆盖了杭州重点发展的高新技术行业。杭州银行科技支行在一年间累计发放贷款 105 697 万元。其中，累计发放科技型企业贷款 99 885 万元，占九成以上。在 165 家信贷客户中，科技型企业占 154 家。

2021 年，杭州市创业投资引导基金（以下简称"杭州市创投引导基金"）围绕杭州市委、市政府重大战略部署和产业发展规划，聚焦杭州新兴产业的关键环节，重点支持杭州重大项目、重点企业和创新企业发展，充分发挥政府产业母基金的作用，吸引具有全国或国际影响力的基金管理团队落户杭州，实现财政资金的滚动引导，带动社会投资放大了 5.8 倍，参股子基金所投企业有 13 家企业上市，募集资金 172 亿元，有效推动了杭州创业创新和经济高质量发展大局。2021 年，杭州市创投引导基金新批复合作基金 22 只，批复总规模为 100 亿元，合作基金数量是 2020 年的 1.69 倍，批复规模是 2020 年的 1.79 倍。杭州市创投引导基金累计批复子基金 106 只，批复规模为 262.88 亿元，杭州市创投引导基金批复出资 45.09 亿元，财政资金通过杭州市创投引导基金放大了 5.8 倍。杭州市创投引导基金累计投资企业 823 个，投资金额为 112.32 亿元；其中，杭州企业为 465 个，累计投资金额为 60.98 亿元，占总投资金额的 54.29%。杭州企业中有初创期企业 334 个，累计投资金额为 38.23 亿元，占杭州企业投资金额的 62.69%。杭州市创投引导基金获得了"2020 年度中国最佳有限合伙人 TOP 30"、清科"2021 中国政府引导基金 50 强"和 36 氪"2021 年度中国最受 GP 关注政府引导基金 TOP 20"等 10 项荣誉。截至 2021 年 12 月底，杭州市创投引导基金整体或部分退出基金共计 43 只，累计已退出总金额 10.43 亿元。

3. 南京的科技金融发展现状

作为泛长三角地区金融发展情况最好的城市之一，南京在科技金融服务体系建设中采取多种创新手段，努力实现市场机制与政策支持的有机结合，大力发展科技金融，面向全球打造风投、创投和私募基金集群，支持科技创新创业发展，建立涵盖开办补贴、增资奖励、投资奖励、风险补偿和购（租）房补贴的私募股权投资发展政策体系，并推出各项扶持政策。

在政府层面，南京加大了财政对科技金融的支持，优化了投资方式，增加了奖励性支出，出台了相关指引政策，并实施了精准支撑。特别是在 2013 年以后，南京鼓励设立科技金融专业机构，采取不同层次、不同档次的差别化扶持政策（见表 3-8）；在政策推动下，越来越多的金融机构将服务能力提升到战略层面，积极开展金融机构的科技金融业务，推出了小额贷款担保保险、小微企业应急互助基金等创新业务。科技银行的"投连贷""税收电子金融""小微创业贷"等创新产品也得到了广泛应用，已服务 8 000 多家科技创新创业企业，使贷款可得性显著提高，有效地缓解了"融资难、融资贵"问题。

表 3-8　南京的科技金融政策

2011 年	《南京市科技保险专项补贴资金管理暂行办法》（宁财规〔2011〕9 号）
2013 年	《促进我市股权投资业发展实施细则》（宁金融办发〔2013〕17 号）
2014 年	《南京市人民政府关于全面深化金融改革创新发展的若干意见》（宁政发〔2014〕172 号）
2014 年	《南京市服务人才项目相关税收优惠政策》（宁地税发〔2014〕88 号）
2015 年	《南京市科技银行创新发展实施办法》（宁金融办银〔2015〕1 号）
2015 年	《南京市科技保险创新发展实施办法》（宁金融办银〔2015〕2 号）

对于在南京注册的新设创业投资基金，最高可给予 1 500 万元的开办费补助；设立 5 000 万元股权质押融资风险补偿专项基金和 100 亿元产业发展基金；对于投贷联动试点银行设立投资公司或投资子公司给予补贴。科技金融产品的市场认知度大幅提高，成为科技型企业寻求融资支持的重点渠道。

在构建覆盖科技型企业全生命周期的金融支持体系方面，南京力求建设能为各个时期都配备完善金融服务的科技金融体系。在研发孵化阶段，南京加大了支持力度，吸引群众聚集创业投资机构，试点投融资联动，支持创客中心、众筹等平台建设；在企业成长阶段，科技银行和科技贷款提供间接融资支持，支持科技保险和担保提供增信、股权交易中心上市、发行创新债券等；在企业发展成熟阶段，提供上市指导和融资

激励。在这些政策的激励下，南京科技金融业务的规模迅速增长。截至
2017 年底，11 家持牌科技银行累计发放贷款超过 300 亿元，24 家小型科
技贷款公司累计发放贷款超过 190 亿元，科技风险投资累计投入超过 230
亿元，年新增投资保持在 15％以上。近年来，南京扩大和完善了科技贷
款贴息、科技保险保费补贴、科技担保补贴、创业投资补贴等的支持力
度和范围，并将科技银行信用贷款和知识产权质押贷款的风险补偿比例
从 70％提高到 80％，不良率上限控制从 6％提高到 10％，提高容错激励，
增强银行的风险承受能力，激发其贷款积极性。

4. 长三角地区的科技金融发展问题

首先，科技金融政策的发展水平不均衡。科技金融政策主要集中在
上海、苏州、杭州、南京、宁波等经济发展好与资源聚集效果优的城市，
以至于长三角地区科技金融政策的发展水平差异较大。上海作为我国一
线城市，同时也是国际金融中心，凭借其雄厚的金融和科技资源，有着
辐射全国乃至全球金融市场的能力。长期以来，南京重视科技金融发展，
为成为具有全球影响力的创新型城市，南京积极打造良好的科技金融环
境，资助了 11 家科技银行打造联合投资贷款等创新型金融产品，科技银
行的税收电子金融和小微创业贷款被《金融时报》《新华日报》誉为南京
科技金融样本。宁波积极响应金融创新促进社会转型发展的号召，积极
发展科技金融专营机构，设立科技信贷风险池，实行政府贴息以及政府、
银行、保险三方风险共担，并通过多种办法促进科技信贷发展，推动科
技型企业获得贷款。虽然长三角地区的科技财政政策从政策数量到政策
质量都处于较高水平，但区域内城市发展水平不均衡，政策落地的城市
分布集中，不仅导致省际城市群科技金融发展水平存在一定差距，而且
省内各城市科技金融政策的发展水平和投入也不均衡，有碍于长三角地
区城市一体化的发展。

其次，股权融资建设不足。股权融资是企业重要的融资方式。风险
投资机构通过取得企业股权完成对企业的投资，有公共股本投资和私人
股本投资两种形式。在投资过程中，资本关注企业的长远发展，并根据
其发展前景给予相对稳定的资本投入，为初创企业提供长期的监督和帮
助。为解决科技型企业的股权融资问题，长三角地区的各省市纷纷出台

大量配套政策。例如，南京政府出台了《关于加快科技金融体系建设促进科技创新创业的若干意见》等指引文件，在增加投资者数量、增强落户吸引力、提供补贴等方面提出了许多含金量很高的建议，如投资激励、税收征管、风险补偿。然而，许多优惠政策存在不配套，在实施上存在区域市场间相互独立的问题。即使符合各省市的多项优惠政策，但由于审批环节烦琐，科技型企业要在各省市之间获得融资仍需付出一定时间成本。与此同时，对于股权投资活动，各省市没有统一的操作指引，缺乏法律法规规范和检查部门的监督管理，不利于该地区股权融资的长期稳定发展。由于我国股权融资起步较晚，而且我国政府可借助管理者和参与者的身份直接参与市场活动，但强烈的政府导向会使风险投资集中到有限的行业领域，导致风险投资行业缺乏市场性，比如在《南京市推进产业链高质量发展工作方案》出台后，资本集中投向软件和信息服务、新能源汽车、新医药和八大产业，而农业、基础设施等领域的科技型企业由于资金关注不足，失去了创新发展的机会。资本过度集中到特定领域还容易导致风险的相对集中，即某行业的发展政策或生产要素发生较大变化，将对整个金融体系造成巨大冲击，使整个金融市场面临风险。

最后，科技金融服务的创新不足。近年来，尽管长三角地区的重点城市在积极推进科技金融服务平台建设、科技金融专营机构建立方面都取得了一定成绩，但科技金融产品与服务的创新力度仍然不足。科技型初创企业的流动资金需求主要由银行贷款和财政补贴提供，新型科技金融产品在实际运作中通常只能提供一小部分资金，难以满足科技型企业在创业发展初期的实际资金需求。商业银行提供的金融产品未能有针对性地满足处于不同发展阶段的科技型企业的融资需求。地方银行的科技金融产品缺乏地方特色，欠缺对区域特色发展的考量，不利于地方科技创新和金融创新的结合。

（二）珠三角地区的科技金融发展现状

作为一个经济大省和人口大省，广东在经济发展和技术创新方面取得了令人瞩目的成就。《中国区域创新能力评价报告（2019）》显示，

2019 年广东的区域创新能力排名第一，与排名前十的其他 9 个省市相比，广东的区域创新优势正在不断增强。广东在科技方面取得这样的成就，一方面与广东强大的经济实力和产业基础有关，另一方面与广东省委、省政府和省科技厅对科技创新的重视有关。作为我国高新技术产业带之一，珠三角地区 90％以上的高新技术企业聚集在这里。根据《广东科技统计年鉴》，2018 年珠三角地区共有高新技术企业 42 493 家，工业总产值为 54 840.73 亿元，营业收入为 69 579.36 亿元，分别占全省的 95.1％、92.5％和 93.7％。因此，研究科技金融资源对珠三角地区技术创新的作用机制，对于促进广东科技更好、更快地发展具有重要意义。

从创新投入的情况看（见图 3 - 19），2016—2020 年广东研发内部支出持续稳定增长。虽然近年来增速有所下降，但基本稳定在 10％以上。2017 年和 2018 年广东研发内部支出增速达到 15％以上，表明广东越来越重视研发投入。2016—2020 年广东的研发经费内部支出都保持排名第一，2020 年达到 3 479.88 亿元。此外，2009—2020 年广东对科技创新的支持力度逐步加大，2018 年的财政科技支出突破 1 000 亿元，位居全国前列，大多数年份的财政科技支出增速保持在 20％以上，说明广东高度重视科技创新，从资金、政策等方面全力支持企业的科技创新等。

图 3 - 19　广东的研发经费投入情况

从创新产出的情况看，广东的专利申请和授权量逐年增长，2020 年达到 34.57%，总量为 709 725 件，表明广东的科技研发相对活跃。虽然 2012—2014 年和 2015—2016 年的增长率有所下降，但近两年的增长率已回到 25% 以上的高位，远高于全国平均水平。广东规模以上工业企业的新产品销售收入也在不断增长，2016 年增长了 26.63%，总体增速始终保持在 10% 以上，广东企业具有较强的市场适应能力和主动性，能够在科技创新浪潮中占据重要地位。此外，技术市场是科技研发转化为科技成果的重要途径。技术市场的周转率在一定程度上反映了广东技术市场的发展程度。广东技术市场的交易额总体呈上升趋势，但 2013—2014 年呈负增长，而后快速调整，最高增长率达到 60.33%。

在广东，深圳上市企业的总数排第一，广州位居其后，但东莞、佛山等地在新三板上市的企业总数远低于深圳、广州，说明广东各地区高新技术产业的发展不平衡。下面将以珠三角具体地区为例来分析当地科技金融的发展情况。

1. "广佛莞"地区的科技金融现状

2011 年，"广佛莞"地区成为首批 16 个推进科技金融一体化的试点地区之一。近年来，"广佛莞"地区不断推进科技与金融的融合创新，"广佛莞"地区的科技金融发展体系已初步形成。自科技金融一体化试点地区建立以来，"广佛莞"地区的政府投入力度增大，有关科技财政的政策性文件逐年增加。2011—2016 年"广佛莞"地区共出台 112 个科技金融政策文件，而且其出台的科技财政相关政策不断得到完善和发展。"广佛莞"地区的科技金融政策环境整体向好，目前的政策已覆盖风险投资、资本市场、科技信贷等多个市场科技金融领域，给地区的科技金融发展带来了良好的政策保障，推动了市场科技金融发展。另外，广州形成了"一个中心、两个示范区、三个平台"的科技金融体系。也就是说，以番禺科技金融服务创新示范区和广州开发区股权投资交易示范区为依托，打造创新投资、科技型企业上市和科技信贷融资三大服务平台。通过打造成功的示范区，广州可以发展资本市场，实现股权投资集聚区。"广佛莞"地区在以下方面取得了成效：一是发展创业投资引导基金制度，以及建设多元化的孵化器。发展创业投资、风险投资基金，可以逐步形成省市创业投资引导基金，不断强化孵化器对优质创新资源的集聚能力。二是发展创新信贷模式，建立风险共担模式。通过引入政府和机构共担风险的模式，可以促成风险池和风险准备金等风险分担模式，进而发展知识产权质押贷款，让科技型企业更易获得贷款。通过加强科技保险宣传，可以扩大科技保险覆盖面。三是完善资本市场，发展市区联动创新机制，拓宽企业股权融资渠道。协助科技型企业上市，可以推动企业在新三板上市，加强再融资，加大股权和产权交易市场的开发力度。四是积极发展数字金融，推动地区产业园区建设。这样可以合理利用互联网资源，搭建多元化的融资平台，多渠道提供投融资信息。

2. 深圳的科技金融发展现状

作为我国的一线城市之一，也是国内资本市场发展最好的城市之一，深圳在科技金融领域坚持创新，不断创新财政科技投入方式，引导政府和社会资本恰当地投入科技创新领域。在政府层面，深圳出台了多项配套政策，涵盖科技信贷、创业投资、互联网金融等领域。发展至今，深圳已建成涵盖银行信贷、证券市场、风险投资、政府引导基金等全链条、多元化的科技金融服务体系。为了推动科技与金融实现有机融合，促进城市的科技创新发展，深圳正在优化科技金融投资模式、发展风险投资、创新科技信贷模式、深化多层次资本市场功能、打造科技金融一站式服务体系。

深圳科技金融的发展主要体现在以下方面：第一，风险投资引导资金发挥了重要作用。政府引导设立高新技术产业研究和发展基金，鼓励重点领域的发展，重点关注新能源、生物、互联网等科技产业。2018 年，深圳天使母基金在深圳政府的支持下成立，目前该基金的规模已达 100 亿元，充分发挥了补齐创业投资短板、支持种子期企业的作用。第二，地方的风险投资最活跃。深圳的创业投资机构数量最多，创业投资机构投入的资金总量最大，它也是全国最活跃、创业氛围最好的地区。深圳创投机构有效支持了生物、新材料、新能源等六大战略性新兴产业的快速发展。第三，致力于实现金融资本覆盖科技创新的全过程。深圳凭借其相对发达的金融体系，注重解决科技型企业发展面临的痛点，强调科技金融产品和服务的增质提效。目前，深圳已有 29 家银行下设专门的科技金融部门，设立了超过 40 家的科技支行。针对科技型小微企业，深圳实施了升级的贷款贴息贴保计划，累计发放的贴息支持达 1 亿元。

3. 珠三角地区的科技金融发展问题

首先，珠三角地区的科技金融体系仍有较大提升空间。一直以来，广东属于沿海经济发达区域，其对外开放水平较高，而珠三角地区又是广东的中心区域，金融业在该地区的发展形势向好，省内拥有大量银行、证券等金融机构，而且深圳还拥有证券交易所。但珠三角地区的众多金融机构存在管理水平低、创新意识弱的情况，同时金融机构对科技型企业的差异化服务意识较弱，金融要素集中度不够，难以顾及处于不同行业、不同发展阶段的科技型企业的发展需求。尽管目前广东已经建立了广东科技金融综合服务中心、广东粤科金融集团等平台，但此类平台往往存在资讯更新不及时的问题。科技型企业与金融机构之间的信息沟通机制不完善、信息检索成本高，企业需求信息和资金供给信息采集不及时，导致资本市场与科技对接的效率低下，政府对接的动态效应没有得到充分体现。与此同时，资本错配情况仍然存在。由于资本天然的逐利性，资本更趋向成熟企业，而对资金需求最为迫切的种子期企业的支持力度较弱。以风险投资的发展情况为例，尽管广东拥有大量的风险投资机构和管理资产，但主要以上市企业的私募股权投资为主，天使投资、私募股权投资和风险投资的发展较为缓慢，多层次格局尚未形成。因为缺乏科技金融统计指标和相关效益评价体系，所以供需双方存在信息不对称，这使得广东科技型企业的融资需求与市场资本之间的矛盾加剧。

其次，科技金融市场存在阻力。政府部门的监管职责相互重叠，缺乏明确分工，存在监管空白区域。广东的风险投资涉及资金筹集和投资活动，牵涉省发改委、省银保监、省证监会等多个监管机构。在这种以机构监管为主的分业监管体制下，容易出现风险投资的多头经营，难以形成有效的监管。与此同时，相关的行业协会没有充分发挥其职能，未形成统一的行业规范。

再次，多层次资本市场存在诸多隐患。从创业板的发展情况来看，明显存在行业分布不均的情况，创业板中制造业企业的占比超过 70%，信息技术业约占 18%，批发零售、环保卫生等 11 个行业的占比不足

12%。广东的创业板上市企业也存在行业过度集中的情况，导致该区域面临的市场风险过大，当某一行业出现危机时，可能会给整个区域的资本市场带来较大冲击。从广东区域性股权交易市场（四板市场）的发展情况来看，虽然广东区域性股权交易市场已在 2018 年完成整合，实现 3 649 家企业挂牌，但其中 90% 的上市企业集中在汕头和佛山地区，城市间挂牌企业的数量差异较大。目前，区域性股权交易市场还处于发展阶段，存在经营模式不明确、上市企业数量和规模较小、投资者积极性不高等问题。在广东股权交易市场上市融资的企业可能通过股权交易市场获得政府奖励，因此广东股权交易市场要想长久发展，还需要充分考虑中小企业的发展需求，激发市场活力。与此同时，珠三角地区的各类专业服务中介机构发展较慢，由于东莞、佛山、中山等地区主要是由传统制造业转型发展而来的，因自主核心技术偏少，主要通过借贷方式融资，缺乏资本市场的融资思维和资讯获取途径，所以资本市场中介服务发展缓慢。

最后，科技金融发展不均衡。一方面，金融结构发展不均衡，广东的金融总量占全国的 10%，但从贷款结构来看，科技型企业的贷款额占比不到全省贷款总额的一半，并且近年来科技型企业的新增贷款数量和占比都有所下降，表明科技型企业的融资仍是一大难题。另一方面，珠三角地区科技金融发展进程差异大。广州是区域性贷款中心、金融支付结算中心和保险市场中心，而深圳的外资银行数量多、金融业规模大，也是国内实施注册制最早的试点城市，全市的资本竞争力居国内前列。广州、深圳两市凭借优越的地理位置与丰富的金融资源，吸引了大量资本与企业。然而，其他地区的金融发展相对薄弱，财政"供血功能"较弱，对地区科技创新发展的财政支持力度稍弱。自 2011 年开始，首批科技与金融试点结合城市出台，从而在一定程度上促进了珠三角地区的科技金融发展，但仍然存在政策颁布滞后和区域发展目标不明确等问题，导致科技金融的发展存在一定滞后性。广东科技人才分布不均的情况显著，而且该地区对人才的吸引难以通过简单的政策实现，广州、深圳的科技人才数量和质量较好，而粤东、粤西北地区的整体经济较为落后，整体人口受教育程度低，使得地区的科技创新发展困难，加大了与珠三角地区科技金融发展的差距。

（三）京津冀的科技金融发展现状

自 2015 年《京津冀协同发展规划纲要》实施以来，京津冀协同发展被视为重大国家战略，京津冀三地持续协同联动。在该战略的推动下，京津冀地区的科技金融实现了快速发展，区域内实现了创新资源开放共享，新业态、新动能积累成长，科技成果转化活动持续活跃，雄安新区不断推进高端高新技术产业发展，构建了协同产业共同体，同时探索建立利益共享、互利共赢机制，推动京津冀大数据综合实验区发展，目前已建成雄安新区互联网产业园等一批高水平协同创新平台，使京津冀科技金融协同发展势头强劲。2021 年，京津冀地区的生产总值合计 9.6 万亿元，与 2013 年相比翻了 1.7 倍。其中，北京为 40 269.6 亿元，与 2013 年相比，年均增长率为 6.3%；天津为 15 695.1 亿元，年均增长率为 5%；河北为 40 391.3 亿元，年均增长率为 6.3%。

从京津冀地区研发经费投入的情况看（见图 3-20），京津冀地区总体研发投入逐年增长，但各区域间的经费投入情况明显存在较大差异。2020 年，北京的研发支出为 2 326.6 亿元，经费投入强度为 6.44，明显高于全国研发投入的平均水平 2.40，研发投入总量全国排名第 3 位，五年内经费投入的平均增长率达 9.40%；天津的研发支出为 485 亿元，经费投入强度为 3.44，研发投资总额居全国第 17 位，较 2016 年的排名下降了 8 位；河北的研发支出为 634.4 亿元，投入强度为 1.75，研发投入总量全国排名第 13 位，较 2016 年的排名上升了 2 位。由此可见，在京津

图 3-20　2016—2020 年京津冀的研发投入总量情况

冀地区，北京的研发投入总量最大，其投入强度也一直处于全国领先水平；天津的研发投入总量在近年来变化不大，甚至有所下降，但其投入强度保持在全国平均水平之上；河北的研发投入总量与投入强度都在逐年上升，其研发投入总量自 2018 年开始赶超天津，但其投入强度目前仍低于全国平均水平。

从京津冀地区的科技支出情况看，2000—2005 年的科技支出增长缓慢。2005 年，北京的科技支出为 9.61 亿元，5 年间的平均增长率约为 20.1%；天津的科技支出为 10.86 亿元，5 年间的平均增长率约为 9.3%；河北的科技支出为 7.4 亿元，5 年间的平均增长率约为 24.1%。随着《国家中长期科学和技术发展规划纲要（2006—2020 年）》的实施，2006 年后京津冀地区的科技支出增长势头明显，特别是北京的科技支出。2016 年，北京、天津和河北的科技支出分别为 285.78 亿元、125.18 亿元、73.18 亿元。

从融资环境来看（见图 3-21），2019 年北京金融机构的各项贷款余额为 76 875.6 亿元，2013—2019 年的年均增长率为 8.2%；天津的金融机构贷款余额为 36 141.3 亿元，年均增长率为 9.6%，河北的金融机构各项贷款余额为 53 448.1 亿元，年均增长率为 13.9%。由表 3-9 可知

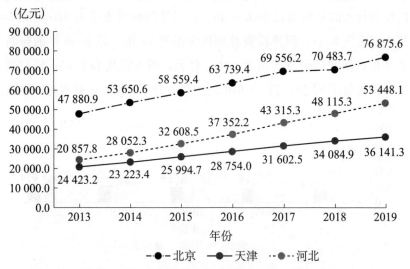

图 3-21　银行业金融机构的各项贷款（余额）

2020 年三地规模以上工业企业研发经费内部支出获得金融机构贷款的情况，河北规模以上工业企业研发经费内部支出最高，达 4 854 543.5 万元，但获得金融机构的贷款占比却是三地区中最低的，仅占 0.08%。北京整体的贷款环境优于津、冀两地，其贷款额明显高于天津和河北。尽管河北的贷款余额增速最快，但津、冀两地仍与北京有较大差距。

表 3 - 9　2020 年规模以上企业研发经费内部支出获得金融机构贷款的情况

	规模以上工业企业研发经费内部支出（万元）	规模以上工业企业研发经费内部支出中获得的金融机构贷款（万元）	占比（%）
北京	2 974 156.5	71 018.4	2.39
天津	2 287 717.3	43 899.1	1.92
河北	4 854 543.5	3 856.3	0.08

从创新产出的情况看（见图 3 - 22），京津冀地区的专利申请总量呈上升趋势，专利产出效果显著。2020 年，北京的专利申请量和授权专利分别为 25.4 万件和 16.3 万件，有效发明专利为 76.8 万件；天津的专利申请量为 11.2 万件，授权专利为 7.5 万件，有效发明专利为 24.6 万件；河北的专利申请量为 12.6 万件，授权专利为 9.2 万件，有效发明专利为 26.6 万件。从技术市场发展的情况来看，2017 年北京签订了技术合同 8.1 万份，成交额为 4 485.3 亿元，增长率为 13.8%；天津签订了技术合

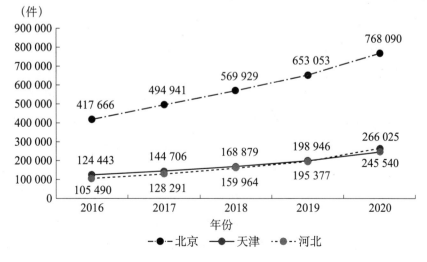

图 3 - 22　京津冀地区有效专利数的变化趋势

同 1.3 万份,成交额为 658 亿元,增长率为 9.3%;河北签订了技术合同 1.6 万份,成交额为 396.51 亿元,增长率为 60%。从整体来说,京津冀地区的创新产出水平以及其市场效益发展趋势向好,但区域间产出水平差异较大,北京在创新产出方面明显优于津、冀两地。

1. 北京的科技金融发展现状

北京的科技金融服务业是京津冀地区起步较早、资源聚集程度最高的区域。近年来,科技金融活动作为服务于国家创新战略的新生事物,使北京呈现出蓬勃发展的态势。科技金融服务业作为一种新型业务,在服务科技创新的同时,也在逐步壮大。在科技金融服务业方面,截至 2015 年,科技金融服务业的法人资产达到 5.2 万亿元,同比增长 18%;营业收入为 618.7 亿元,同比增长 29.6%,高于同期金融业 7.1 个百分点;利润总额为 319.5 亿元,同比增长 30.6%;从业人员为 2.8 万人,同比增长 4.1%;税收总额为 220 亿元,同比增长 6.8%。

在科技金融机构设立方面,为了进一步推动科技金融发展以及向科技型企业提供特色化、专业化服务,北京鼓励银行机构专门设立科技金融专营支行、专营团队等专营组织,并支持银行机构在中关村国家自主创新示范区设立分行级机构。专营支行应主要从事科技型企业金融服务,建设专门的贷款授信机制、绩效考核机制和人才队伍,将专营支行建设成银行机构开展科技金融创新试点、监管部门实施差别化监管、政府部门提供政策支持的载体,增强科技金融服务的专业性、创新试验性和发展可持续性。为了向科技型企业提供特色化、专业化服务,截至 2015 年底,中关村国家自主创新示范区共有银行网点 808 个,包括 3 家中关村分行及 100 余家科技或小微金融服务特色机构,其网点密度为北京平均密度的 7 倍以上。中关村国家自主创新示范区的高新技术企业贷款余额为 3 056.03 亿元,当年累计向 5 350 个示范区的高新技术企业发放贷款 3 724.37 亿元,开发了服务于中小微企业和科技型企业的金融服务产品 159 种。此外,支持高新技术产业的贷款稳步增长。截至 2021 年 3 月底,北京的中资银行高新技术产业人民币贷款余额(不含票据融资)为 5 350.1 亿元,同比增长 8.0%。

2. 天津的科技金融发展现状

科技型企业是经济高质量发展的重要微观基础，也是最具活力的科技创新主体。近几年，天津集中发展新能源、生物医药、节能环保、高端装备制造等战略性新兴产业。为了促进天津科技型企业群体的发展壮大，2019年天津出台了"雏鹰—瞪羚—科技领军"政策；2020年实施了新动能引育五年行动计划，旨在打造完善的梯度扶持体系，进一步提升科技型企业的发展质效。天津科技创新的主体规模不断扩大、创新主体持续强化，截至2021年，天津的国家高新技术企业和国家科技型中小企业均突破9 100家，同比分别增长23.9%、12.4%。2021年，天津已有4 974家雏鹰企业、378家瞪羚企业和230家科技领军企业评价入库。天津积极打造健全的科技型企业全生命周期金融支持体系，让科技金融为"雏鹰""瞪羚"企业提供"活水"。天津出资9.3亿元设立引导基金，参与了27只子基金，完成了对259家科技型企业的投资，带动了社会资本参与，总融资额达213.6亿元。未来，天津将持续强化对孵化机构的精准服务和重点培育，构建"区级培育、市级认定、推荐国家"三级培育体系，引导科技型企业向专业化、特色化发展。

从科技型企业债务融资的情况来说，天津着力解决科技型企业的贷款难题。近年来，科技贷款保持较快增长。截至2021年4月底，天津的中资商业银行对"雏鹰""瞪羚""领军"企业的贷款余额达191亿元，同比增长24.3%，比其他企业的贷款增速高17.4%。此外，天津对科技型企业的纯信用贷款放贷占比有所提高，对"雏鹰""瞪羚""领军"企业的信用贷款占比为47.7%，贷款余额为91.1亿元，同比提高3.9%，比其他企业的信用贷款占比高出19.9%。在贷款利率方面，天津对"雏鹰""瞪羚""领军"企业的贷款加权平均利率为4.49%，略低于其他企业的贷款加权平均利率。在科技型企业贷款不良率方面，近年天津呈下降趋势，"雏鹰""瞪羚""领军"企业的不良贷款余额为6 413万元，不良贷款率为0.34%。在低不良贷款率的背后，主要是由于金融机构落实助企纾困的相关政策，对部分企业给予更长的还款期限。在债券融资方面，2021年3月天津的企业成功发行3.5亿元高成长型企业债务融资工具，成为全国首批三家试点企业之一，实现了债券市场对科技型企业的精准支持和资金直达，畅通了科技型企业的直接融资渠道。

为了促进天津的转型升级，天津出台了系列政策措施推动科技型企业和新兴产业的发展。目前，从天津的股权投融资发展情况来看，天津具有机构数量多、市场活跃度较高、融资规模较大等特点。清科研究中心的数据显示，2020 年天津已登记的股权投资基金为 360 只，全年新募集基金规模达 380.6 亿元，全年投资案例为 88 起，投资金额超过 100 亿元。截至 2021 年 4 月，天津已有 37 家高新技术企业成功上市，总市值超过 6 000 亿元。

3. 河北的科技金融发展现状

相比之下，河北的科技金融起步最晚。2009 年 6 月，河北出资设立了河北省科技型中小企业创业投资引导基金。在 2010 年底《河北省促进股权投资基金业发展办法》出台后，2011 年 2 月第一只私募股权投资基金成立。在日常工作中，河北主要依靠京、津两地丰富的财力吸纳资金。2021 年 12 月 8 日，河北省科技厅与中国建设银行河北省分行、中国银行河北省分行等 6 家银行在石家庄举行科技金融合作签约仪式。在合作协议签订后，河北省科技厅将划拨 1.1 亿元保证金，支持 6 家银行为科技型企业提供贷款，平均每家银行每年为科技型企业提供的授信额度不低于100 亿元。

虽然河北在许多方面取得了显著成绩，特别是在经济发展方面，但在京津冀地区协同发展的战略格局下，河北与京、津之间的科技金融发展在科技金融政策数量、科技型企业融资渠道与融资效率方面始终存在明显差距，河北应分析自身的优势和劣势，充分利用内外部环境的机遇，促进科技与金融的更好结合。

4. 京津冀地区的科技金融发展问题

京津冀地区的科技金融发展问题可概括为以下三个方面：

首先，科技金融政策缺乏精准性。尽管京津冀地区的政府部门在制定区域科技金融政策时注重协调与互商，但政策落地后，在实践和解决问题的过程中缺乏精准指导的思维，使得一些带有全局性的发展规划与配合在实施中难以实现协调，导致形成短板，因而地方政府仍需从政策精准性角度提升科技金融政策的有效供给。另外，由于区域资源禀赋、科技创新能力、金融发展水平存在差异，因而科技金融政策在实际执行中的制约因素较多，政策效果不佳，所以推进京津冀三地科技金融政策的精准治理势在必行。

其次，区域科技金融协同发展意识弱。一方面，京、津、冀三地发展的侧重产业存在差异，河北与北京、天津的产业发展相比落差较大，导致北京、天津两地在转移优秀产业方面欠缺动力，因而区域协同发展动力不足，特别是在产业转型与转移载体的开发区或者产业园区建设中，未能考虑各地的法律环境、融资机制、政府效率等因素的差异，三地仍需进一步探索适当的产业协调发展模式。另一方面，长期的以北京为主的资源配置模式，使得京津冀地区的经济发展不平衡和区域经济发展以自我为中心的思维模式难以在短期得到解决。在《京津冀协同发展规划纲要》的指导下，配套的科技金融协调发展纲要和规划也纷纷出台，但从实际情况看，金融业的跨区域经营存在诸多障碍，各区域的金融机构之间难以形成紧密联系，同时相关政策的制定仍强调地方经济发展，而非加强区域间合作，也就是三地的科技创新合作缺乏鼓励和支持意识。

最后，科技转化的金融支持力度有待提升。京、津、冀三地均发展了科技财政支出、科技信贷、科技担保、引导基金等用于科技转化的金融支持渠道，但就目前的发展情况来说，政府在其中的主导作用显著，市场与民间资本在推动科技转化方面的作用较弱，存在社会研发投入的类型与比重失衡。京、津、冀三地高新技术企业的资金来源主要是政府和企业，对社会闲置资金的吸纳不足，也就是民间资本投资缺乏有效的渠道和政策支持，而前端原始创新科技成果转化的金融支持模式、资本对接渠道、合作转化的具体合作方式尚未成型，致使科技型企业的市场化融资方式与规模受限。

四、主要区域的科技金融耦合度比较分析

基于我国长三角地区、珠三角地区和京津冀地区科技金融发展的现状，下面采用耦合协调模型的理论方法研究区域科技创新与金融发展耦合度，然后进行科技创新与金融发展耦合协调因素的空间自相关检验，

最后运用杜宾模型进行变量的空间效应分析。我们根据 2010—2019 年我国长三角地区、珠三角地区和京津冀地区科技创新与金融发展耦合度的相关数据，研究区域科技金融耦合协调度。基于目前的研究，耦合度是各因子之间相互影响、相互作用的程度，科技金融是科技与金融相结合的体系，因而我们主要从科技创新与金融发展两个方向分析区域科技金融的耦合协调度。其中，科技创新包括科技投入与科技产出两个方面，金融发展包括公共科技金融和金融发展规模两个方面，其研究评价指标见表 3-10。

表 3-10　科技创新与金融发展耦合度的研究指标体系

序参量	一级指标	二级指标
科技创新	科技投入 X_1	研发人员 X_{11}
		研发经费占 GDP 的比例 X_{12}
	科技产出 X_2	专利申请受理量 X_{21}
		专利授权量 X_{22}
金融发展	公共科技金融 X_3	地方财政科技拨款占地方一般预算内支出的比例 X_{31}
	金融发展规模 X_4	金融机构本外币存款余额 X_{41}
		保费收入 X_{42}

在数据来源方面，珠三角地区的相关数据来源于广东省统计局的统计年鉴、广东省科学技术厅的科技统计年鉴以及 9 个地级市的统计年鉴、统计公报和经济普查报告。江苏、浙江和安徽的相关数据来自各省统计局的统计年鉴、省科学技术厅的科技统计年鉴以及各城市统计局的统计年鉴、统计公报、经济普查报告、网上信访咨询和电话咨询渠道。上海的数据来自上海市统计局和国家统计局的统计年鉴。河北的数据来源于省级经济年鉴、科技年鉴、科技统计年鉴与科技监测公报，以及各地级市的年鉴、统计年鉴、统计公报、经济普查报告、科技报告、中国城市年鉴、EPS 数据库和网上信访渠道。北京、天津的数据来源于国家统计年鉴，国家科技统计年鉴，以及市级统计年鉴和统计公报。其中，由于统计原因而缺失的数据，我们根据指标的发展变化规律进行了补充。

由于各指标的量纲单位存在不统一的情况，因此需要通过计算指标权重来消除不同量纲的影响。依据原始数据的来源和各学者的研究，我们选择熵值法来计算指标权重。具体计算步骤如下：首先，假设 X_{ij}（$i=1, 2, \cdots, n$；$j=1, 2, \cdots, m$）为第 i 个子系统中的第 j 个指标观测值。

（1）采用极值法将原始数据无量纲化：

$$U_{ij} = \frac{X_{ij}}{\max(X_{ij})}$$

式中，U_{ij} 为进行无量纲化后的数据；X_{ij} 为第 i 个子系统中的第 j 个观测值；$\max(X_{ij})$ 为观测值中的最大值。

（2）计算观测值的占比情况：

$$S_{ij} = \frac{U_{ij}}{\sum\limits_{j=1}^{m} U_{ij}}$$

式中，S_{ij} 为第 i 个子系统在 j 个无量纲化后的观测值占整体观测值的比例，其取值范围是 $[0, 1]$。

（3）计算指标熵值：

$$e_j = -\frac{1}{\ln(n)} \sum\limits_{i=1}^{n} S_{ij} \ln S_{ij}$$

式中，e_j 为指标 U_{ij} 的熵值，其取值范围是 $[0, 1]$。

（4）计算差异系数：

$$g_i = 1 - e_j$$

式中，g_i 为指标 U_{ij} 的差异系数，g_i 越高，表示该观测值的影响越强。

（5）计算指标权重：

$$\omega_{ij} = \frac{g_i}{\sum\limits_{j=1}^{n} g_i}$$

式中，ω_{ij} 为指标 U_{ij} 的权重，$\sum\limits_{j=1}^{n} \omega_{ij} = 1$。

（6）计算子系统的贡献度：

$$Z_{ij} = \sum\limits_{j}^{n} \omega_{ij} U_{ij}$$

式中，Z_{ij} 为科技金融两个子系统对总系统的贡献度。

根据以上步骤得出的科技创新与金融发展耦合度指标的权重见表3-11。

表 3-11 科技创新与金融发展耦合度指标的权重

指标	权重
研发人员	0.190 8
研发经费占 GDP 的比例	0.036 1
专利申请受理量	0.165 4
专利授权量	0.170 5
地方财政科技拨款占地方一般预算内支出的比例	0.053 3
金融机构本外币存款余额	0.223 0
保费收入	0.160 8

依据文献研究，我们参考物理学中的耦合模型，构建的科技创新与金融发展耦合协调度模型如下：

$$C = \frac{2\sqrt{Z_1 \times Z_2}}{Z_1 + Z_2}$$

式中，C 为两个子系统的耦合度值，其取值范围是 $[0，1]$，数值越高表示科技创新与金融发展的协调水平越高；Z_1 为科技创新子系统对总系统的贡献值；Z_2 为金融发展子系统对总系统的贡献值。

利用耦合度可以判断科技创新与金融发展关联程度的高低，但其数值容易出现偏高的情况，从而忽视了两个子系统之间相互作用的优势和劣势。比如某些城市科技与金融的发展程度差异较大，但得到的耦合度数值却很高。因此，基于文献研究，为了得到合适的耦合度数值，我们运用了科技与金融两个子系统相互交叉耦合的协调度模型，如下所示：

$$\begin{cases} D = \sqrt{C \times H} \\ H = \alpha Z_1 + \beta Z_2 \end{cases}$$

式中，D 为耦合协调度，其取值范围是 $[0，1]$；C 为前面公式中的耦合度；H 为科技创新与金融发展两个子系统的相互作用程度，反映了子系统的整体调和效应。

根据区域发展的现实状况与相关的研究文献，最终确定 $\alpha = \beta = 0.5$。根据科技金融耦合关系的特殊性，我们把耦合协调度划分为四个层次：当 $0 < D \leqslant 0.1$ 时，科技创新与金融发展位于失调状态；当 $0.1 < D \leqslant 0.3$ 时，科技创新与金融发展位于低耦合协调等级；当 $0.3 < D \leqslant 0.8$ 时，

科技创新与金融发展位于中高耦合协调等级；当 $0.8 < D \leqslant 1$ 时，表明科技创新与金融发展处于高耦合协调等级。

根据上述公式计算得出的我国珠三角地区、长三角地区和京津冀地区共 63 个城市的科技创新与金融发展耦合协调度结果见表 3-12。

表 3-12 各城市的科技金融耦合协调度

	2010 年	2011 年	2012 年	2013 年	2014 年	2015 年	2016 年	2017 年	2018 年	2019 年
广州	0.27	0.29	0.31	0.33	0.34	0.38	0.43	0.45	0.49	0.52
深圳	0.34	0.34	0.37	0.39	0.38	0.44	0.48	0.51	0.57	0.61
珠海	0.14	0.15	0.16	0.17	0.17	0.19	0.21	0.23	0.24	0.25
佛山	0.20	0.22	0.23	0.24	0.24	0.26	0.29	0.41	0.34	0.36
惠州	0.11	0.13	0.14	0.15	0.18	0.19	0.20	0.21	0.22	0.22
东莞	0.19	0.22	0.23	0.24	0.24	0.27	0.29	0.32	0.35	0.34
中山	0.17	0.18	0.19	0.20	0.21	0.22	0.24	0.27	0.27	0.26
江门	0.13	0.14	0.15	0.14	0.15	0.16	0.17	0.18	0.19	0.20
肇庆	0.09	0.10	0.11	0.10	0.11	0.11	0.12	0.13	0.13	0.14
合肥	0.18	0.19	0.20	0.21	0.22	0.24	0.29	0.29	0.30	0.32
淮北	0.08	0.09	0.10	0.10	0.10	0.09	0.09	0.09	0.10	0.10
亳州	0.05	0.06	0.07	0.07	0.07	0.08	0.09	0.10	0.11	0.11
宿州	0.05	0.06	0.07	0.07	0.08	0.08	0.10	0.10	0.10	0.10
蚌埠	0.11	0.12	0.13	0.14	0.14	0.15	0.15	0.15	0.15	0.16
阜阳	0.07	0.08	0.08	0.09	0.09	0.11	0.12	0.12	0.14	0.14
淮南	0.09	0.10	0.11	0.11	0.11	0.11	0.11	0.11	0.11	0.11
滁州	0.08	0.09	0.11	0.11	0.12	0.12	0.13	0.14	0.15	0.15
六安	0.06	0.07	0.08	0.09	0.09	0.10	0.11	0.13	0.13	0.13
马鞍山	0.11	0.11	0.12	0.13	0.13	0.14	0.16	0.16	0.16	0.16
芜湖	0.16	0.17	0.18	0.19	0.20	0.20	0.23	0.23	0.24	0.22
宣城	0.09	0.10	0.11	0.12	0.12	0.12	0.13	0.13	0.15	0.15
铜陵	0.11	0.11	0.13	0.14	0.15	0.15	0.14	0.14	0.13	0.14
池州	0.06	0.07	0.07	0.08	0.08	0.09	0.09	0.09	0.10	0.10
安庆	0.07	0.08	0.09	0.10	0.11	0.12	0.12	0.13	0.14	0.14

续表

	2010 年	2011 年	2012 年	2013 年	2014 年	2015 年	2016 年	2017 年	2018 年	2019 年
黄山	0.07	0.08	0.09	0.09	0.09	0.09	0.09	0.10	0.10	0.11
杭州	0.27	0.28	0.30	0.31	0.31	0.33	0.35	0.36	0.39	0.42
宁波	0.23	0.25	0.28	0.29	0.28	0.29	0.30	0.30	0.32	0.34
嘉兴	0.16	0.18	0.19	0.20	0.21	0.21	0.22	0.23	0.25	0.25
湖州	0.14	0.15	0.16	0.17	0.17	0.18	0.18	0.19	0.21	0.21
绍兴	0.18	0.19	0.19	0.21	0.21	0.24	0.25	0.25	0.25	0.26
舟山	0.09	0.10	0.10	0.11	0.11	0.11	0.11	0.11	0.11	0.11
温州	0.17	0.17	0.19	0.21	0.21	0.22	0.24	0.25	0.26	0.27
金华	0.16	0.17	0.19	0.20	0.20	0.20	0.21	0.22	0.24	0.25
衢州	0.10	0.10	0.11	0.12	0.12	0.12	0.13	0.14	0.14	0.14
台州	0.16	0.16	0.17	0.18	0.19	0.20	0.20	0.21	0.22	0.24
丽水	0.09	0.10	0.11	0.12	0.11	0.12	0.13	0.13	0.14	0.14
南京	0.23	0.25	0.27	0.29	0.30	0.32	0.33	0.36	0.37	0.37
无锡	0.23	0.25	0.28	0.28	0.27	0.28	0.29	0.29	0.30	0.32
徐州	0.14	0.16	0.16	0.17	0.17	0.17	0.19	0.20	0.21	0.22
常州	0.18	0.19	0.22	0.23	0.23	0.24	0.25	0.25	0.26	0.27
苏州	0.29	0.32	0.36	0.36	0.35	0.36	0.37	0.39	0.40	0.44
南通	0.21	0.22	0.23	0.23	0.22	0.24	0.25	0.26	0.25	0.26
连云港	0.10	0.11	0.13	0.13	0.14	0.14	0.15	0.15	0.15	0.17
淮安	0.08	0.12	0.12	0.13	0.15	0.15	0.15	0.16	0.16	0.16
盐城	0.12	0.13	0.15	0.16	0.17	0.19	0.20	0.21	0.21	0.21
扬州	0.15	0.16	0.17	0.18	0.18	0.19	0.19	0.21	0.21	0.22
镇江	0.15	0.16	0.18	0.18	0.19	0.19	0.21	0.20	0.20	0.20
泰州	0.14	0.15	0.16	0.17	0.17	0.19	0.19	0.20	0.20	0.21
宿迁	0.08	0.09	0.11	0.13	0.13	0.13	0.14	0.14	0.15	0.16
上海	0.41	0.42	0.43	0.44	0.45	0.49	0.52	0.53	0.55	0.58
北京	0.44	0.46	0.48	0.51	0.53	0.57	0.60	0.62	0.64	0.67

续表

	2010 年	2011 年	2012 年	2013 年	2014 年	2015 年	2016 年	2017 年	2018 年	2019 年
天津	0.22	0.27	0.29	0.31	0.32	0.35	0.37	0.36	0.37	0.37
石家庄	0.14	0.14	0.16	0.16	0.17	0.19	0.21	0.22	0.23	0.24
唐山	0.12	0.12	0.14	0.14	0.15	0.15	0.16	0.17	0.18	0.19
秦皇岛	0.09	0.09	0.10	0.10	0.10	0.11	0.12	0.12	0.12	0.12
邯郸	0.09	0.09	0.10	0.11	0.11	0.13	0.13	0.13	0.14	0.15
邢台	0.07	0.08	0.08	0.09	0.10	0.11	0.11	0.12	0.12	0.13
保定	0.12	0.12	0.13	0.14	0.14	0.15	0.17	0.18	0.18	0.19
张家口	0.06	0.06	0.07	0.07	0.08	0.08	0.08	0.09	0.09	0.09
承德	0.06	0.06	0.07	0.07	0.07	0.08	0.08	0.09	0.09	0.10
沧州	0.08	0.08	0.09	0.10	0.10	0.11	0.12	0.13	0.14	0.15
廊坊	0.09	0.10	0.10	0.11	0.11	0.12	0.14	0.15	0.15	0.16
衡水	0.07	0.07	0.07	0.08	0.08	0.09	0.10	0.11	0.11	0.12

　　数据显示，在珠三角地区的 9 个城市中，2010—2019 年深圳的整体耦合协调度最高，从 0.34 上升到 0.61，十年间一直处于中高耦合协调等级。此外，2010—2019 年广州、佛山和东莞的耦合协调度逐渐发展为中高耦合协调等级。珠三角地区的其他城市基本处于低偶合协调等级。

　　在长三角地区的 41 个城市中，2010—2019 年的整体耦合协调度最高的是上海，从 0.41 增长到 0.58，一直处于中高耦合协调等级。截至 2019年，在其余的城市中，只有合肥、杭州、宁波、南京、无锡和苏州 6 个城市达到中高偶合协调等级；剩余 34 个城市均处于低耦合协调等级或失调状态。

　　在京津冀地区的 13 个城市中，2010—2019 年科技创新与金融发展耦合协调度最高的是北京，从 0.44 上涨到 0.67，一直处于中高耦合协调等级，同时也是三个城市群中耦合协调度最高的城市。天津的耦合协调度逐渐优化为中高耦合协调等级。其余城市大致处于低耦合协调等级或失调状态。

总而言之，珠三角地区、长三角地区和京津冀地区城市群的科技创新与金融发展的耦合协调度逐渐提高，但各城市群的发展水平差异较大。

为了更好地对比这三个城市群的科技金融耦合协调发展状况，我们采取加权平均法计算这三个城市群的总体发展状况，见图 3-23。

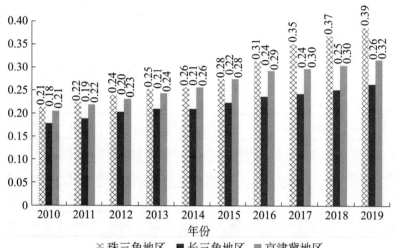

图 3-23 三个城市群的加权平均耦合协调度

图 3-23 显示，这三个城市群科技创新与金融发展的耦合协调度处于不同的增长形势中，2010—2019 年珠三角的耦合协调度从 0.21 增长到 0.39，由低耦合协调等级进入中高耦合协调等级；十年间，长三角地区的耦合协调度从 0.18 增长到 0.26，一直处于低耦合协调等级；京津冀地区的耦合协调度从 0.21 逐渐上升到 0.32，逐步提升到中高耦合协调等级。总的来说，2010—2019 年珠三角地区的科技创新与金融发展耦合协调度最高，其次是京津冀地区，最后是长三角地区，而且发展差距呈扩大状态；平均来看，珠三角地区的增长幅度较高。

考虑到长三角地区城市群与其他两个城市群的城市数量差异，我们计算了长三角地区 27 个中心城区的科技金融耦合协调度，再与珠三角地区和京津冀地区进行对比，见图 3-24。在调整后，科技创新与金融发展耦合协调度最高的依然是珠三角地区，最低的是长三角地区。长三角地区的耦合协调度从 0.20 上升到 0.30，从低耦合协调等级提升到中高耦合协调等级，与其余两个城市群的发展差异缩小了。

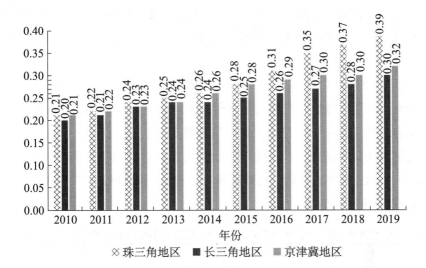

图 3-24　经调整的城市群耦合协调度

　　针对长三角地区、珠三角地区和京津冀地区的科技金融发展空间效应，需要采用莫兰指数检验进行空间相关性分析。莫兰指数检验通常用来评价指标的空间聚集现象，其取值范围在-1到1之间；数值大于0，表明指标存在正向的空间自相关性，即具有相似性质的指标存在汇聚现象；数值小于0，表明指标存在负向的空间相关性，即不同性质的指标存在汇聚现象；数值等于0，表明指标存在时空的随机分布现象，无空间相关性；此外，莫兰指数的绝对值越高，相关程度越强。莫兰指数公式如下所示：

$$I = \frac{\sum\limits_{i=1}^{n}\sum\limits_{j=1}^{n}\omega_{ij}(X_i-\overline{X})(X_j-\overline{X})}{S^2\sum\limits_{i=1}^{n}\sum\limits_{j=1}^{n}\omega_{ij}}$$

式中，n 为城市数；X_i、X_j 分别为城市 i 与城市 j 的观测值；$\overline{X} = \dfrac{1}{n}\sum\limits_{i=1}^{n}X_i$，

$S^2 = \dfrac{1}{n}\sum\limits_{i=1}^{n}(X_i-\overline{X})^2$；$\omega_{ij}$ 为城市 i 与城市 j 之间的空间权重矩阵，我们运用了二元邻接空间权重矩阵，设定原则如下所示：

$$\omega_{ij} = \begin{cases} 1 & \text{城市 } i \text{ 与城市 } j \text{ 相邻} \\ 0 & \text{城市 } i \text{ 与城市 } j \text{ 不相邻} \\ 0 & \text{城市 } i \text{ 与城市 } j \text{ 相同} \end{cases}$$

上述"相邻"是指两个城市间具有共同的地理边界。表3-13为京津冀地区、长三角地区和珠三角地区科技金融耦合协调度莫兰指数的检验结果。

表3-13显示，2010—2019年京津冀地区和珠三角地区科技金融耦合协调度的莫兰指数没有通过显著性检验，说明这两个城市群的科技金融耦合协调度没有空间自相关性，呈随机分布状态。2010—2019年长三角地区科技金融耦合协调度的莫兰指数为正，且通过了显著性检验，表明长三角地区科技金融耦合协调度具有正向的空间自相关性，存在高-高聚集或低-低聚集的情况。

表3-13　京津冀地区、长三角地区和珠三角地区科技金融耦合协调度莫兰指数的检验结果

城市群	年份	I	z	P 值
京津冀地区	2010	−0.066	0.150	0.440
	2011	−0.056	0.212	0.416
	2012	−0.051	0.247	0.402
	2013	−0.054	0.222	0.412
	2014	−0.052	0.234	0.407
	2015	−0.066	0.129	0.449
	2016	−0.099	−0.115	0.454
	2017	−0.066	0.133	0.447
	2018	−0.065	0.139	0.445
	2019	−0.075	0.067	0.473
长三角地区	2010	0.341	3.728	0.000
	2011	0.339	3.678	0.000
	2012	0.329	3.551	0.000
	2013	0.320	3.451	0.000
	2014	0.333	3.604	0.000
	2015	0.318	3.474	0.000
	2016	0.293	3.217	0.001
	2017	0.293	3.215	0.001
	2018	0.284	3.118	0.001
	2019	0.291	3.204	0.001

续表

城市群	年份	I	z	P 值
珠三角地区	2010	−0.233	−0.470	0.319
	2011	−0.141	−0.066	0.473
	2012	−0.159	−0.144	0.443
	2013	−0.146	−0.090	0.464
	2014	−0.074	0.220	0.413
	2015	−0.094	0.133	0.447
	2016	−0.102	0.100	0.460
	2017	−0.250	−0.508	0.306
	2018	−0.119	0.026	0.490
	2019	−0.157	−0.139	0.445

── 第四章 ──
广东科技金融耦合发展现状分析

广东作为全国改革开放的前沿阵地，在当前"十四五"规划下迎来了新的机遇与挑战，如何打造高水平的科技金融服务体系仍是广东在新时代发展中的重要命题。首先，我们从科技创新与金融发展两个视角来探析广东科技金融耦合发展的现状。其次，选取2008—2013年21个地级市的科技创新与金融发展面板数据来实证研究两者的耦合互动关系。最后，基于公共科技金融与市场科技金融两个视角，指出目前广东科技金融耦合发展进程中存在的问题。

一、广东科技金融耦合发展现状

近年来，广东积极引导金融资源流向科技领域，以促进科技和金融耦合，形成新时代下科技创新和金融创新的"双轮驱动"，进而推进地方实体经济的高质量发展。在科技创新方面，截至2019年，广东高新技术企业的存量接近5万家，工业增加值达到82 884.37亿元，持续保持全国第一，高新技术企业认定和培育入库累计达2万多家，储备了一批创新能力强的科技型企业。广东高新技术企业的规模数量、从业人数、营业收入、税收贡献、研发投入五大核心指标均居全国前列，见图4-1。

在金融发展方面，广东构建了多层次融资体系，并针对处于不同发展阶段的创新型企业和成长型企业，多渠道地解决企业的融资问题，见图4-2。截至2019年，广东拥有上市公司588家，其中主板市场235家，中小板市场178家，创业板市场175家，新三板市场1 638家，特别是广东的特色金融集聚区取得了新进展。比如广州创投小镇引进创业投资机构近200家，为超过2 000家企业提供了投融资对接服务，广州金融创新服务区集聚了各类金融创新企业338家，广州中小微企业金融服务区进驻了各类融资服务机构 339 家等。此外，在金融创新方面，广东通过完善信贷政策来支持再贷款、再贴现管理，强化了对信贷投放的引导效果。

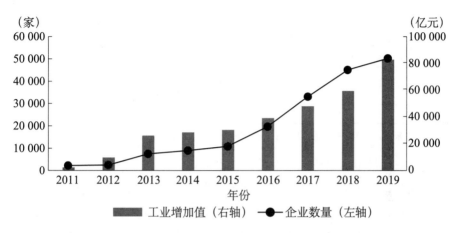

图 4-1 2011—2019 年广东高新技术企业的数量及工业增加值

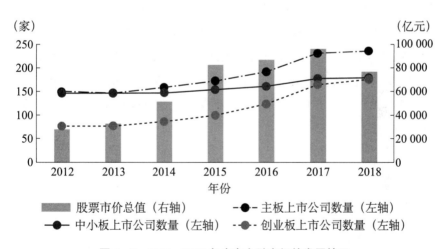

图 4-2 2012—2018 年广东金融市场的发展情况

广东的多层次资本市场体系呈现"正三角"架构，正是这样的架构提高了科技型企业的融资创新能力，有利于科技与金融的深度融合，能够支持广东高新技术企业的持续扩张，使得广东在多层次资本市场方面不断取得新的突破性发展，见表 4-1。

表 4 - 1　2012—2018 年广东股票市场的概况

年份	上市公司数量（家）	总市值（亿元）	本年累计融资额（亿元）	IPO 融资（亿元）	股权再融资（亿元）	交易所债券市场融资（亿元）
2012	185	1.07	463.38	95.14	288.54	79.70
2013	183	1.29	353.07	—	117.09	235.98
2014	200	1.97	659.14	95.05	243.19	320.90
2015	222	3.67	2 022.20	87.88	1 053.22	881.10
2016	241	3.49	4 481.37	82.65	—	—
2017	568	10.50	—	521.23	1 350.07	3 048.65
2018	586	16.39	—	460.00	—	—

资料来源：广东金融年鉴. 广州：南方日报出版社，2013 - 2019.

　　场内交易市场包括主板市场和二板市场，自 2013 年以来，广东的上市公司数量逐年增加。2017 年上半年，随着中国证监会新股发行审批工作的加快，广东企业首次公开发行的数量迅速增加，新上市公司的数量也超过了历年来的最高水平。2017 年，66.3％的广东新上市企业属于战略性新兴产业，55.5％的初始资金投向战略性新兴产业，反映了广东对以战略性新兴产业为代表的科技革命和产业转型的重视与支持。从 2012 年开始，广东的上市公司总市值不断增长，到 2015 年达到 36 660.88 亿元，尽管后面出现了小幅下滑，但并不影响总体上升的趋势，而后上升到 2018 年的 16.39 万亿元。图 4 - 3 是深圳证券交易所创业板上市企业的地区分布情况。

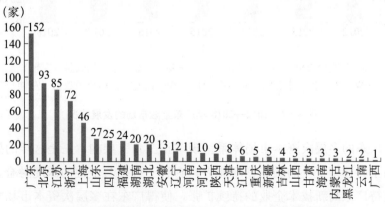

图 4 - 3　深圳证券交易所创业板上市企业的地区分布情况

资料来源：深圳证券交易所。

在场内交易市场，创业板在支持广东高新技术企业发展方面发挥了重要且积极的作用。与此同时，创业板将极大地推动广东风险投资体系、多层次股权交易平台等的建设。从图4-3不难看出广东在深圳证券交易所创业板的上市企业数量遥遥领先。

广东在积极推动科技创新、金融发展和产业融合方面取得了初步成效，在科技与金融融合发展的过程中，如何通过财政手段正确促进金融支持科技创新是关键。目前，广东促进科技金融发展的财政支持方式主要有创投引导、融资担保、科技信贷和税收优惠等。在创投引导方面，截至2019年，与全国其他省份相比，广东政府引导基金的数量与规模最大，其数量为152只、占比为11.59%，总规模达3 389亿元、占比为17.21%（见图4-4）。在融资担保方面，截至2020年，广东财政安排了9 394万元用于中小融资担保降费奖补及风险补偿，安排了11 683万元用于农业信贷融资担保业务奖补，同时还安排了6 582万元支持中小企业融资平台建设，助力解决中小企业的融资问题。在科技信贷方面，广东引导合作金融机构向企业发放项目贷款，每年为近千家科技型企业提供贷款支持。以广州为例，截至2020年，为全市科技型企业提供的授信支持规模位居全国前列，累计贷款额突破300亿元。在税收优惠方面，2020年广东累计实现减税降费3 000亿元，科技型企业获益明显。

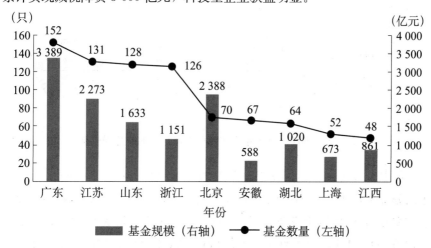

图4-4 2019年部分省市政府引导基金的数量与规模情况

随着"科技兴粤"战略方针的逐步推进，广东科技金融的水平出现显著的提升；与此同时，创业风险投资行业也在蓬勃发展。其实，创业风险投资是广东科技金融的三个特色体系中的核心内容，它在发展创新型企业、培育新兴产业、促进科技成果的转化等方面发挥着不容忽视的作用。创业风险投资是指专业的机构将其筹集的资本以股权、准股权或具有附带条件的债权等形式，向那些不能借助传统融资渠道获得资本，但本身具有高成长性、未上市的机构提供新增资本，或通过支持管理层收购（management buy-outs，MBO）和管理层换购（management buy-ins，MBI）等活动，为机构重组提供融资的一种投资行为。相关报告显示，广东在私募股权投资机构数、注册资本和人员规模等方面处于全国领先水平。截至 2018 年，广东（含深圳）已登记备案的私募股权和创业投资基金管理机构达到 6 291 家，管理基金的数量为 17 821 只，基金规模为 23 579 亿元。广东的基金募集数量和募集规模总体上呈上涨趋势，特别是近三年的增长迅速。

在国务院办公厅出台的相关指导意见的指导下，"大众创业，万众创新"的理念逐渐深入人心，在这个大环境下，广东创业投资行业发展的前景也在渐渐拓宽，特别是在 2015 年出现了爆发式增长，见图 4-5。

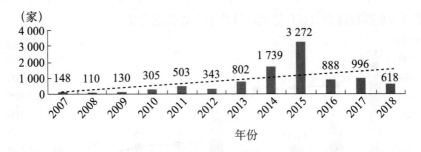

图 4-5　2007—2018 年广东创业投资企业的数量增长情况

从上图可见，广东创业投资企业的数量正在逐步上升，特别是 2015 年国务院出台了一系列鼓励"大众创业，万众创新"的支持政策，激发了广东投资人的创业投资热情，使创投企业的数量大大增加，而后在 2016 年有所回落，这主要是由于加强互联网金融监管等因素的影响，但从整体来看，仍然呈现出较快的增长。在创业投资项目方面，广东的创业投资项目从 2007 年的 221 个增加到 2015 年的 3 008 个。

科技信贷作为支持科技成果转化的金融手段的重要组成部分，受到了广泛关注。广东积极完善科技信贷风险补偿基金制度，逐步建立了科技股权基金，引导银行开展科技型企业股权质押贷款业务；充分利用科技型企业信用风险准备金，引导银行扩大科技信贷；支持金融机构扩大质押范围；大力发展风险投资和"天使"投资，引导风险投资资金走向前端，从而极大地促进了科技信用规模的发展和科技信用机制的建设。

在相关政策的引导下，广东的科技创新产业和小微企业贷款快速增长，并为广东的科技信贷发展提供了强大的内在动力。2018 年，与创新创业和转型升级关联度较大的信息传输软件和信息技术服务业、科学研究和技术服务业，贷款增速分别高达 27.7％和 15.9％，为科技信贷模式和产品的多元化与前端化提供了理论及技术基础。2018 年底，普惠口径的小微企业贷款余额达到 9 364 亿元，同比多增 948 亿元，同比增长 29.6％；民营企业的贷款余额为 3.89 万亿元，同比增长 11.4％，占企业贷款余额的 61.8％，为科技信贷创新提供了现实基础。

二、广东科技金融耦合发展测度及其空间动态效应

我们选取 2008—2019 年广东 21 个地级市的科技创新与金融发展面板数据来实证研究两者的耦合互动关系。科技创新与金融发展的耦合协调评价指标体系应遵循系统性、代表性和层次性、适应性、可操作性的原则来构建：①系统性是指在选取指标时应最大范围地考察科技创新系统与金融发展系统的关键控制变量，所选取的指标应为两个系统的耦合元素；②代表性和层次性是指所构建的评价指标体系应能显现科技创新系统与金融发展系统的耦合规律；③适应性是指在构建指标体系时所选取的指标要能反映各主体的共同方面；④可操作性是指在构建指标体系时所选取的指标要含义明确、数据可靠。从以上四个原则分析，科技创新程度可从科技投入、科技产出两个方面来体现，金融发展水平可从政府投入、发展规模、发展结构三个方面来体现。科技创新子系统的相关数据来源于广东省科学技术厅网站；金融发展子系统的相关数据来源于《广东统计年鉴》以及 21 个地级市的相关统计年鉴、统计月报、统计公

报。此外，在选取数据后，需要对原始数据进行处理，接着用熵值法测算出科技创新与金融发展评价指标体系中各个二级指标的权重，见表 4-2。

表 4-2 科技创新与金融发展耦合协调度的评价指标体系及权重

序参量	一级指标	二级指标	指标权重（%）
科技创新	科技投入	研发人员（X_{11}）	0.155
		研发经费占 GDP 的比重（X_{12}）	0.167
	科技产出	专利申请受理量（X_{13}）	0.164
		专利授权量（X_{14}）	0.152
金融发展	公共科技金融	地方财政科技拨款占地方财政支出的比重（X_{21}）	0.007
	金融发展规模	金融机构本外币存款余额（X_{22}）	0.178
	金融发展结构	保费收入（X_{23}）	0.177

根据科技创新与金融发展的耦合协调度评价模型，我们采用与第三章相同的耦合协调模型，依次计算出科技创新综合序参量 Z_1、金融发展综合序参量 Z_2 和耦合协调度 D。在科技创新系统与金融发展系统耦合发展的过程中，金融发展的资金支持对科技创新项目具有非常重要的作用。因此，我们在确定科技创新子系统和金融发展子系统的待定参数 α 与 β 时，结合广东的实际情况，并结合相关学者的研究文献，最终确定 $\alpha = 0.4$，$\beta = 0.6$，因而综合协调指数 $H = 0.4Z_1 + 0.6Z_2$。我们从横向区域维度和纵向时间维度两个角度来分析科技创新与金融发展的耦合协调发展情况及特点。

广东的 21 个地级市可归属于珠三角地区、粤东地区、粤西地区、粤北地区。珠三角地区包含广州、深圳、佛山、东莞、肇庆、惠州、江门、中山、珠海；粤东地区包括汕头、潮州、揭阳、汕尾、梅州、河源；粤西地区包括湛江、茂名、阳江、云浮；粤北地区包括韶关、清远。四个地区在2008—2019 年的平均耦合度和耦合协调度见表 4-3，耦合协调度的对比见图 4-6。

表 4 - 3　区域科技创新与金融发展耦合度与耦合协调度

年份	珠三角地区			粤东地区		
	耦合度	耦合协调度	协调程度	耦合度	耦合协调度	协调程度
2008	0.981 1	0.261 1	低耦合协调	0.949 5	0.097 3	失调状态
2009	0.985 7	0.284 7	低耦合协调	0.957 2	0.108 2	低耦合协调
2010	0.977 5	0.308 6	中高耦合协调	0.966 6	0.118 3	低耦合协调
2011	0.971 9	0.319 2	中高耦合协调	0.886 3	0.147 3	低耦合协调
2012	0.961 6	0.348 4	中高耦合协调	0.968 5	0.137 2	低耦合协调
2013	0.960 3	0.364 3	中高耦合协调	0.946 8	0.137 8	低耦合协调
2014	0.951 3	0.385 4	中高耦合协调	0.932 5	0.145 1	低耦合协调
2015	0.965 4	0.396 5	中高耦合协调	0.954 5	0.151 1	低耦合协调
2016	0.960 5	0.412 5	中高耦合协调	0.965 4	0.155 4	低耦合协调
2017	0.975 4	0.424 4	中高耦合协调	0.954 1	0.162 4	低耦合协调
2018	0.965 8	0.456 3	中高耦合协调	0.964 5	0.178 5	低耦合协调
2019	0.974 5	0.475 4	中高耦合协调	0.975 4	0.186 4	低耦合协调
年份	粤西地区			粤北地区		
	耦合度	耦合协调度	协调程度	耦合度	耦合协调度	协调程度
2008	0.946 5	0.101 8	低耦合协调	0.949 3	0.115 4	低耦合协调
2009	0.980 1	0.113 0	低耦合协调	0.942 5	0.105 2	低耦合协调
2010	0.979 9	0.120 0	低耦合协调	0.950 2	0.122 4	低耦合协调
2011	0.982 1	0.126 6	低耦合协调	0.983 2	0.135 6	低耦合协调
2012	0.994 5	0.135 1	低耦合协调	0.983 2	0.142 9	低耦合协调
2013	0.992 9	0.176 3	低耦合协调	0.989 7	0.139 9	低耦合协调
2014	0.992 1	0.185 4	低耦合协调	0.994 5	0.142 1	低耦合协调
2015	0.985 4	0.196 2	低耦合协调	0.985 4	0.148 7	低耦合协调
2016	0.984 5	0.212 5	低耦合协调	0.981 2	0.156 4	低耦合协调
2017	0.996 4	0.224 5	低耦合协调	0.992 4	0.165 4	低耦合协调
2018	0.993 4	0.235 4	低耦合协调	0.981 2	0.158 7	低耦合协调
2019	0.994 1	0.241 4	低耦合协调	0.994 4	0.168 5	低耦合协调

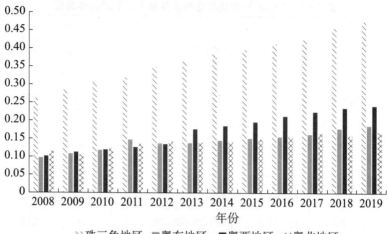

图 4-6   区域科技创新与金融发展耦合协调度对比

根据表 4-3 与图 4-6 可知，这四个地区在平均意义上的科技创新与金融发展的耦合协调度呈现出珠三角地区高于粤东地区、粤西地区、粤北地区的特征。在考察年度内，珠三角地区的平均耦合协调度在整体上呈现上升趋势，从 2008 年的 0.261 1 上升到 2013 年的 0.364 3，再到 2019 年的 0.475 4。逐渐从低耦合协调等级上升到中高耦合协调等级。这表明珠三角地区各市的科技创新管理机制与其融资体系较为完善，金融的发展能够有效引导社会资金进入科技创新领域，从而使技术创新活动较为活跃，科技创新水平较高，因而科技创新与金融发展能够相互促进、协调成长。从整体来看，粤东地区的平均耦合协调度呈现波动上升的曲折发展趋势，即从 2008 年的 0.097 3 上升到 2011 年的 0.147 3，然后又下降到 2013 年的 0.137 8，而后逐年增长至 2019 年的 0.186 4。2008 年粤东地区的科技创新与金融发展处于失调状态，这表明金融发展对技术创新活动的支持作用非常不足，对科技创新领域的管理不完善，不能有效引导金融资金进入科技创新领域，导致科学技术发展水平落后。粤西地区、粤北地区的平均耦合协调度在整体上比较稳定，一直缓慢攀升，这两个地区一直处于低耦合协调等级。这表明它们的金融发展能够引导一定的资金进入科技创新领域，提高创新主体的积极性，同时技术创新活动有一定的活跃度，但科技创新子系统与金融发展子系统的耦合协调度还需要加以提高。从总体上说，各地区从 2008 年到 2019 年的协调度都有所提升，这表明科技创新子系统与金融发展子系统的耦合协调度有所提升。

利用横向区域维度分析的相关结论虽然可以体现该区域的大致情况，但在某些方面却忽视了区域内部所显现出来的差异性，从而无法使两者的耦合互动状况清楚地反映出来。因此，我们选取了 2008 年、2013 年和 2018 年三个年度，从纵向时间维度的角度来考察广东的 21 个地级市科技创新与金融发展耦合协调度的年度特征。两者的耦合协调度见表 4-4。

表 4-4　广东的 21 个地级市科技金融耦合发展程度

地级市	协调度	耦合协调度	协调度	耦合协调度	协调度	耦合协调度
	2008 年		2013 年		2018 年	
广州	0.415	中高耦合协调	0.575	中高耦合协调	0.632	中高耦合协调
韶关	0.143	低耦合协调	0.159	低耦合协调	0.162	低耦合协调
深圳	0.470	中高耦合协调	0.651	中高耦合协调	0.682	中高耦合协调
珠海	0.192	低耦合协调	0.272	低耦合协调	0.293	低耦合协调
汕头	0.162	低耦合协调	0.199	低耦合协调	0.236	低耦合协调
佛山	0.299	低耦合协调	0.403	中高耦合协调	0.425	中高耦合协调
江门	0.182	低耦合协调	0.240	低耦合协调	0.256	低耦合协调
湛江	0.107	低耦合协调	0.150	低耦合协调	0.183	低耦合协调
茂名	0.101	低耦合协调	0.148	低耦合协调	0.176	低耦合协调
肇庆	0.123	低耦合协调	0.167	低耦合协调	0.189	低耦合协调
惠州	0.155	低耦合协调	0.251	低耦合协调	0.269	低耦合协调
梅州	0.086	失调状态	0.130	低耦合协调	0.163	低耦合协调
汕尾	0.054	失调状态	0.110	低耦合协调	0.133	低耦合协调
中山	0.239	低耦合协调	0.318	中高耦合协调	0.348	中高耦合协调
河源	0.071	失调状态	0.110	低耦合协调	0.145	低耦合协调
潮州	0.117	低耦合协调	0.141	低耦合协调	0.167	低耦合协调
阳江	0.090	失调状态	0.131	低耦合协调	0.155	低耦合协调

续表

地级市	协调度	耦合协调度	协调度	耦合协调度	协调度	耦合协调度
	2008 年		2013 年		2018 年	
揭阳	0.094	失调状态	0.138	低耦合协调	0.149	低耦合协调
清远	0.088	失调状态	0.120	低耦合协调	0.138	低耦合协调
云浮	0.075	失调状态	0.130	低耦合协调	0.145	低耦合协调
东莞	0.277	低耦合协调	0.402	中高耦合协调	0.475	中高耦合协调

　　如表 4-4 所示，2008 年耦合协调度最高的城市是深圳，数值为
0.470，位于中高耦合协调等级，广州也位于该等级。处于低耦合协调等
级的城市包括韶关、珠海、汕头、佛山、江门、湛江、茂名、肇庆、惠
州、中山、潮州、东莞。处于失调状态的城市包括梅州、汕尾、河源、
阳江、揭阳、清远、云浮。2008 年、2013 年和 2018 年科技创新系统与
金融发展系统的耦合协调度见图 4-7。

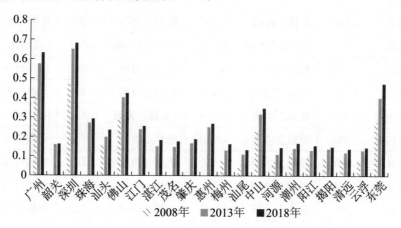

图 4-7　广东的 21 个地级市的耦合协调度

　　从整体上看，图中表现出上升趋势。其中，广州、深圳、珠海、佛
山、惠州、中山、东莞等城市的耦合协调度上升得比较明显。2018 年，
耦合协调度最高的城市是深圳，数值为 0.682，处于中高耦合协调等级，
同样处于该等级的城市还有广州、佛山、中山、东莞。处于低耦合协调
等级的城市包括韶关、珠海、汕头、江门、湛江、茂名、肇庆、惠州、
梅州、汕尾、河源、潮州、阳江、揭阳、清远、云浮，该年已无城市处

于失调状态。在考察期内，各城市的科技创新与金融发展水平有显著提高，但广州与深圳的科技创新和金融发展水平在广东甚至全国都是非常高的，然而它们的耦合协调度仍未达到高耦合协调等级。这说明各城市的科技创新与金融发展耦合协调度虽与该城市的科技创新和金融发展水平有一定的关系，但科技创新与金融发展耦合协调度的核心影响因素并不是科技创新水平与金融发展水平，即科技创新水平和金融发展水平越高，并不意味着科技创新与金融发展的耦合协调度越高；推进科技金融的发展并不只是单纯地推进科技创新的发展和金融的发展，而是要促进两者的结合，提高科技创新和金融发展的融合质量，使两者互相促进、结合发展。

针对广东科技金融的影响因素，我们以 2008—2019 年广东 21 个不同地级市各年度的科技金融综合效率作为研究对象，通过面板模型回归分析影响广东科技金融效率的相关因素。通过借鉴其他学者的研究和结论，我们从不同的视角出发，可以把影响广东科技金融的相关因素列入表 4-5。

表 4-5　影响广东科技金融效率的相关因素

目标	计算方法
政府科技投入比重 X_1	财政科技拨款占地方财政支出的比重
金融效率 X_2	当地贷款余额与存款余额之比
高新技术企业规模 X_3	高新技术产品的总产值与地方 GDP 的比值
城镇化率 X_4	城镇人口与总人口的比值

下面是对上表中指标的说明：第一，政府科技投入比重。广东的财政科技拨款占地方财政支出的比重体现了政府科技投入的比重，比值大说明财政科技投入高，科技金融的发展得到了政府的大力支持；相反，比值小说明政府的支持力度不够。政府的投入对企业（特别是对处于发展前期的企业）来说，是非常重要的资金来源，因为刚创立的科技型企业具有一定的风险性以及运营的不确定性，需要大量资金的投入，而大多数中介机构、投资机构都不愿意冒这个风险或给它们融资，因此它们的发展依赖于政府的投入，也就是财政拨款是不可或缺的。若政府的科技投入能够合理分配，就能带动一系列科技型企业的发展，当然也能带

动当地经济的发展。第二，金融效率。区域科技金融效率的提高与当地科技金融资源配置是否合理有关，也就是资源配置越合理，科技金融效率越高。借鉴其他学者的方法，我们用广东的贷款余额与存款余额之比表示金融效率。第三，高新技术企业规模。科技金融的发展依靠高新技术企业的发展，只有通过高新技术企业才能完成科技成果的转化，而企业能否有效利用资金以及自身规模的情况都会影响科技金融。我们选取了高新技术产品的总产值与地方 GDP 的比值，这一指标反映了高新技术企业的整体情况。若扩大高新技术企业的规模，则其科技创新能力会得到更大的提升，即科技金融效率也会提高，因此高新技术产品的总产值与地方 GDP 的比值也是影响广东科技金融发展的一个重要因素。第四，城镇化率。从理论上说，尽管以上三个因素都会较大地影响科技金融效率，但科技金融效率还受其他因素的制约，比如一个地级市的城镇化水平，我们用城镇人口与总人口的比值来衡量。城镇化率的提高可能会带动科技金融效率的提高，因此我们把它当作控制变量。

实证检验选取了 2008—2019 年的面板数据，其中的财政科技拨款、地方财政支出、高新技术产品的总产值以及地方 GDP 等都来源于《广东科技统计年鉴》，存贷款余额来源于《中国城市统计年鉴》。

利用 Stata 软件对 2008—2019 年样本数据的被解释变量与解释变量进行描述性统计，统计分析结果见表 4-6。

表 4-6　被解释变量与解释变量的描述性统计分析

	N	极小值	极大值	均值	标准差
科技金融综合效率	252	0.008	0.756	0.106	0.160
财政科技拨款占地方财政支出的比重	252	0.083	0.331	0.237	0.036
当地贷款余额与存款余额之比	252	0.299	1.297	0.558	0.202
高新技术产品的总产值与地方 GDP 的比值	252	0.643	4.272	0.898	0.990
城镇人口与总人口的比值	252	0.124	2.432	0.524	0.562

由上表的数据可知，在该统计分析中共有 252 个样本，科技金融综

合效率的极小值为 0.008，极大值为 0.756，均值达到 0.106，标准差为 0.160，说明广东的各个地级市以及各年度的科技金融总效率存在差异，即科技金融的投入产出水平并不一致。从政府的角度看，财政科技拨款占地方财政支出比重的极大值与极小值之间相差 0.248，标准差小于 0.040，说明这 12 年来广东各个地级市的政府科技支出比较适中且稳定。从金融市场的角度看，当地贷款余额与存款余额之比的极小值与极大值分别为 0.299 和 1.297，标准差为 0.202，说明广东科技金额的效率不断变动，但变动幅度相对较小。从高新技术产业的角度看，高新技术产品的总产值与地方 GDP 比值的极大值与极小值相差很大，其标准差也是这五个变量中最高的，说明广东各个地级市高新技术产业的发展水平存在差异，即经济发展较快的区域高新技术产业比较发达，而落后区域的高新技术产业相对落后。由于篇幅原因，我们对控制变量的情况暂不做说明。

　　下面以科技金融综合效率为被解释变量，以政府因素、金融市场因素以及高新技术企业因素为解释变量，以城镇化水平为控制变量，建立如下面板模型：

$$Y = \alpha + \beta_1 X_1 + \beta_2 X_2 + \beta_3 X_3 + \beta_4 X_4 + \mu$$

式中，Y 为不同年度广东各个地级市的科技金融综合效率；X_1 为财政科技拨款占地方财政支出的比重；X_2 为当地贷款余额与存款余额之比；X_3 为高新技术产品的总产值与地方 GDP 的比值；X_4 为城镇人口与总人口的比值；μ 为该模型的残差项。

　　对面板数据进行单位根检验以及协整检验通常是在时间跨度大于 25 年的情况下，由于我们得到的面板数据的时间跨度为 12 年，因此不进行以上两个检验。另外，常见的面板模型包括固定效应模型以及随机效应模型，而且要就样本数据的情况进行选择，因此我们先就样本数据进行 Hausman 检验。由于固定效应模型中的截距项与自变量之间存在相关性，而随机效应模型中的两者不相关，所以 Hausman 检验的结果是 P 值小于 0.01，即拒绝原假设，应该采用固定效应模型。下面利用 Stata 16.0 软件对面板数据进行多元线性回归，见表 4-7。

表 4-7　广东的科技金融效率影响因素的回归结果

被解释变量	解释变量	系数	P 值
广东省科技金融效率	X_1	0.143	0.002
	X_2	0.302	0
	X_3	0.007	0.028
	X_4	0.064	0

由上表的回归结果可知：从政府角度说，财政科技拨款占地方财政支出的比重与科技金融效率显著正相关——财政科技拨款占地方财政支出的比重提高 1 个单位，科技金融效率提高 0.143 个单位；从金融市场角度说，当地贷款余额与存款余额之比对科技金融效率有正向影响——当地贷款余额与存款余额之比提高 1 个单位，科技金融效率提高 0.302 个单位；从高新技术企业角度说，高新技术产品的总产值与地方 GDP 的比值和科技金融效率之间呈显著的正相关关系——高新技术产品的总产值与地方 GDP 的比值提高 1 个单位，科技金融效率提高 0.007 个单位；城镇化率对科技金融效率的影响也显著为正——城镇化率提高 1 个单位，科技金融效率提高 0.064 个单位。

下面对实证结果进行具体分析：

第一，广东的政府科技投入比重对科技金融效率的促进作用最明显，两者之间呈显著正相关关系，说明广东的政府拨款机制比较合理。广东处于全国经济相对发达的区域，我国的财政科技资金首先分配到发达地区，同时广东充分利用了这部分资金，许多高新技术企业都得到了政府的扶持，使得这部分科技投入产生了比较理想的效果。较多科技型企业由于竞争压力以及承担的风险都无法取得资金援助，此时只能借助政府的帮助。如果政府的资金补贴到位，就能带动企业的发展，进而提高科技金融效率。因此，广东在加大政府资金投入的同时，也要注重合理分配资源，这样科技金融才能更好地发展。

第二，金融效率的提高能够有效促进科技金融的发展。科技型企业在发展阶段对资金的需求较高，其获取资金最重要的渠道之一就是寻求银行贷款，广东通过建立专门为科技型企业服务的科技支行，让更多缺乏抵押品以及担保条件的，甚至是处于初步发展阶段的中小企业都能获得贷款，所以贷款门槛的降低促进了金融效率的提高，进而有利于科技型企业轻松获得资金、扩大企业发展规模，并且有利于科技金融的发展。因此，金融效率的提高促进了广东科技金融的发展。

第三，高新技术产品的总产值与地方 GDP 的比值对科技金融效率有正面影响，这与宋慧（2016）对山东科技金融效率的研究结果以及章思诗基于 DEA-Tobit 模型的科技金融效率影响因素的研究结果一致，都认为高新技术企业的发展可以带动地区科技金融效率的提高。从高新技术产品的总产值占比大小可以看出当地高新技术产业的发展状况，而一个地区高新技术产业的发展又会带动科技金融的发展，因此高新技术产品的总产值占比越大，科技金融效率就越高。

第四，城镇化率的提高有利于促进科技金融的发展。城镇化需要产业支撑，在城镇化推进的过程中，必然伴随着产业转型升级、产业融合承接相辅相成，这一过程将催生巨大的金融需求，而科技金融效率也会得到发展。

针对广东科技金融空间演变效应的研究，我们采用莫兰指数来检验被解释变量科技创新是否具有空间相关性。以下是对莫兰指数公式的简单介绍：

$$I = \frac{\sum\limits_{i=1}^{n}\sum\limits_{j=1}^{n}\omega_{ij}(X_i-\overline{X})(X_j-\overline{X})}{S^2\sum\limits_{i=1}^{n}\sum\limits_{j=1}^{n}\omega_{ij}}$$

式中，ω_{ij} 为地区 i 与地区 j 之间的空间权重；n 为地区的个数；X_i 为地区 i 的观测值；X_j 为地区 j 的观测值；$\overline{X}=\frac{1}{n}\sum\limits_{i=1}^{n}X_i$；$S^2=\frac{1}{n}\sum\limits_{i=1}^{n}(X_i-\overline{X})^2$。

莫兰指数的取值为 [-1, 1]，大于 0 表示在空间上存在正相关关系，接近 1 表示具有相同性质、相似特点的地区会聚集在一起，产生共同效应；相反，接近 -1 表示具有不同性质、相异特点的地区会聚集在一起；另外，若莫兰指数接近 0，则说明地区之间的空间效应不明显。

在进行莫兰指数检验以及空间面板模型回归之前，需要引入空间权重矩阵。参考其他学者的做法，他们通常采用相邻矩阵来表示地理空间关联，这也是分析空间自相关性比较简单且有效的方法。因此，我们也采用相邻矩阵来分析广东各地级市之间的空间动态效应，该矩阵可表示如下：

$$W=\begin{cases} 1 & \text{当地级市 } i \text{ 与地级市 } j \text{ 相邻时} \\ 0 & \text{当地级市 } i \text{ 与地级市 } j \text{ 不相邻时} \end{cases}$$

其中，i、$j=1, 2, 3, \cdots, n$。若两个地级市相邻，则它们存在空间相关性；若两个地级市不相邻，则它们在空间上不相关。

为了判断广东各地级市的科技创新能力在空间上是否存在策略性互动的可能，我们选取广东的 21 个地级市在 2008—2019 年的专利授权量面板数据，对科技创新能力进行莫兰指数检验。该空间相关性检验的结果见表 4-8。

表 4-8　广东各地级市科技创新能力的莫兰指数值

年份	I 值	$E(I)$	P 值
2008	0.167	−0.05	0.050
2009	0.186	−0.05	0.042
2010	0.227	−0.05	0.026
2011	0.230	−0.05	0.020
2012	0.208	−0.05	0.024
2013	0.237	−0.05	0.017
2014	0.245	−0.05	0.065
2015	0.264	−0.05	0.042
2016	0.254	−0.05	0.012
2017	0.284	−0.05	0.044
2018	0.262	−0.05	0.017
2019	0.274	−0.05	0.024

根据莫兰指数检验，各年度科技创新能力的莫兰指数统计值都大于 0，它们的期望值都为−0.05，并且基本上都能通过显著性检验，说明在 2008—2019 年这 12 个年度里，科技创新能力存在空间正相关性。特别是在最近几年里，P 值偏小，I 值增加，说明随着经济的发展，科技创新能力的空间相关性加强。莫兰指数检验的结论是，广东科技创新能力在空间上并非随机分布，相邻地级市的科技创新能力存在明显的空间依赖性。

　　我们进行空间计量模型研究的对象是面板数据，通过借鉴其他学者的研究，下面使用空间杜宾模型进行检验。该模型可以简化为如下形式：

$$Y = \rho W_1 Y + \beta_1 X_1 + \beta_2 X_2 + \beta_3 X_3 + \beta_4 X_4 + \lambda W_1 X + \varepsilon$$

式中，ρ 为空间回归系数；W_1 为地理空间权重矩阵；Y 为反映被解释变量科技创新能力的代理变量专利授权量；β_1、β_2、β_3、β_4 为相关系数；X_1 为高新技术产品的总产值，反映高新技术企业的发展状况；X_2 为财政科技拨款，反映政府投入是否合理；X_3 为贷款余额与存款余额之比，是反映金融市场发展水平的指标；X_4 为城镇化率（即城镇人口与总人口的比值），反映地级市的城镇化水平；λ 为空间误差系数；ε 为正态分布的随机误差向量。

　　经过 LM、Hausman 等检验，发现采用双固定效应模型更具效率，因此我们选择了双固定效应模型。对广东的 21 个地级市 2008—2019 年的相关数据进行空间杜宾模型回归的结果见表 4-9。

表 4-9　广东的地级市科技金融对科技创新影响的回归结果

变量	系数	P 值
ρ	0.652	0
X_1	0.064	0.136
X_2	0.352	0
X_3	0.005	0.058
X_4	0.119	0

　　空间杜宾模型的回归结果显示，空间自回归系数为 0.652，是正数，说明广东各个地级市的科技创新存在显著的正相关性，即每个地级市的科技创新能力都会受到相邻地级市科技创新能力以及科技金融各个相关因素的影响。另外，从系数大小以及自变量显著性水平上看，高新技术产品的总产值对各个地级市的科技创新能力有显著的正向作用，说明高新技术企业发展得越好，科技创新能力提升得越快，而反映金融效率的存贷款比值以及地级市的城镇化率对区域科技创新能力的影响也显著为正，但财政科技拨款对各个地级市的科技创新能力的影响并不显著。

三、广东科技金融耦合发展问题分析

广东科技金融耦合发展的现状主要可从公共科技金融与市场科技金融两个角度进行评价。

公共科技金融以政府作为供给主体，主要是弥补科技创新过程中的市场失灵；市场科技金融以市场手段作为供给主体，主要包括创业风险投资、科技信贷和多层次资本市场等方面。

（一）在公共科技金融发展方面

广东将科技创新与金融发展的耦合作为深化科技体制改革、健全区域创新体系、优化创新创业环境、增强自主创新能力和提升国际竞争力的重要抓手，在科技金融发展的财政配套方面开展了卓有成效的工作。目前，广东的科技金融政策环境不断完善、科技金融融合深度和广度持续拓展、财政资金投入力度大幅增强、科技金融要素资源持续优化，普惠性科技金融、多层次资本市场等多元化的科技投融资体制机制创新扎实有序地推进。然而，广东在科技金融发展的实际过程中，围绕创投引导、融资担保、科技信贷和税收优惠等相关政策在促进科技型企业发展中也存在诸多问题，这些问题在一定程度上抑制了财政政策为广东的科技型企业提供全面有力的支持保障。

第一，广东的创投引导政策对科技金融发展的问题分析。广东的创投引导政策对科技型企业提供支持的过程中存在的问题表现在三个方面：一是政府创投引导基金存在地域差异，广东的地方科技型企业突破地域限制存在很大阻力。广东珠三角地区和粤东、粤西、粤北地区科技型企业发展"不平衡、不充分"的差异凸显，地方产业基金只能局限于本地区，而且粤东、粤西、粤北地区的基础设施配套不完善、信息不对称等客观原因加剧了政府创投引导基金发挥杠杆效应的两极分化趋势，即资金要素不能有效实现跨区域流动，落后地区难以拥有更大规模的资金储备。二是政府创投引导基金管理的市场化不足，存在过度干预。广东的地方政府创投引导基金的项目设计、资本筹集和投资方案由地方政府组织实施，虽然也通过寻找专业化、市场化的管理机构来操作，比如广东粤财投资控股有限公司、广东恒健投资控股有限公司等，但由于地方产业基金起步晚，在产业基金监管力度、专业人员管理规范、违规行为处罚力度等方面还存在诸多政府干预过度的现象，影响市场自身的韧性调节。三是政府创投引导基金的制度设计不健全，部分科技型小微企业难以获取资本。广东通过创投引导基金投资、监管和专业机构运营进行多角度把控，将创投引导基金的所有权和经营权相分离，满足科技型企业发展的融资需求。然而，在实践过程中，不同政府部门因缺少省级顶层制度设计而导致基金重复设立，引发资金分散使用，无法形成聚合效应；部分政府部门出于资金安全的目的，设置过度烦琐的行政审批程序，严重影响了基金运行效率，甚至存在大量结存和浪费；很多基金的投资限制条件不合理，重点支持重大项目以及具有政府政策导向的创新创业项目，弱化甚至忽略了小微企业项目支持，难以真正帮助这些科技型企业获取资本。

第二，广东的融资担保政策对科技金融发展的问题分析。广东的融资担保政策对科技型企业提供支持的问题表现在三个方面：一是部分地方政府的融资担保政策存在以"重盈利考核"的绩效评价为价值导向的问题，使政策功能大打折扣。结合广东政府融资担保行业的发展情况，部分地方政府的融资担保机构基于盈利考核机制出现了"垒大户、挣快钱、高收费"和"裹足不前"两种发展趋势。这些倾向显然弱化了融资担保对科技型企业的融资功能，特别是在目前新冠疫情下对于发挥融资担保对科技型企业的逆周期调节作用形成了阻力。二是由于我国融资担保行业历史上的商业运作定位，导致贷款风险在银行、担保机构和政府间厘定不清晰，从而影响了融资担保功能的发挥，甚至增加了科技型企业的融资成本。依据粤东地区、粤西地区、粤北地区科技型企业发展的客观情况，科技型企业的融资条件差、贷款风险高，而风险分担机制的不完善既不利于防范道德风险，又削弱了融资担保机构、银行拓展业务的能力和积极性，特别是在融资担保行业收益水平较低、融资担保机构普遍保本微利运行的情况下更加凸显。三是政府融资担保行业面临的行政干预较多，担保行业盈利性差、可持续经营能力较弱。部分地方政府过度强调融资担保的政策性定位，推荐、指定甚至是强制融资担保机构承担特定项目以落实政策目标，不按风险定价和业务成本的市场规律进行独立决策及市场化运作。

第三，广东的科技信贷政策对科技金融发展的问题分析。广东的科技信贷政策对科技型企业支持的问题表现在三个方面：一是政府财政以及非银行金融机构在科技信贷方面的支持不足，使得科技信贷资源与科技型企业之间的匹配程度有待改善。二是知识产权评估不顺畅阻碍了科技信贷业务的开展。目前，广东有经验的知识产权机构少，又没有建立成交活跃、机制成熟的知识产权交易平台，使得拥有发明专利权、实用新型专利权、商标权和著作权等的科技型企业很难有效获取科技信贷。与此同时，广东在支持政策上较为有限，比如知识产权的贴息对于著作权或者商标权并没有涉及，特别是软件技术企业很难申请专利。目前，广东对核心技术一般都是通过著作权进行保护，其政策支持对象和范围有待进一步扩大。三是科技信贷机构的人才综合竞争力有待加强。由于国有金融机构在经营方面强调稳健，再加上科技型企业的风险发展特点，所以它对科技信贷人才的专业水平要求较高。目前，广东的科技信贷人才与北京、上海相比存在一定差距，特别是在政府对银行的不当干预发生时，科技信贷人才不足容易导致科技信贷资源的错配，使得科技信贷机构对具有潜力的科技型企业的信贷支持不足。

第四，广东的税收优惠政策对科技金融发展的问题分析。广东的减税降费政策对科技型企业支持的问题表现在三个方面：一是不同层级地方政府间的财权与事权不匹配，难以形成减税降费对科技型企业支持的长效机制，甚至抵消相应的政策红利。广东的珠三角地区和粤东地区、粤西地区、粤北地区的经济发展差异化明显，税收返还与专项转移支付的比重过高，地方政府的财力缺口与负有支出责任的事权呈现明显的上升趋势，而且在以增值税为主的税制结构下，粤东地区、粤西地区、粤北地区的地方政府热衷于发展具有较大经济效益的建筑业和房地产业，从而挤占了对科技型企业的关注程度，间接导致这些企业融资难、融资贵。二是部分税收政策尚未有效落实，影响了减税降费政策支持科技型企业发展的效果。地方税务机关在落实税收政策的过程中，存在对政策内涵理解不到位、政策标准选择具有随意性等问题，导致很多科技型企业不能充分享受到税收优惠政策。比如科技型小微企业的认定标准应结合所在行业的特点设定，包含企业从业人员、营业收入以及资金总额等。在减税降费的实践中，部分税务机关要求同时满足所有标准等同于间接提升了科技型小微企业的认定标准。三是政府职能转变缓慢，制度性交易的隐形成本有待优化控制。地方政府在落实减税降费政策的过程中容易被动化、公式化，使得科技型企业在获取减税降费政策的过程中面临高昂的交易成本，远超最终享有的政策红利，最终导致减税降费政策的效果难以有效惠及诸多科技型企业。比如高新技术企业的减税降费认定标准涉及科研人员数量、科研费用占比、自主知识产权规模等，同时还要取得科技部门、税务部门的长时期审核，从企业递交申请到认证审批，整个时间周期甚至超过高新技术企业资格证书的 3 年有效期；再如，当科技型小微企业涉及的退税金额较小时，部分纳税企业因办理退税的时间、交通成本以及处理程序等比退税金额更高而决定放弃退税。

（二）在市场科技金融发展方面

近年来，广东私募股权和创业投资基金管理机构的数量持续增加，相应的基金数量与基金规模均在总体上呈快速上涨的趋势。与此同时，广东的科技信贷供给持续增加，创新型产业和小微企业贷款迅速增长。然而，在广东科技金融发展的实际过程中，围绕创业风险投资、科技信贷以及多层次资本市场也存在一些问题。

第一，广东创业风险投资现状对科技金融发展的问题分析。目前，广东在创业风险投资发展上存在的问题主要体现在以下两个方面：一是存在投资机构地域分布不均衡，创业投资机构相对集中等问题。具体说来，创业投资机构集中分布于广州、深圳两地，这就导致广深地区的创业投资配套服务更具优势，而广东的其他地区则相对落后。二是创业投资的发展与部分地区的产业结构难以有效匹配。具体说来，广深地区的资源高度聚集、产业基础较为雄厚，而且主要以电子通信、互联网、医疗健康等创新型产业为主。但是，除广州、深州以外城市的产业结构仍较为传统，在上述创业投资环境的劣势下，小微企业的融资仍主要依托于当地传统的融资模式，其融资难的问题难以借助创业投资的发展而得到缓解，进而对广东创业投资资源整合的效率产生了较大影响。

第二，广东科技信贷发展现状对科技金融发展的问题分析。该问题主要体现在以下三个方面：一是科技信贷环境面临地区发展不平衡的问题。具体说来，在广东的 GDP 中，珠三角地区占 80%，粤东地区、粤西地区、粤北地区占 20%，而经济结构上的不平衡使广东的科技型企业面临科技信贷分配的失衡，特别是粤东地区、粤西地区、粤北地区的科技型企业。二是科技信贷资金的来源单一且审批效率较低。目前，广东部分地区的科技信贷运行效率并不理想，具体说来，广东的科技信贷资金来源单一，审批周期因各部门之间职能的重叠而较为漫长，难以与科技型企业较为频繁且相对小额的持续融资需求相匹配。三是科技信贷中介服务机构的职能缺位问题。支持科技信贷的中介服务机构对科技型企业获得科技信贷的可得性具有重要的促进作用，但目前广东的科技信贷中介服务机构存在能力不足的问题，难以对科技型企业进行有效的价值判断，在一定程度上制约了科技金融耦合发展的效率。

第三，广东对于资本市场的支持情况对科技金融发展的问题分析。虽然我国多层次资本市场的建设不断完善，提高了科技型企业的融资创新能力，有力地支持了广东高新技术企业的持续扩张，使得广东在多层次资本市场建设方面不断取得新的突破性发展，但广东在资本市场的支持方面仍存在以下两个问题：一是因广东各城市的产业结构差异较大而导致部分地区难以充分利用资本市场进行融资，进而难以充分发挥多层次资本市场对全省的支持作用，具体说来，除广、深以外城市的大部分企业很难通过上市渠道来获得发展的资本。二是从科技型企业自身来看，仍存在资本市场的准入阻碍。具体说来，除广、深以外城市的中小型企业均存在资产规模较小以及企业治理机制不健全等问题，这就难以充分发挥多层次资本市场对广东全省的辐射作用。

第五章

科技金融区域发展及其空间
动态演变的理论研究

　　珠三角地区是我国区域经济一体化高质量发展的龙头标杆，也是科技与金融交叉融合和深度融合的热土。本章系统研究科技创新与金融发展耦合的内在机理及其科技金融的空间动态演变机制，然后构建理论模型探讨科技创新与金融发展的融合路径以及可能影响两者耦合程度的内外部动因，并基于区域内的城市发展与定位阐述科技金融耦合的空间布局效应。

一、科技金融区域发展的理论研究

　　金融发展对科技创新具有重要的促进和拉动作用，科技的不断进步能够加速金融深化和金融创新，两者互相协同就可以发挥科技金融的积极效应。事实上，珠三角地区的科技型企业在技术研发、成果转化和产业化过程中需要巨量资金的投入与支持，而科技金融能够用直接融资或间接融资的方式来满足科技型企业的融资需求，推进企业进行源源不断的技术变革；与此同时，随科技型企业逐步成长而带来的资本回报能够构建金融市场健康发展的基石，企业将智力知识成果转化成可变现的有机产品能够给金融市场持续不断的"输血"。此外，立足于金融市场和金融机构的盈利动机，各种金融制度创新、机制创新、机构创新、管理创新、技术创新和业务创新等也会自然而然地缓慢进行，引发金融市场的不断深化和发展。客观地说，金融发展与科技创新的耦合是我国社会经济与生产发展的必然产物。基于技术革命发展的一般规律，两者耦合的机理主要呈现出聚散效应、竞合效应和协同效应。

　　第一，金融发展与科技创新的耦合遵循要素的集聚与扩散规律，即人力、资本、技术和其他资源要素在一定区域内的"集聚-扩散-再集聚-再扩散",不断地提升金融发展与科技创新的耦合程度,而且伴随着两者耦合范围的扩大,科技金融产业的示范效应会吸引更多要素和资源的集聚,形成产业的规模效应。在理论上,我们需要进一步把握科技金融区域发展中存在的四种效应:①集聚效应。自改革开放以来,珠三角地区在城市集群发展的情况下逐步形成了一个先进制造业和现代服务业双轮驱动的产业体系,使实体产业、金融发展和科技创新不断深化产城融合,而产城融合的规模有效地发挥了集聚效应,打破了城市间的差异性和排斥性,持续推动互联互通,共享全要素无障碍流通带来的便利。②扩散效应。科技金融发展使产城融合在集聚多元要素达到一定程度后能产生扩散效应和辐射效应。深圳、香港和广州等城市的人才流动、技术扩散及资本外溢等对其他城市和地区的科技金融发展产生了积极作用,而且有助于各种要素的优化配置,增强要素市场的运行效率。与此同时,基于技术创新的外溢效应,科技金融的发展有利于金融产业的科技创新,从而促进金融中介和金融市场的发展,并且主要城市的科技金融人才会通过大量的人才和技术储备产生知识外溢,促进科技金融的可持续发展。③再集聚效应。珠三角地区科技金融的集聚效应和扩散效应使得科技金融发展的硬件设施逐步完善,但在国际影响力、服务能力、创新能力、环境品质等软件方面需要进一步动员人力、资本、科技、信息等要素的全方位流动和全球化配置能力,促使珠三角地区的"多城、多核、多圈"聚合成更高能量级别的新核心区,以实现更大的整体利益。④再扩散效应。珠三角地区科技金融的高质量发展立足于城市群的整体功能实现,而不能仅靠单体城市来实现,所以由珠三角地区的"多城、多核、多圈"形成的"大都市区"应通过引领功能形成"大都市连绵带",发挥科技金融的二次扩散效应,推动全域均衡发展。

第二,金融发展与科技创新的耦合遵循要素的竞争与融合规律,即市场中的各参与主体积极改善要素的市场配置效率,形成从竞争博弈到合作博弈的转变,以降低各种要素的资金筹集、信息甄别、委托代理等交易成本,实现科技产业与金融产业的互惠共赢效应。首先,金融发展与科技创新的竞争博弈。在资源稀缺的约束性条件下,金融部门和科技创新部门的可持续发展都需要做好资源的初次分配问题，实现两大部门的合理配置。珠三角地区的金融部门和科技创新部门都需要竞争创新要素和地方政策。在创新要素方面，金融部门和科技创新部门为了发展，将会在获取人力资本、金融资本等稀缺创新要素方面展开竞争。比如在区域金融发展过度的情况下，就会占有过多的资源，致使人力资本和金融资本等生产要素乃至创新要素"脱实向虚"，对实体经济的科技创新部门产生挤出效应。在地方政策方面，金融部门和科技创新部门面临的利益可能存在不一致的情况，比如金融行业可能会对非金融企业施加影响，使政府部门做出有利于金融行业而不利于实体经济长远利益的政策，甚至实体经济难以获得基本的金融服务。其次，金融发展与科技创新的合作博弈。金融部门和科技创新部门应通过有效合作做好资源的再配置问题，实现不同资源在金融发展和科技创新之间的合理配置。珠三角地区以市场化改革为抓手，推动金融发展与科技创新从竞争博弈转为合作博弈，实现两者之间的共容。具体说来，一方面，区域金融的可持续发展离不开实体经济科技创新的根本支撑，金融发展必须以提高金融效率和金融服务实体经济科技创新的能力为核心；另一方面，科技创新对金融发展也具有高度依存性，利率市场化、放宽市场准入、发展多层次资本市场等一系列金融发展举措都是确保实体经济持续进行科技创新的重要基石。

第三，金融发展与科技创新的耦合遵循要素的摩擦与协同规律，即两者耦合的非线性决定了不同阶段的风险摩擦和协同效益的动态变化，可以实现"无序叠加"到"有序共生"的转变，满足科技型企业在技术研发、成果转化及科技成果产业化阶段的资本需求、资本绩效和技术支持，实现金融规模的增长、金融结构的优化和金融效率的提升，形成科技创新和金融发展的有机整体效应。

此外，企业的科技创新有效增强了金融机构的盈利空间，在内部资本逐利和外部竞争压力叠加的情况下，金融机构进行金融产品设计，可以为科技型企业提供更好的金融服务。

基于科技创新与金融发展的聚散效应、竞合效应和协同效应，为更加直观地考察科技金融系统的影响因素，我们假定科技创新与金融发展

为系统 $S = \{S_1, S_2\}$，其中系统 S_1 代表科技创新子系统，系统 S_2 代表金融发展子系统。在科技金融系统中，我们假定两个子系统的序参量为 (P_1, P_2)，其中 P_1 代表科技创新的序参量，P_2 代表金融发展的序参量。两个子系统序参量的增长率为 (g_1, g_2)，衰减率为 (a_1, a_2)，那么两个子系统的序参量可以表示为：

$$\partial P_i / \partial t = g_i(t) - a_i(t) \qquad i \in \{1, 2\}$$

将 g_i 与 a_i 表示为序参量 P_i 的方程：

$$g_i = \alpha_i P_i + \theta_i$$

$$a_i = \beta_i P_i + \mu_i$$

式中，系数 α_i 为增长率系数；系数 β_i 为衰减率系数，它与序参量无关，即增长率系数和衰减率系数是由外生变量决定的。

为简化分析，我们假定这些外生变量为常数，故有

$$\partial P_i / \partial t = g_i(t) - a_i(t) = (\alpha_i - \beta_i) P_i$$

对于两个子系统的序参量，科技创新与金融发展是相互促进、相互影响的。从长期来看，科技金融基于两个子系统的耦合发展呈现出指数增长的态势；从短期来看，科技金融基于两个子系统的耦合发展存在饱和效应，故有

$$\partial P_i / \partial t = (\alpha_i - \beta_i) P_i - \pi_i P_i^2$$

式中，π_i 为饱和系数，$i \in \{1, 2\}$。

基于以上分析，当两个子系统之间没有相互作用时，由 $\partial P_1 / \partial t = \partial P_2 / \partial t = 0$ 可得 $P_1 = P_2 = 0$，即科技创新子系统与金融发展子系统不能获得任何收益，因而科技金融系统的发展不存在。当两个子系统之间相互影响时，科技创新子系统与金融发展子系统均是以对方的序参量为条件，故有

$$\partial P_1 / \partial t = (\alpha_1 - \pi_1 P_2) P_1 - \beta_1 P_1$$

$$\partial P_2 / \partial t = (\alpha_2 - \pi_2 P_1) P_2 - \beta_2 P_2$$

在定态的情况下，$\partial P_1 / \partial t = \partial P_2 / \partial t = 0$，我们可以解此方程组，故有

$$\begin{cases} \alpha_1 - \pi_1 P_2 - \beta_1 = 0 \\ \alpha_2 - \pi_2 P_1 - \beta_2 = 0 \end{cases}$$

对于以上方程组，我们分情况进行具体说明：

（1）当 $\alpha_1-\beta_1=0$ 且 $\alpha_2-\beta_2=0$ 时，可得 $P_1=P_2=0$，并且稳定。这意味着科技创新子系统与金融发展子系统没有任何收益。

（2）当 $\alpha_1-\beta_1<\alpha_2-\beta_2$ 时，可得 $P_1=0$，$P_2=(\alpha_1-\beta_1)/\pi_1$，并且稳定。这意味着科技创新子系统与金融发展子系统不存在协同发展，而且当饱和系数 $\pi_1=\pi_2$ 时，给 P_1 一个微小的外部冲击，科技创新子系统将比金融发展子系统占据更多资源，而且会在短期内造成要素资源的挤出效应。

（3）当 $\alpha_1-\beta_1>\alpha_2-\beta_2$ 时，情况相反。

（4）当 $\alpha_1-\beta_1=\alpha_2-\beta_2$ 时，可得 $P_1=P_2=(\alpha_1-\beta_1)/\pi_1$，并且稳定。这意味着两个子系统均达到稳定，并形成耦合发展。在 P_1 和 P_2 都足够大的初始条件下，科技金融系统的序参量呈指数型变化，这正是科技创新子系统与金融发展子系统整体效益的体现。基于以上理论推演，通过提高增长率系数和降低衰减率系数就可以有效提升科技金融系统的运行水平。

哪些因素有可能影响理论模型中的增长率系数和衰减率系数？立足于科技创新与金融发展之间的关系，再结合我国现实背景和国内外现有文献研究，我们认为市场环境水平、人力资源水平、对外开放水平、政府干预水平和城镇化水平等因素主要影响科技金融系统的运行水平。第一，市场环境水平包括市场化程度、科技产品和要素的发育程度、金融中介组织的发育程度、法律制度等。市场环境水平的高低影响人力、资本、技术和其他资源要素的配置效率，进而影响科技产业与金融产业的融合程度。因此，市场环境水平的改善有助于提高该理论模型中的增长率系数，实现科技创新子系统与金融发展子系统的耦合发展。第二，人力资源水平是科技创新和金融发展的原动力，也是两者耦合的供给方和需求方。在科技创新子系统中，人力资源利用融资和风险管理推动研发、试制、商品化到产业化进程。在金融发展子系统中，人力资源利用信息识别和专业评估进行科技创新的风险分散，实现投资者的便利化和可观回报。因此，人力资源水平的提升有助于提高该理论模型中的增长率系数，实现科技创新与金融发展的螺旋式进步。第三，扩大对外开放水平能够深化科技领域与金融领域的对外交流，促进各类要素在全球范围内形成更好的互动、匹配及协同，所以对外开放水平的提升有利于在该理论模型中提高增长率系数和降低衰减率系数。第四，适度的政府干预能够有效推动科技金融的耦合。由于科技创新子系统的高风险性，所以金融市场并不能完全有效地解决普惠金融的问题，而合理的政府干预有助于纠正资源的配置失灵，但过度的政府干预会降低资源的配置效率，阻碍科技金融的发展。第五，城镇化的发展不仅给金融发展提供了多元化的供给和需求机遇，而且给科技创新提供了更大的发展空间，有利于科技金融的发展。因此，基于影响科技金融系统运行水平的主要因素的理论分析，我们进一步检验这些因素是否显著影响科技创新与金融发展的耦合水平，以及它们是不是引致我国省际科技金融耦合协调度存在较大差异的原因。

二、科技金融区域发展的空间动态演变效应
——基于局域溢出模型

珠三角地区依托发达的市场网络、交通网络、信息网络和基础设施网络支撑的空间形态布局，将区域内的科技创新和金融发展作为核心引擎，通过两者的协同发展，重构区域内的实体经济产业圈层与空间布局。

1. 科技金融区域发展动态演变机制的模型假设

本节将基于局域溢出模型（以下简称"LS模型"）的理论方法，通过建立数学模型来进一步探析科技金融区域发展的空间动态演变效应。

假设1：该模型在LS模型的基础上设为$2 \times 3 \times 2$结构。假设整个经济系统的组成包括：①两个区域，即X区和Y区。②三个部门，即传统产业部门C、科技创新部门S和金融部门F。③两种要素，即资本K和劳动L。

假设2：传统产业部门具有瓦尔拉斯一般均衡的特征，即：①规模报酬不变。②市场结构为完全竞争。③传统产业部门使用单位劳动力生产单位同质产品。

假设3：金融部门提供的商品为广义资本，包含资本与金融服务等。与此同时，我们针对金融部门进一步假设：①金融部门向经济系统

提供的资本增长率为 g。②生产一单位新金融资本和金融服务只消耗一单位劳动。③金融部门提供的跨区域商品存在交易成本。为简化模型讨论，假设仅存在由信息不对称问题所导致的信息成本 i，并与该区域的金融开放程度正相关。④金融部门的生产效率与科技部门的生产效率正相关。

假设 4：对于科技创新部门基于 D-S 模型的理论方法，进一步假设：①科技创新部门的规模收益递增。②产业内的市场结构为垄断竞争，即市场存在消费者偏好，科技创新部门生产的商品非同质。③科技创新部门的生产成本分为固定成本和可变成本。固定成本为科技创新部门的资本投入，而且生产单位商品将投入单位资本。可变成本为劳动，单位产出投入 $\alpha M/\alpha_i$ 单位的劳动，其中 α_i 为因投入资本的边际溢出效应而提高的劳动生产率。显然，α_i 应大于 1。④科技创新部门提供的跨区域商品存在交易成本，继续引用克鲁格曼在核心-边缘模型中所提到的"冰山成本"τ（见图 5-1），即如果在其他地区出售一个单位的商品，那么必须

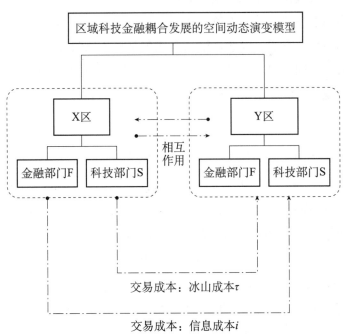

图 5-1　空间动态演变模型的框架

运输 τ 个单位的商品（τ 显然应当大于1），其中 $\tau-1$ 个单位的商品将在运输途中"融化"掉。因此，若假设 X 区内科技创新部门提供的商品价格为 p，而向 Y 区提供的商品价格为 p^*，则有 $p^*=\tau p$。

假设5：本节模型涉及效应函数的跨期性。因此，假设决定消费者消费行为的是跨期效用的最大化，并且效用函数采用柯布-道格拉斯效用函数的形式。与此同时，假设消费者的跨期替代弹性为1，并且效用函数采用对数形式，则可以将消费者的效用函数表示为：

$$U = \int_0^{+\infty} \mathrm{e}^{-\rho t} \ln C \mathrm{d}t \qquad C = C_A^{1-\mu} C_M^{\mu}$$

式中，ρ 为消费者的时间偏好，即消费者的效用折现率；C 为消费者在第 t 期的消费组合产生的效用。

2. 消费者部门

（1）消费者组合的不变替代效用函数。不同地区消费者的效用函数均可从两个视角来解读。第一个视角是传统产品与科技产品的不同组合方式对消费者效用产生的影响。其中，由于对传统产品的同质假设，故仅需考虑消费量的问题，而科技产品是异质的，故应当进一步考虑科技产品的不同组合方式。因此，第二个视角是指不同科技产品的组合给消费者带来的不同效用，我们可以考虑通过不变替代弹性（CES）效用函数来解决此视角上的问题。因此，可建立如下效用函数：

$$U = C_S^{\mu} C_C^{1-\mu}$$

$$C_S = \left(\int_0^{n+n^*} c_i^{\theta} \mathrm{d}i\right)^{1/\theta} = \left(\int_0^{n+n^*} c_i^{(\sigma-1)/\sigma} \mathrm{d}i\right)^{\sigma/(\sigma-1)}$$

$$0<\mu<1, \ 0<\theta<1, \ \sigma>1 \qquad\qquad (5-1)$$

式中，μ 为消费者在科技产品上的支付份额；C_i 为消费者对第 i 种科技产品的消费量；C_C 为消费者对传统产品的消费量；C_S 为消费者对科技产品组合的消费量；n 为 X 区科技产品的数量；n^* 为 Y 区科技产品的数量；θ 为消费者对消费多样性的偏好程度，该值越接近于1，偏好程度越强，而该值越接近于0，偏好程度越弱；σ 为在 CES 函数中，$\theta=(\sigma-1)/\sigma$。

考虑消费者效用最大化的问题，需要定义传统产品与科技产品的价

格，前者用 p_c 表示，后者用 p_s 表示，同时将消费者的收入用 Y 来表示，则有

$$p_c C_c + \int_0^{n+n^*} p_i c_i \mathrm{d}i = E$$

综上，得到消费者效用最大化方程：

$$\begin{cases} \max U = C_S^\mu C_C^{1-\mu} & C_S = \left(\int_0^{n+n^*} c_i^\theta \mathrm{d}i \right)^{1/\theta} \\ \text{s. t. } p_c C_c + \int_0^{n+n^*} p_i c_i \mathrm{d}i = E \end{cases} \quad (5-2)$$

（2）科技产品的需求函数和科技产品的价格指数。消费者效用最大化问题可以分成两步处理，第一步考虑消费者在消费科技产品组合 C_S 时，其支出最小，即

$$\begin{cases} \min \int_0^{n+n^*} p_i c_i \mathrm{d}i \\ \text{s. t. } C_S = \left(\int_0^{n+n^*} c_i^\theta \mathrm{d}i \right)^{1/\theta} \end{cases} \quad (5-3)$$

建立拉格朗日函数：

$$L = \int_0^{n+n^*} p_i c_i \mathrm{d}i - \lambda \left[\left(\int_0^{n+n^*} c_i^\theta \mathrm{d}i \right)^{1/\theta} - C_S \right]$$

对变量 c_i 求导并令其为 0，可得：

$$\frac{\partial L}{\partial c_i} = p_i - \lambda \left(\int_0^{n+n^*} c_i^\theta \mathrm{d}i \right)^{(1-\theta)/\theta} c_i^{\theta-1} = 0$$

解得：

$$p_i = \lambda C_S^{1-\theta} c_i^{\theta-1}$$

同理，我们可以得到消费者对第 j 种科技产品的消费决策为：

$$p_j = \lambda C_S^{1-\theta} c_i^{\theta-1}$$

联立这两种科技产品的决策方程，可以得到价格与需求量的关系为：

$$\frac{p_i}{p_j} = \frac{c_i^{\theta-1}}{c_j^{\theta-1}}$$

将上式代入 $\min C_S = \int_0^{n+n^*} p_i c_i \mathrm{d}i$ 中，可得：

$$C_S = \left(\int_0^{n+n^*} c_j^{\theta} \, (p_i / p_j)^{\theta/\theta-1} \, \mathrm{d}i \right)^{1/\theta}$$

$$= c_j \, (1/p_j)^{1/(\theta-1)} \left(\int_0^{n+n^*} p_i^{\theta/(\theta-1)} \, \mathrm{d}i \right)^{1/\theta}$$

进一步，可得到 j 种科技产品的需求函数为：

$$c_j = \frac{p_j^{1/(\theta-1)}}{\left(\int_0^{n+n^*} p_i^{\theta/(\theta-1)} \, \mathrm{d}i \right)^{1/\theta}} \times C_S \tag{5-4}$$

设经济系统中消费者的总支出为 E，同时科技产品消费占总支出的比例为 μ，将科技产品的需求函数代入，可以得到科技产品的总支出为：

$$\mu E = \int_0^{n+n^*} p_i \, c_i \mathrm{d}i = \int_0^{n+n^*} \frac{p_i^{1/(\theta-1)}}{\left[\int_0^{n+n^*} p_i^{\theta/(\theta-1)} \, \mathrm{d}i \right]^{1/\theta}} \times C_S \mathrm{d}i$$

$$= \frac{C_M}{\left(\int_0^{n+n^*} p_i^{\theta/(\theta-1)} \, \mathrm{d}i \right)^{1/\theta}} \int_0^{n+n^*} p_i^{\theta/(\theta-1)} \, \mathrm{d}i$$

化简可得：

$$\mu E = \int_0^{n+n^*} p_i \, c_i \mathrm{d}i = \left(\int_0^{n+n^*} p_i^{\theta/(\theta-1)} \, \mathrm{d}i \right)^{(\theta-1)/\theta} C_M \tag{5-5}$$

将上式中的 $\left(\int_0^{n+n^*} p_i^{\theta/(\theta-1)} \, \mathrm{d}i \right)^{(\theta-1)/\theta}$ 定义为科技产品的价格指数 P_S，可得：

$$P_S = \left(\int_0^{n+n^*} p_i^{\theta/(\theta-1)} \, \mathrm{d}i \right)^{(\theta-1)/\theta} = \left(\int_0^{n+n^*} p_i^{1-\sigma} \, \mathrm{d}i \right)^{1/(1-\sigma)} \tag{5-6}$$

将上式代入消费者需求函数中，可以得到新的需求函数为：

$$c_i = (p_i / P_S)^{1/(\theta-1)} \, C_S = (p_i / P_S)^{-\sigma} C_S \tag{5-7}$$

（3）传统产品和科技产品组合的需求函数。如前所述，基于第一个视角，考虑传统产品与科技产品的不同组合方式对消费者效用最大化的影响：

$$\begin{cases} \max U = C_S^{\mu} C_C^{1-\mu} \\ \mathrm{s.\,t.} \ p_c C_c + P_S C_S = E \end{cases} \tag{5-8}$$

对此，考虑对目标函数取对数，并建立拉格朗日函数：

$$L = (1-\mu)\ln C_c + \mu\ln C_S - \lambda(p_c C_c + P_S C_S - E)$$

令 $\partial L/\partial C_c = \partial L/\partial C_S = 0$，得到传统产品和科技产品组合的需求函数为：

$$C_C = \frac{(1-\mu)E}{p_c}, \ C_S = \frac{\mu E}{p_S} \tag{5-9}$$

与此同时，将上式代入（5-7）式，可以得到第 i 种科技产品的需求函数为：

$$c_i = \mu E(p_i^{-\sigma}/P_S^{1-\sigma}) \tag{5-10}$$

3. 科技创新部门

下面基于科技创新部门的视角来考虑其价格和产量问题。其中，科技创新部门的利润函数为：

$$\pi_i = p_i - (F + wa_M/a_i x_i)$$

式中，x_i 为第 i 种科技产品的销售量；F 为科技创新部门生产活动的固定成本；a_M/a_i 为科技创新部门单位产出投入的单位劳动，a_i 为因投入资本的边际溢出效应而提高的劳动生产率。

通过上面的推导可知，消费者对于科技产品的需求量为：

$$c_i = (p_i/P_S)^{1/(\theta-1)} C_S = (p_i/P_S)^{-\sigma} C_S$$

假设 $k = (1/P_S)^{-\sigma} C_S$（为常数），据此求解科技型企业的利润最大化问题：

$$\begin{cases} \pi_i = p_i x_i - (F_i + wa_M/a_i x_i) \\ \text{s.t. } x_i = k p_i^{-\sigma} \end{cases} \tag{5-11}$$

（1）科技产品价格的确定。对（5-11）式建立拉格朗日函数，并令 $\partial L/\partial p_i = \partial L/\partial x_i = 0$，则有

$$L = p_i x_i - (F_i + wa_M/a_i x_i) - \lambda(x_i - k p_i^{-\sigma})$$

$$\partial L/\partial p_i = x_i - \lambda\sigma k p_i^{-\sigma-1} = 0$$

$$\partial L/\partial x_i = p_i - w(a_M/a_i) - \lambda = 0$$

通过上式可求出科技产品的价格，即

$$p_i = \frac{wa_M/a_i}{1-1/\sigma} \tag{5-12}$$

从（5-12）式的结构可知，科技产品的价格仅与工资水平 w、金融

部门对科技型企业生产的促进程度 a_i 和对科技产品的替代弹性 σ 相关。与此同时，为简化讨论，可以假设所有的科技产业部门的生产函数相同，并且金融部门对于科技创新部门的促进程度相同，则 X 区所有科技产品的价格可以简单认为是：

$$p = \frac{w a_M}{1 - 1/\sigma} \tag{5-13}$$

因此 X 区的科技产品在 Y 区的价格为：

$$p^* = \frac{\tau w a_M}{1 - 1/\sigma} \tag{5-14}$$

（2）科技产品产量的确定。基于 D-S 理论框架，科技产业的市场结构为垄断竞争，则在均衡时每个企业的利润必然为 0，即

$$\pi_i = p_i - (F + w a_M / a_i x_i) = 0$$

将 $p_i = \dfrac{w a_M / a_i}{1 - 1/\sigma}$ 代入上式，可以得到生产第 i 种科技产品的产量为：

$$x_i = \frac{1 - \sigma}{w a_M} \tag{5-15}$$

4. 金融部门

（1）金融部门的生产成本。由假设 3 可知，金融部门提供的跨区域金融资本存在信息成本，而在 X 区内部不存在信息成本，进一步假设信息成本与地区的金融开放程度正相关。因此，基于 LS 模型，科技金融的生产成本为：

$$F = w a_F \qquad a_F = f(\lambda)/A , A = K + \varphi(K^W - K) \tag{5-16}$$

式中，φ 为地区金融开放程度，其取值为 $[0, 1]$，数值越高则开放程度越高（也就是空间溢出效应越强）；$f(\lambda)$ 为科技资源的聚集程度，该数值越高，聚集程度越高。

因此，X 区和 Y 区金融部门的生产成本函数为：

$$F = w a_F, a_F = f(\lambda)/(K + \varphi K^*)$$
$$F^* = w a_F^*, a_F^* = f(\lambda^*)/(K^* + \varphi K) \tag{5-17}$$

（2）科技产品的价格指数。根据上述推导，科技产品在特定区域的销售价格相同，参照（5-6）式，可以得到 X 区与 Y 区的价格指数分别为：

$$P_S^{1-\sigma} = \int_0^{n+n^*} p^{1-\sigma} \mathrm{d}i = n\, p^{1-\sigma} + n^* (\tau\,\overline{p}^{\,*})^{1-\sigma}$$

$$= p^{1-\sigma} \big[n + (\overline{p}^{\,*}/p)^{1-\sigma} n^* \tau^{1-\sigma} \big]$$

$$P_S^{*\,(1-\sigma)} = \int_0^{n+n^*} p^{1-\sigma} \mathrm{d}i = n(\tau\,p)^{1-\sigma} + n^* \overline{p}^{\,*\,(1-\sigma)}$$

$$= p^{1-\sigma} \big[\tau^{1-\sigma} n + (\overline{p}^{\,*}/p)^{1-\sigma} n^* \big]$$

与此同时，假设初始条件下 X 区与 Y 区的金融开放程度相同，都为 φ，且令 $\varphi = \tau^{1-\sigma}$，$n^w = n + n^*$，$s_n = n/n^*$，$\chi = (\overline{p}^{\,*}/p)^{1-\sigma}$，进一步简化两个区域的价格指数，可得

$$P_{S_n}^{1-\sigma} = n^w p^{1-\sigma} \big[s_n + \varphi(1-s_n)/\chi \big]$$

$$P_S^{*\,1-\sigma} = n^w p^{1-\sigma} \big[\varphi s_n + (1-s_n)/\chi \big]$$

式中，s_n 为 X 区科技型企业的数量占经济体系的份额；$1-s_n$ 为 Y 区科技型企业的数量占经济体系的份额，可知 $1-s_n = n^*/n^w$。

（3）科技型企业资本的收益率。下面继续考虑 X 区的科技型企业 i。根据前面的讨论，该企业在 X 区的销售价格为 p_i、销量为 c_i，而向 Y 区的销售价格为 $p_i^* = \tau p_i$、销量为 c_i^*。因此，i 企业的总产出为 $x_i = c_i + \tau c_i^*$，进而得到 i 企业的全部收入函数为：

$$p_i c_i + p_i^* c_i^* = p_i(c_i + \tau c_i^*) = p_i x_i$$

与此同时，基于 D-S 框架，科技型企业在均衡条件下的利润为 0，即其生产成本与销售收入应当相等：

$$px = F_i + w a_m x$$

将其代入 $F = w a_F$，$a_F = f(\lambda)/A$，$A = K + \varphi(K^W - K)$，得到企业的固定成本为：

$$F_i = px/\sigma \tag{5-18}$$

由（5-10）式可得：

$$c = \mu E\, p_i^{-\sigma} P_S^{-(1-\sigma)}, \quad c^* = \mu E^* (p_i^*)^{-\sigma} (P_S^*)^{-(1-\sigma)}$$

$$= \mu E^* (\tau p)^{-\sigma} (P_S^*)^{-(1-\sigma)}$$

将上式以及（5-15）式和（5-18）式代入（5-16）式，可以进一步求得 i 企业的固定成本：

$$F_i = px/\sigma$$

$$= \frac{\mu p^{1-\sigma}}{\sigma} \times \left\{ \frac{E^W S_E}{n^w p^{1-\sigma}[\varphi s_n + (1-s_n)]/\chi} + \frac{E^W(1-S_E)\varphi}{n^w p^{1-\sigma}[\varphi s_n + (1-s_n)]/\chi} \right\}$$

$$(5-19)$$

式中，S_E 为 X 区的消费者支出占经济系统总支出的份额，则 $1-S_E$ 为 Y 区的消费者支出占经济系统总支出的份额。

简化上式，令

$$\begin{cases} \Delta = P_S / n^w = p^{1-\sigma}[s_n + \varphi(1-s_n)/\chi] \\ \Delta^* = P_S^* / n^w = p^{1-\sigma}[\varphi s_n + (1-s_n)/\chi] \\ b = \mu/\sigma, \ B = \frac{S_E}{\Delta} + \varphi \times \frac{1-S_E}{\Delta^*}, \ B^* = (\varphi \times \frac{S_E}{\Delta} + \frac{1-S_E}{\Delta^*})/\chi \end{cases}$$

可以得到化简后的 X 区科技型企业的固定成本为：

$$F = bB \times \frac{E^W}{K^W} \tag{5-20}$$

同理，Y 区的科技型企业的固定成本为：

$$F^* = bB^* \times \frac{E^W}{K^W}$$

为了简化分析，本模型假设金融部门的收入来源仅为科技型企业的固定成本支出，因此可得到金融部门的收入函数为：

$$\Pi = bB \times \frac{E^W}{K^W}, \ \Pi^* = bB^* \times \frac{E^W}{K^W} \tag{5-21}$$

5. 短期均衡分析

（1）传统产业部门。基于对传统产业部门的假设，其产品应当遵循边际成本定价，同时因不存在"冰山成本"，因此传统产业部门在 X 区与 Y 区的价格应该相同，即

$$p_c = w_C a_C = p_C^* = w_C^* a_C^* \tag{5-22}$$

当 X 区与 Y 区的传统产业部门生产效率相同时，它们的工资水平应当相同，因此令两个地区传统产业部门的劳动力总量为 L_A^W，则传统产业部门的总产出水平应当为 L_A^W / a_C。其中，w_C、w_C^* 分别为 X 区与 Y 区传统产业部门的工资水平；a_C、a_C^* 分别为 X 区与 Y 区传统产业部门的劳动力投入量。

与此同时，根据 $C_C = \dfrac{(1-\mu)E}{p_C}$，可以得到经济系统对传统产品的总需求为：

$$C_C + C_C^* = \frac{(1-\mu)E}{p_C} + \frac{(1-\mu)\,E^*}{p_c} \qquad (5-23)$$

综合上述两式，可得到传统产业部门的短期均衡条件为：

$$\frac{(1-\mu)E}{p_C} + \frac{(1-\mu)\,E^*}{p_c} = \frac{L_A^W}{a_C} \qquad (5-24)$$

（2）科技创新部门。由前述对科技产品的价格确定过程，可知科技创新部门所生产产品的价格与产品的种类无关，同时产量为 $x_i = \dfrac{1-\sigma}{w\,a_M}$。又因科技创新部门所生产的产品为异质商品，因此科技创新部门的市场出清条件应为产品的产值与消费者对科技产品的支出相同。相应地，科技创新部门的收益 $R = px$，消费者的支出为 $pc + p^*c^*$，因而有

$$R = pc + p^*c^*$$

将 $c = \mu E\,p_i^{-\sigma}\,P_S^{-(1-\sigma)}$ 和 $c^* = \mu E^*\,(\tau p)^{-\sigma}\,(P_S^*)^{-(1-\sigma)}$ 代入上式，可得：

$$R = \mu E \times \frac{p^{1-\sigma}}{P_S^{1-\sigma}} + \mu E^* \times \frac{(\tau p)^{1-\sigma}}{(P_M^*)^{1-\sigma}}$$

接下来，将 X 区与 Y 区的科技产品价格指数代入上式，可得：

$$R = \mu E \times \frac{p^{1-\sigma}}{p^{1-\sigma}(n + n^*\tau^{1-\sigma})} + \mu E^* \times \frac{(\tau p)^{1-\sigma}}{(\tau p)^{1-\sigma}(\tau^{1-\sigma}n + n^*)}$$

$$= \frac{\mu E}{n + \varphi n^*/\chi} + \frac{\mu E^*}{\varphi n + n^*/\chi}$$

从而可以得到 X 区科技创新部门的短期均衡条件为：

$$px = \frac{\mu E}{n + \varphi n^*/\chi} + \frac{\mu E^*}{\varphi n + n^*/\chi} \qquad (5-25)$$

同理，Y 区科技创新部门的短期均衡条件为：

$$p^*x^* = \frac{\mu E}{n^* + \varphi n\chi} + \frac{\mu E^*}{\varphi n^* + n\chi} \qquad (5-26)$$

（3）金融部门。由（5-17）式可知，X 区与 Y 区金融部门的生产成本分别为：

$$F = wa_F = wf(\lambda)/(K + \varphi K^*)$$

$$F^* = wa_F^* = w^* f(\lambda^*)/(K^* + \varphi K)$$

进一步假设 X 区与 Y 区金融部门的劳动力分别为 L_F 和 L_F^*，同时根据金融部门劳动力的名义工资水平相同，可得金融部门的短期均衡条件为：

$$n = L_F/(wa_F), \quad n^* = L_F^*/(wa_F^*) \tag{5-27}$$

6. 长期均衡分析

在短期均衡问题的讨论中，我们没有考虑劳动力的移动，并且将其分布看成已知，而长期均衡要考虑科技创新部门的劳动力分布（也就是企业的分布）s_n 的状态变化。在长期均衡模型中，金融部门提供的资本中有一部分为资本存量，同时存在资本的折旧，因而 X 区与 Y 区金融资本的价值分别为：

$$v = F/(g+\rho+\sigma), \quad v^* = F^*/(g+\rho+\eta)$$

式中，g 为资本增长率；ρ 为资本未来收益率的折现率；η 为资本的折旧率。

（1）EE 曲线。在长期均衡条件下，需要考虑相对支出规模 s_E 如何决定科技型企业的空间分布 s_n 的问题。基于 LS 模型的假设，当经济系统长期均衡时，每个地区的托宾 q 均为 1，即

$$q = v/\Pi$$

X 区的资本收益为：

$$\Pi = (g+\rho+\eta)wa$$

进一步分析，X 区的总支出应当等于 X 区的要素总收入减去在新资本上的支出。其中，要素总收入包括劳动力要素以及金融资本要素的收入。新资本的支出是指资本折旧补偿和保持资本存量增长率的支出，即

$$E = wL + s_n K^W \Pi - s_n K(g+\eta)F = wL + \rho s_n K^W wa_F$$

同理，Y 区的支出水平为：

$$E^* = wL^* + s_n K^W \Pi - (1-s_n) K^* (g+\eta)F$$
$$= wL^* + \rho(1-s_n) K^W wa_F^*$$

X 区的总支出水平为：

$$s_E = E/E^W = \frac{L + \rho s_n K^W a_F}{L^W + \rho K^W [s_n a_F + (1-s_n) a_F^*]}$$

最后，将金融部门的生产效率代入上式，即可得到 EE 曲线：

$$s_E = \frac{L + \rho \times \dfrac{s_n f(\lambda)}{s_n + (1-s_n)\varphi}}{L^W + \rho \left[\dfrac{s_n f(\lambda)}{s_n + (1-s_n)\varphi} + (1-s_n) \times \dfrac{f(\lambda^*)}{s_n \varphi + (1-s_n)} \right]}$$

$$(5-28)$$

（2）nn 曲线 。

由

$$q = v/\Pi = (g + \rho + \eta) a_F \Pi = 1$$
$$q^* = v^*/\Pi^* = (g + \rho + \eta) a_F^* / \Pi^*$$

可得：

$$\Pi a_F^* = \Pi^* a_F$$

将金融部门的生产效率以及（5-21）式代入上式，可得到 nn 曲线：

$$s_E =$$

$$\frac{\left[s_n + \dfrac{\varphi(1-s_n)}{\chi} \right] s_n \left\{ \left[\dfrac{f(\lambda)}{f(\lambda^*)} \right]^2 - \varphi \chi^2 \right\}}{\left[\varphi s_n + \dfrac{(1-s_n)}{\chi} \right] [\chi^2 - f(\lambda)^2 \varphi] + \left[s_n + \dfrac{\varphi(1-s_n)}{\chi} \right] \left\{ \left[\dfrac{f(\lambda)}{f(\lambda^*)} \right]^2 - \varphi \chi^2 \right\}}$$

$$(5-29)$$

其中，

$$\chi = \frac{f(\lambda)}{f(\lambda^*)} \times \frac{s_n + \varphi(1-s_n)}{\varphi s_n + (1-s_n)}$$

（3）数值模拟。联立 EE 曲线函数以及 nn 曲线函数就可得到该经济系统的长期均衡解，但我们难以对该方程组直接求解，因此采用 matlab 软件进行数值模拟尝试得出结论。在进行数值模拟前，要考虑对 nn 曲线及 EE 曲线进行化简。我们可以对其中的参数进行假设，令 $f(\lambda) = 1$，X 区与 Y 区的劳动力禀赋均为 0.5，资本的折现率为 0.25。

当 $f(\lambda^*) = 1$、$\varphi = 0.02$ 时，长期均衡区位图解见图 5-2。

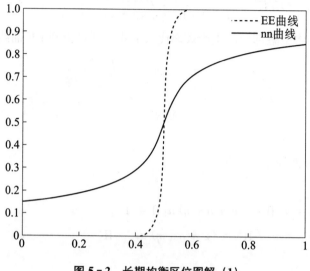

图 5-2　长期均衡区位图解（1）

当 $f(\lambda^*) = 0.9$、$\varphi = 0.02$ 时，长期均衡区位图解见图 5-3。

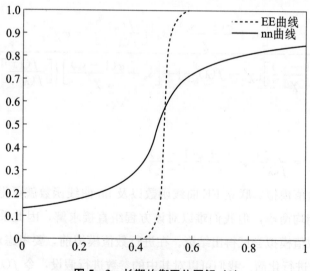

图 5-3　长期均衡区位图解（2）

当 $f(\lambda^*) = 0.5$、$\varphi = 0.02$ 时，长期均衡区位图解见图 5-4。

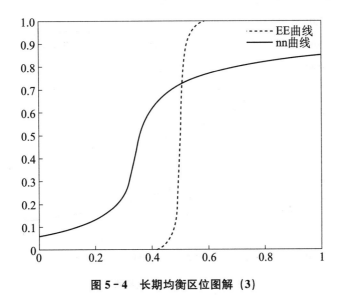

图 5-4　长期均衡区位图解（3）

当 $f(\lambda^*) = 1$、$\varphi = 0.2$ 时，长期均衡区位图解见图 5-5。

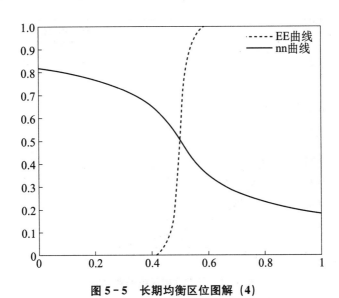

图 5-5　长期均衡区位图解（4）

当 $f(\lambda^*) = 0.9$、$\varphi = 0.2$ 时，长期均衡区位图解见图 5-6。

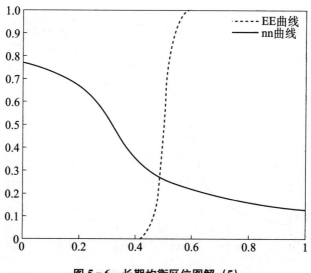

图 5-6　长期均衡区位图解（5）

当 $f(\lambda^*) = 0.5$、$\varphi = 0.2$ 时，长期均衡区位图解见图 5-7。

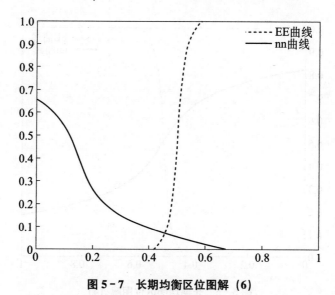

图 5-7　长期均衡区位图解（6）

根据数值模拟得出的长期均衡区位图解，可以得到以下结论：

第一，当科技资源聚集程度与经济开放程度变化时，EE 曲线的斜率几乎没有变化，X区与Y区的消费者支出相对稳定，符合本章假设。

第二，当X区与Y区的资源禀赋相同时，对称分布是经济系统的唯一均衡解，符合本章假设。

第三，当科技资源聚集程度与经济开放程度变化时，nn曲线的变化较大。当经济开放程度较低时，随着Y区科技资源聚集程度的提高，X区的科技型企业份额增加，而当经济开放程度较高时，Y区科技资源聚集程度的提高反而导致X区科技型企业的份额减少。

综上所述，本章在新地理经济学局域溢出模型的基础上，引入了新的假设条件，解释了科技金融区域发展进程中存在的空间溢出效应。通过对数理模型的模拟结果可知，X区与Y区存在一定的资源禀赋差异恰好是X区充分发挥空间溢出效应的前提，同时X区与Y区在科技金融耦合发展的进程中始终存在相互作用，从而不能简单地认为X区科技金融的发展对Y区始终具有显著的正向作用，而是需要在特定的经济开放程度下才能实现。当经济开放程度不断提高时，X区与Y区的资源禀赋将趋于均衡分布。因此，如果X区与Y区存在一定的资源禀赋差异，那么X区在金融资源以及科技资源等要素方面相对更具优势，同时X区在科技金融耦合发展的深化进程中势必创造出更多新的资源禀赋，从而通过空间溢出效应在一定范围内实现经济体系的协同发展。

第六章

科技金融区域发展及其
空间动态演变的实证研究

科技创新与金融生态的紧密结合是社会经济取得高质量发展的重要基础和先决条件。珠三角地区作为国家发展战略高地以及经济活力较高的区域之一，在推动科技创新、金融发展和产业融合方面已经取得了一定的成效。本章立足于珠三角地区科技金融发展的时空经验特征，采用区域内重要城市2009—2018年的科技创新与金融发展面板数据，通过测度科技金融耦合的区域协调度，分析科技金融区域协调发展的影响因素以及空间溢出效应。

一、科技金融区域发展的时空经验特征

金融支持对科技创新具有重要的促进和拉动作用，科技进步也能加速金融创新。珠三角地区是中国科技金融发展较早的区域。一方面，广东的各市级单位根据各地区的实际情况因地制宜地采用科技融资政策，专门成立了科技金融工作领导小组，同时建立了多层次资本市场，支持发展"天使"资本市场。广东通过这种设立担保与建立平台的方式，解决了资源配置问题，进而解决了企业融资问题。2007年，广东省科技厅与国家开发银行广东省分行签署了《支持科技型企业自主创新开发性金融合作协议》，以帮助科技创新型中小微企业解决融资难的问题，探索科技与金融合作发展的新机制。此后，广东省科技厅相继与招商银行广州分行、光大银行等签署科技与金融结合的战略合作协议，进行科技金融试点，推动科技金融创新发展。自2009年起，广东每年拨款5 000万元专项基金用于支持中小企业，省科技厅成立融资服务中心为中小企业提供融资服务。另一方面，广东通过推进科技担保机构的发展，在部分地区建立了担保机构以及加大了财政扶持力度，而且东莞开展了科技金融

试点工作，走具有区域特色的科技金融发展道路。

科技金融发展主要可从公共科技金融与市场科技金融两个角度评价。公共科技金融以政府作为供给主体，主要是弥补科技创新过程中的市场失灵；市场科技金融以市场手段作为供给主体，主要包括创业风险投资、科技信贷和多层次资本市场建设等方面。

从公共科技金融发展的角度看，2018 年珠三角地区投入科技创新经费的力度进一步提高。广东的科技经费投入力度持续加大，共投入研发经费 2 704.70 亿元，比 2017 年增长 15.41%，其增速高于全国平均水平 3.61 个百分点，占 GDP 的比例达 2.78%。其中，广东 9 市共投入研发经费 2 586 亿元，占 9 市 GDP 的比例达 3.19%。研发经费支出（见图 6-1）超过百亿元的地市有 4 个，依次为深圳 1 161.93 亿元（占 GDP 的 4.8%）、广州 600.17 亿元（占 GDP 的 2.63%）、佛山 254.77 亿元（占 GDP 的 2.56%）、东莞 236.32 亿元（占 GDP 的 2.85%）。此外，广东城市群的科技财政支出力度也保持高速增长，科技财政经费支出共计 941.68 亿元，比 2017 年增长 27.4%，远超全国平均水平（见图 6-2）。

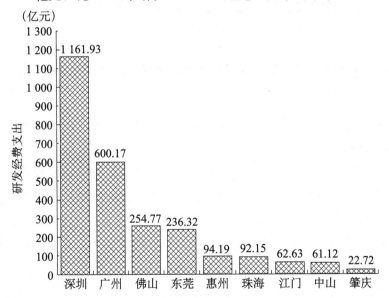

图 6-1　2018 年珠三角地区各市的研发情况

资料来源：2018 年的《中华人民共和国国民经济和社会发展统计公报》和《中国统计年鉴》。

经过多年累积，珠三角地区的经济发展已逐步从高速增长阶段步入高质量发展阶段，在转变发展方式的关键时期，通过加大科技金融投入来支持科创中心的发展，创建了具有国际竞争力的产业，对促进经济全方位、高质量发展具有重要的推动作用。

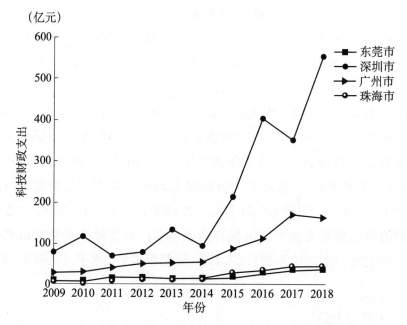

图 6-2　2009—2018 年珠三角地区有代表性的城市的科技财政支出情况

资料来源：各年的《中华人民共和国国民经济和社会发展统计公报》和《中国统计年鉴》。

金融资本层面的合作在促进珠三角地区科技金融的发展上起到了重要的推动作用。

第一，从市场科技金融的发展角度看，综合分析创业风险投资、科技信贷和多层次资本市场建设三个方面。首先，创业风险投资是指专业的机构将其筹集的资本以股权、准股权或具有附带条件的债权等形式，向不能借助传统融资渠道获得资本但本身具有高成长性、未上市的机构提供新增资本，或通过支持 MBO 和 MBI 等活动，为机构重组提供融资的一种投资行为。珠三角地区在私募股权投资机构数、注册资本和人员规模等方面处于全国领先水平。截至 2018 年，广东已登记备案的私募股权和创业投资基金管理机构达到 6 291 家，管理基金的数量为 17 821 只，基金规模为 23 579 亿元，基金募集数量和募集规模在总体上呈快速上涨趋势。

第二，在科技信贷方面，科技创新产业和小微企业贷款快速增长。2018 年，广东与创新创业和转型升级关联度较大的信息传输软件和信息技术服务业、科学研究和技术服务业，贷款增速分别高达 27.7% 和 15.9%。2018 年底，普惠口径的小微企业贷款余额达到 9 364 亿元，同比增长 29.6%；民营企业的贷款余额为 3.89 万亿元，同比增长 11.4%，占企业贷款余额的 61.8%，为科技信贷创新提供了现实基础。与此同时，促进科技信贷的相关政策相继出台并成为支持科技成果转化的重要金融手段，主要包括：政府科技信贷风险补偿基金制度逐步完善；设立了科技股权基金，引导银行开展科技型企业股权质押贷款业务；充分利用科技型企业的信用风险准备金，引导银行扩大科技信贷；支持金融机构扩大质押范围；大力发展风险投资和"天使"投资，引导风险投资资金走向前端，促进科技信用规模的发展和科技信用机制建设等。

第三，在多层次资本市场建设方面，广东的多层次资本市场呈现"正三角"形式，深圳证券交易所公开市场构成塔尖，区域性股权交易市场处于塔基，其市场包容性和覆盖面不断扩大，提高了科技型企业的融资创新能力，有利于科技与金融的深度融合，能够支持广东高新技术企业的持续扩张，使得广东在多层次资本市场建设方面不断取得新的突破性发展。近年来，珠三角地区的上市公司数量逐年增加。2017 年上半年，随着中国证监会新股发行审批工作的加快，广东企业首次公开发行的数量也迅速增加，新上市公司的数量超过了历年来的最高水平。2017 年，66.3% 的新上市企业属于战略性新兴产业，55.5% 的初始资金投向战略性新兴产业，反映了金融资本对以战略性新兴产业为代表的科技革命和产业转型的支持。

在公共科技金融和市场科技金融的双重作用下，珠三角地区的高科技产业迅速成长，电子信息、新能源汽车等高新技术产品的产值不断上升。2018 年，深圳市 PCT 国际专利申请量达 1.8 万件，连续 15 年居全国首位；战略性新兴产业的增加值增长 9.1%，高新技术产业的增加值增长 12.73%；国家高新技术企业共计 14 415 家，居全国大中城市中的第二位。广州的高新技术企业数量突破 1.1 万家，居全国第三位，规模以上工业企业从事研发活动的人员为 95 562 人。在专利授权方面，珠三角地区在数量和增长速度上也保持了较高和较快的水平，见图 6-3。

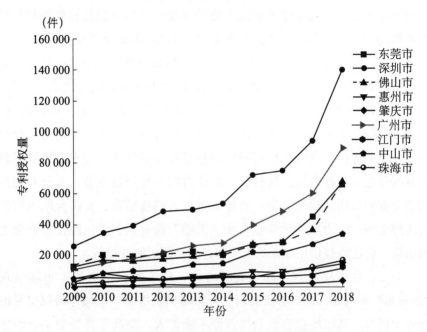

图 6-3　2009—2018 年珠三角各市专利授权情况

资料来源：各年的《中华人民共和国国民经济和社会发展统计公报》和《中国统计年鉴》。

二、研究方法与数据来源

　　珠三角地区包括广州、深圳、珠海、佛山、惠州、东莞、中山、江门、肇庆，是全国开放程度最高、经济活力最强的区域之一，也是全国科技创新资源最集中、创新发展实力最强、新兴产业发展最活跃的区域。目前，该区域内有 4 个国家创新型城市（深圳、广州、佛山和东莞）、2 个国家自主创新示范区（深圳国家自主创新示范区和珠三角国家自主创新示范区）和 25 个国家工程研究中心。

（一）研究方法

　　（1）指标体系构建。我们遵循系统性、代表性、层次性、适应性、可操作性的原则，从科技创新与金融发展两个角度评价科技金融区域发展的耦合协调度。其中，科技创新的程度从科技投入、科技产出两方面评价，金融发展的水平从公共科技金融、金融发展规模和金融发展结构三方面评价，具体评价指标体系见表6-1。

表6-1　科技创新与金融发展耦合协调度评价指标体系

序参量	一级指标	二级指标
科技创新	科技投入	研发人员（X_{11}）
		研发经费占 GDP 的比例（X_{12}）
	科技产出	专利申请受理量（X_{13}）
		专利授权量（X_{14}）
金融发展	公共科技金融	地方财政科技拨款占地方财政支出的比例（X_{21}）
	金融发展规模	金融机构本外币存款余额（X_{22}）
	金融发展结构	保费收入（X_{23}）

资料来源：广东科技统计网。

（2）熵值法求权重。为了规避主观赋权的偏差，下面选用 P 值法赋权来测算科技创新与金融发展耦合协调度评价指标体系的指标权重。P 值法赋权的具体步骤如下：设 X_{ij}（$i=1, 2, \cdots, n$；$j=1, 2, \cdots, m$）为第 i 个子系统中的第 j 个指标观测值。

1）用极值法将原始数据无量纲化。

$$S_{ij} = \frac{X_{ij}}{\max(X_{ij})} \tag{6-1}$$

式中，S_{ij} 为无量纲化处理后的数据；X_{ij} 为第 i 个子系统中的第 j 个指标观测值；$\max(X_{ij})$ 表示指标观测值中的最大值。

2）对指标做占比变换。

$$P_{ij} = \frac{S_{ij}}{\sum_{j=1}^{m} S_{ij}} \qquad 0 \leqslant S_{ij} \leqslant 1 \tag{6-2}$$

式中，P_{ij} 为第 i 个子系统中的第 j 个指标占该指标的比例；S_{ij} 为无量纲化处理后的数据。

3）计算指标的熵值。

$$e_j = -k \sum_{i=1}^{n} P_{ij} \ln P_{ij} \tag{6-3}$$

式中，e_j 为各指标的熵值；$\ln P_{ij}$ 为指标比例的自然对数，$k>0$，$0<e_j<1$，$k=\dfrac{1}{\ln n}$。

4）计算指标 S_{ij} 的差异系数。

$$d_j = 1 - e_j \tag{6-4}$$

式中，d_j 为指标 S_{ij} 的差异系数，d_j 越大表示该指标的作用越大；e_j 为各指标的熵值。

5）计算指标 S_{ij} 的权重：

$$\omega_{ij} = \frac{d_j}{\displaystyle\sum_{j=1}^{m} d_j} \tag{6-5}$$

式中，ω_{ij} 为指标 S_{ij} 的权重；d_j 为指标 S_{ij} 的差异系数。

6）得分计算。由于科技创新与金融发展是两个互不相同却互相作用的子系统，为求得两个子系统对其综合序参量的总体贡献，下面运用线性加权法来实现综合序参量的集成：

$$Z_{ij} = \sum_{j}^{n} \omega_{ij} S_{ij}, \quad \sum_{j}^{n} \omega_{ij} = 1 \tag{6-6}$$

式中，Z_{ij} 为科技创新与金融发展两个子系统的综合序参量；ω_{ij} 为各指标的权重；S_{ij} 为无量纲化处理后的数据。

（3）耦合协调模型。我们借鉴物理学中的容量耦合系数模型构建的科技创新子系统与金融发展子系统的耦合度模型为：

$$C = \frac{2\sqrt{Z_1 \times Z_2}}{Z_1 + Z_2} \tag{6-7}$$

式中，C 为科技创新与金融发展的耦合度数值，C 的取值范围是 $0 \sim 1$；Z_1 为科技创新子系统的综合序参量；Z_2 为金融发展子系统的综合序参量。

科技创新与金融发展的耦合度对两个子系统之间的强弱作用有非常重要的意义，但耦合度模型无法判断两个子系统的绝对水平高低。所以，我们将继续构建科技创新与金融发展交互耦合的协调度模型，如下式所示：

$$\begin{cases} D = \sqrt{CH} \\ H = \alpha Z_1 + \beta Z_2 \end{cases} \qquad (6-8)$$

式中，D 为耦合协调度；C 为耦合度；H 为科技创新与金融发展子系统的综合协调指数，它反映了科技创新与金融发展子系统的整体协同效应。考虑到研究区域的实际情况，并结合相关学者的研究文献，我们确定 $\alpha = 0.4$，$\beta = 0.6$，并将耦合协调度分为 6 个等级，见表 6-2。

表 6-2　耦合协调度划分标准

序号	耦合协调度	协调等级	序号	耦合协调度	协调等级
1	0.00~0.20	严重失调	4	0.51~0.60	初级协调
2	0.21~0.35	中度失调	5	0.61~0.80	中级协调
3	0.36~0.50	濒临失调	6	0.81~1.00	优质协调

（4）多元线性回归。科技金融效率为被解释变量，政府因素、金融市场因素以及高新技术企业因素为解释变量，城镇化水平、人均 GDP 为控制变量，见表 6-3。

表 6-3　影响科技金融效率的相关因素

目标	计算方法
政府科技投入占比 X_1	财政科技拨款占地方财政支出的比例
金融效率 X_2	当地贷款余额与存款余额之比
高新技术企业规模 X_3	高新技术产品的总产值与地方 GDP 的比值
控制变量 X_4	城镇人口占总人口的比例
控制变量 X_5	人均 GDP

资料来源：各年的《中国统计年鉴》和《广东统计年鉴》。

建立如下面板模型，见下式：

$$Y = \alpha + \beta_1 X_1 + \beta_2 X_2 + \beta_3 X_3 + \beta_4 X_4 + \beta_5 X_5 + \mu \qquad (6-9)$$

式中，Y 为不同年度珠三角地区的科技金融效率；X_1 为财政科技拨款占地方财政支出的比例；X_2 为当地贷款余额与存款余额之比；X_3 为高新技术产品的总产值与地方 GDP 的比值；X_4 为城镇人口占总人口的比例；X_5

为人均 GDP；μ 为残差项。

（5）空间自相关。空间自相关反映一个区域单元的某种地理现象或某一属性值与邻近区域单元的同一现象或属性值的相关程度，我们采用莫兰指数来检验。莫兰指数的计算公式为：

$$I = \frac{\sum\limits_{i=1}^{n}\sum\limits_{j=1}^{n}\omega_{ij}(X_i - \overline{X})(X_j - \overline{X})}{S^2 \sum\limits_{i=1}^{n}\sum\limits_{j=1}^{n}\omega_{ij}} \qquad (6-10)$$

式中，ω_{ij} 为地区 i 与地区 j 之间的空间权重；n 为地区的个数；X_i 为地区 i 的观测值；X_j 为地区 j 的观测值；$\overline{X} = \frac{1}{n}\sum\limits_{i=1}^{n}X_i$；$S^2 = \frac{1}{n}\sum\limits_{i=1}^{n}(X_i - \overline{X})^2$。

莫兰指数的取值范围为 $[-1, 1]$，莫兰指数 >0 表明存在空间正相关，莫兰指数 <0 表明存在空间负相关，莫兰指数 $=0$ 表明呈独立随机分布状态。

(二) 数据来源

我们分别选取了 2009—2018 年广东科技创新与金融发展的面板数据，实证研究两者的耦合协调关系、两者耦合协调度的影响因素和空间效应。其中，科技创新子系统的相关数据主要来源于广东科技统计网，金融发展子系统的相关数据来源于 2009—2018 年的《广东统计年鉴》以及各地级市的相关统计年鉴、统计公报等。

三、科技金融区域发展耦合协调度及空间效应

科技金融耦合协调度反映了科技创新与金融发展两个子系统之间相互支撑、共生发展的耦合协调程度。以广东的 9 个城市的计算结果可知：第一，珠三角地区各城市科技金融的耦合协调度在 2009—2018 年均有不同程度的改善，基本实现了严重失调→中度失调→低度失调的跨越，部分城市达到了中级协调水平。第二，各城市间的科技金融耦合协调度存在明显的空间差异，见图 6-4。2018 年耦合协调度排名前两位的城市分别是深圳（0.75）、广州（0.66），均处于中级协调水平。东莞处于初级协调水平。处于濒临失调水平的城市包括佛山、中山、肇庆。处于

中度失调和严重失调水平的城市包括惠州、江门。

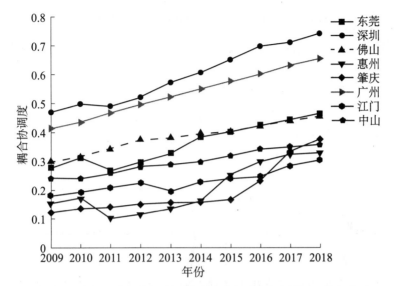

图 6-4　2009—2018 年珠三角地区科技金融耦合协调度的数值

从整体演变趋势看，深圳和广州的科技金融耦合协调度在珠三角地区一直处于领先水平，属于第一梯队。其主要原因是，科技创新管理机制与其融资体系较为完善，金融的发展能够有效引导社会资金进入科技创新领域，科技金融体制相对灵活成熟，而且拥有较多的科研机构和院校进行科技成果转化，所以技术创新活动较为活跃。东莞的科技金融耦合协调度相对较高，而且近年来处于稳步上升态势，属于第二梯队。其他城市的科技金融耦合协调度常年小于前三大城市，而且波动上升，属于第三梯队。需要注意的是，自 2014 年起，惠州的科技金融耦合协调发展速度较快，主要受益于"深莞惠"的经济发展，这三大城市积极探索创新合作机制。

（一）科技金融区域发展耦合协调度的影响因素

我们依据数据的可得性，通过面板模型回归分析，从政府科技投入、金融效率、高新技术企业规模等方面探讨影响珠三角地区科技金融效率的相关因素，见表 6-4。我们先用方差膨胀系数（VIF）检验该多元回归模型是否存在多重共线性。经检验得知，最大的 VIF 值不超过 10，即该模型中不存在多重共线性。

表6-4 科技金融耦合协调度影响因素的回归结果

被解释变量	解释变量	广东9市		广东21市	
		系数	P值	系数	P值
科技金融耦合协调度	财政科技拨款占地方财政支出的比例	8.050	0.001	6.960	0.007
	当地贷款余额与存款余额之比	0.730	0.000	0.650	0.000
	高新技术产品的总产值与地方GDP的比值	0.640	0.001	0.580	0.002
	城镇人口占总人口的比例	2.850	0.001	2.430	0.001
	人均GDP	0.047	0.000	0.036	0.000

第一，政府科技投入对科技金融耦合协调度的提升是最明显的。财政科技拨款占地方财政支出的比例与科技金融耦合协调度显著正相关，财政科技拨款占地方财政支出的比例每提高1％，科技金融耦合协调度将提高8.05％。政府的公共投入对科技型企业（特别是处于发展前期的企业）而言，是非常重要的资金来源。初创的科技型企业具有一定的风险性以及运营的不确定性，需要大量资金的投入，而较多的中介机构、投资机构都不愿承担相应的高风险，因而其发展高度依赖于政府投入。政府科技投入的合理分配能够有效带动本地科技型企业的发展，进而促进当地经济发展。

第二，当地贷款余额与存款余额之比反映金融效率，而金融效率的提高能够有效促进珠三角地区科技金融的发展。当地贷款余额与存款余额之比每提高1％，科技金融效率将提高0.73％。科技型企业在发展阶段对资金的需求较高，其获取资金最重要的渠道之一就是银行贷款。珠三角地区通过建立专门为科技型企业服务的科技支行，让更多缺乏抵押以及担保条件的，甚至是处于初步发展阶段的中小企业都能获得贷款，从而有效促进了金融效率的提高，有利于科技型企业轻松获得资金、扩大企业发展规模，并有利于科技金融的发展。

第三，高新技术产品的总产值与地方GDP的比值对科技金融耦合协调度产生了正面影响。高新技术产品的总产值与地方 GDP 的比值每提高 1％，科技金融效率将提高 0.64％。科技金融的发展依靠高新技术企业的发展，只有通过高新技术企业才能完成科技成果的转化，而企业能否有效利用资金以及自身规模等情况都会影响到科技金融。高新技术企业的发展可以有效带动地区科技金融效率的提高。

（二）科技金融区域发展耦合协调度的空间效应

为判断珠三角地区的科技创新能力在空间上是否存在策略性互动的可能，我们对广东 21 市的科技金融耦合协调度进行了莫兰指数检验。2009 年珠三角地区不同区域间科技金融综合效率相关系数为 −0.047，在总体上呈现出负相关关系，但由于相关系数的绝对值较小，因而空间相关性不大。其中，低-高区间（low-high）和高-低区间（high-low）的科技金融耦合协调度存在空间负相关关系。2018 年，云浮、惠州、揭阳、梅州、汕尾、江门、河源、清远、潮州、阳江的科技金融效率较低，但它们被效率较高的区域所包围；反之，广州、深圳、东莞、中山、佛山、汕头、湛江、珠海、肇庆的效率较高，但它们被效率较低的地区所包围，见表 6-5。这说明珠三角地区的科技金融效率并不是随机分布的，而是处于空间相异值之间的聚集状态。处于高-高（high-high）和低-低（low-low）聚集状态的区域较少。

表 6-5　2009 年和 2018 年珠三角地区科技金融耦合协调度空间相关的莫兰指数

年份	正相关		负相关	
	高-高	低-低	低-高	高-低
2009 年	—	梅州、湛江、茂名	云浮、惠州、揭阳、汕头、汕尾、江门、河源、清远、珠海、肇庆、阳江、韶关	东莞、中山、佛山、广州、深圳、潮州
2018 年	韶关	茂名	云浮、惠州、揭阳、梅州、汕尾、江门、河源、清远、潮州、阳江	广州、深圳、东莞、中山、佛山、汕头、湛江、珠海、肇庆

科技创新与金融生态的紧密结合是社会经济取得快速发展的重要基

础和条件。我们基于珠三角地区科技创新与金融发展的面板数据，在测度科技金融耦合协调度的基础上，分析了科技金融耦合协调发展的影响因素及其空间效应。我们的主要结论如下：第一，珠三角地区的公共科技金融和市场科技金融均呈现较快的发展态势。近年来，广东各城市对公共科技金融的投入力度持续增大，市场科技金融形式不断创新，制度日趋完善。第二，2009—2018年珠三角地区的科技与金融耦合协调度呈现逐年优化的趋势，基本实现了严重失调→中度失调→低度失调的跨越，但各区域间仍存在明显的空间差异性，具有较大的提升空间。其中，中部地区（如广州、深圳、东莞）的科技金融耦合协调度优势相对较强，发展速度较快；东西部城市（如惠州、肇庆等）的科技金融耦合协调度较低，但呈现出增长趋势。第三，科技金融耦合协调度主要受政府科技投入、金融效率、高新技术发展等因素的正向影响。但从空间效应来看，珠三角地区科技金融耦合协调度的空间溢出效应并不明显，各区域间的空间相关性呈现负值，而且绝对值较小。这表明本地的科技金融能够协调发展，但未对周边城市起到辐射带动作用。

—— 第七章 ——
科技金融区域发展的国内外经验

由于不同国家和地区的科技金融发展进程、发展方式不尽相同，下面将首先对国外主要科技大国在科技金融领域的发展经验进行介绍，然后对国内在科技金融发展进程中呈现鲜明特色的城市发展经验进行总结，主要从城市的科技金融发展模式、特色以及政策支持等方面进行探析。

一、科技金融发展的国外经验

与国内科技金融的发展情况相比，国外主要的市场经济国家建立了健全的政策和法律体系，形成了相对成熟的金融市场，促进了相关机构的业务创新，它们的成功经验对于科技金融的区域发展有着重大的借鉴作用。下面将以科技金融的发展模式进行区分，以便总结采用不同主导模式的国家的科技金融发展经验。

（一）资本市场主导模式

与科技金融耦合发展相配套的资本市场模式主要是直接融资方式，它可以通过风险投资市场以及证券市场为科技型企业提供资金支持。与此同时，银行贷款等间接融资方式也一直是各国众多企业的主要融资方式，政府在其中发挥着引导的作用。上述融资模式的典型代表是美国。

美国作为世界上的大型经济体之一，有着发达的风险投资市场和资本市场。举世瞩目的"硅谷""北卡三角区""波士顿128公路"等都是美国高科技园区的典型代表，也是美国科技金融发展的成功典范。美国拥有典型的市场主导型金融体系，风险投资市场最早出现在美国，高度发达的多层次资本市场和长期风险投资市场是美国科技型企业一直以来不断发展的内在动力之一。它们培育了硅谷银行等世界知名的金融创新和技术创新组合机构，是美国科技金融蓬勃发展的基石。相关资料显示，在科技发展方面，2016 年美国 GDP 的增长率为 1.6%，政府研发收入达到 1 452 亿美元，发表的科技论文数占全球的比重为 19.3%，非居民申请的专利数为 58.9 万件。美国针对小企业实施了减税、发放信贷和其他刺激措施，整体优惠规模高达数百亿美元，其目的就是促进经济增长和就业；美国的资本市场为成长期公司设计了"融资便利通道"，豁免了部分公司的信息披露义务，并增设了"众筹平台"等自由化措施。美国凭借其拥有最发达的资本市场和风险投资市场，已经形成了以科技产业、风险投资和资本市场相互联动的较为成熟的金融科技创业市场。目前，美国超过 10 亿美元的科技初创企业已达 900 多家，2021 年初创科技型企业的筹资总额达 3 300 亿美元。美国科技金融值得借鉴的经验可以总结为以下三个方面：

第一，美国科技金融的发展模式主要由资本市场主导。美国的金融体系是最典型的以金融市场为主导的体系，它拥有世界上最发达的资本市场以及完善的市场运作机制。美国的资本市场分为三个层级，分别为主板市场、以纳斯达克为核心的二板市场以及各种全国性和区域性的市场及场外市场。其中，二级市场包括美国全国股票交易所和美国全国证券交易商协会自动报价表（纳斯达克），旨在为不能满足官方上市要求的中小企业提供融资渠道，因而也有着最有前途的中小企业列于纳斯达克的说法。场外交易是一个分散的无形市场，主要为中小企业提供股权融资。美国成熟的多级资本市场为高增长企业提供了多层次的股权融资渠道，它不仅为科技型企业提供了直接融资场所，而且为风险资本提供了退出机制，以确保风险资本可在适当的时间以适当的方式结束投资，这也是美国投资市场繁荣的重要原因。

第二，市场层面对美国科技金融的发展起着重要的作用。一方面是风险投资市场。创业风险投资作为科技创新的最重要资金来源，自然对科技金融的发展有着不容忽视的作用。美国的风险投资市场主要有三个特点：首先，风险投资的组织模式，主要有公司制、信托基金制和有限合伙制三种，而美国的风险投资公司普遍采用有限合伙制；其次，资金来源，美国的风险投资公司拥有多样化的资金来源；最后，资金的去向，美国早期的风险投资主要集中在种子期，后来逐渐转向扩张期。就投资行业而言，美国最大的风险投资领域是软件业，其次是生物技术。另一方面是风险贷款市场。美国风险贷款的还款来源有两个：一是创业风险投资的下一轮股权投资；二是初创企业的知识产权。与此同时，美国还通过风险贷款机构和风险投资机构的紧密合作来提升各自的专业化服务水平及风险控制能力。

第三，政府对科技金融的发展有着促进作用。美国政府通过设立政策性金融机构的方式，利用完备的信用担保体系和完善的法律环境使得科技金融迅速发展。首先，建立政策性金融机构。美国小企业管理局（Small Business Administration，SBA）是由美国预算资助的政策性金融机构，致力于为小企业提供贷款，并促进银企的良好信贷关系。作为美国的专业机构，美国小企业管理局为美国的小企业和银行贷款担保提供直接的特别贷款及银行贷款保障，提高小企业的资金可获得性，为小企业提供技术支持和咨询服务，帮助小企业取得政府采购合同，支持具有较强技术创新能力的小企业发展。其次，美国硅谷银行专注于为世界上最著名的科技型企业提供金融服务，其超过 90％的业务是基于高科技公司而开展的，因而其业务也具备投资的特征。与此同时，硅谷银行为高科技企业组建了一支专门的服务队伍，并根据科技公司的生命周期提供多元化的服务。再次，信贷担保是小企业的重要融资条件，通过信贷担保方式可以减少银行的贷款风险。美国的小企业信用担保系统可分为三个层级：一是由 SBA 组织运营的国家 SMA 信贷担保制度；二是当地政府的专业信贷担保体系；三是社区保障制度。在多级信贷担保系统下，风险可最大限度地得到规避和分散，进而提高授信的质量和安全性。最后，美国政府颁布了一系列相关的法律。自 1953 年以来，美国政府颁布了《小企业法》和《小企业投资法》。1982 年，小企业创新研究计划出台，它赋予小企业获得财政补贴和税收优惠的权利。

（二）银行主导模式

在银行主导模式下，主要以全能银行为核心，通过密切的银企关系缓解企业的逆向选择与道德风险问题，同时配合政府的政策导向，共同助力科技金融耦合发展的不断深化。

这种模式的典型代表是日本和德国。与美国高度发达的资本市场相比，日本和德国的资本市场还不算成熟，尚存在许多融资壁垒，因而这两个国家内的科技型企业主要依赖银行贷款，这在一定程度上有助于日本和德国国内稳定的银企关系的形成，也解决了信息不对称问题所带来的企业融资成本较高的问题。此外，日本和德国也不断通过对风险投资公司及二级市场的建设积极探索与优化企业的融资渠道。从整体上看，两国政府在国内均搭建了完善的政策性信用担保体系，通过政府信用为银行对科技型企业的贷款提供风险分担机制，基本解决了科技型企业融资难的普遍问题。

1. 日 本

日本早在 1980 年就提出"科技立国"战略，自此，日本一直将科技创新视为国家发展的战略目标。日本每年都在科技创新领域投入大量经费，基本占 GDP 的 3％以上，就算在某些财政不足的年度，日本政府的科技投入也不会大幅削减，由此可见日本政府对科技创新的重视程度。作为亚洲排名靠前的创新型国家之一，日本的科技金融发展模式也有重要的借鉴意义。日本的科技金融体系主要有以下特色：

第一，日本的科技金融体系以银行为主导。日本政府在该国科技金融耦合发展进程中充分发挥了统筹全局的作用，始终强调建设符合日本国情的科技金融耦合发展服务体系，为科技型企业提供完备的配套基础金融服务。与此同时，日本国内的股权融资方式并未受到重视，科技型企业的融资方式偏重于向银行取得贷款，也就是偏重债权融资方式。从整体上看，在日本政府持续的政策引导下，各类金融机构相互配合的发展模式相对来说较为稳定，并为科技金融耦合发展进程中的科技型企业的发展提供了完备的融资服务，满足了其稳定、长期的资金需求。此外，日本政府持续关注科技型企业的增值服务需求问题，比如统筹引导全社会金融部门为科技型企业提供财务咨询、法律咨询以及技术咨询等服务，助力科技型企业降低其经营风险，进而更容易获得金融机构的贷款。

第二，持续对银行融资制度进行改革创新。首先，日本政府取消了金融机构对企业持股的禁止规定。其次，日本政府持续倡导金融机构创新其融资工具，通过允许银行出售由贷款业务形成的应收账款等措施，使商业银行贷款的流动性进一步增强，降低了金融机构对企业贷款的风险，进一步促进了金融机构对科技型企业放贷。最后，日本政府进行了融资制度改革，以知识产权担保的方式资助缺乏传统抵押担保物的科技型企业，使得科技型企业更易获得信贷。正因为日本是一个融资制度"面向银行"的国家，所以通过银行系统间接融资自然成为科技型企业融资的主要方式。这种长期稳定的银企融资关系，在一定程度上形成了银行对企业的有效监督，直接缓解了融资过程中的一部分信息不对称问题。

第三，建立了特色鲜明的信用补全制度。日本在信用补全制度下的信用担保体系设置了两层担保方式：一层是担保与保险相结合，另一层是中央与地方共担风险。在担保与保险相结合方式下，信用补全制度包括信用保证协会制度和中小企业信用保险制度。信用保证协会制度是指中小企业在向金融机构借款的时候，信用保证协会为其提供额外的担保服务；中小企业信用保险制度是指信用保证协会在向中小企业提供担保时，会与中小企业保险公库签订合同，当中小企业确实发生无法还款的情况时，信用保证协会可依据合同条款向中小企业信用保险公库索赔保险金，这是一种具有双重保障的融资模式。[①] 中央和地方共担风险是指政府会根据情况补偿信用保证协会的最终损失。日本信用补全制度完善的信用担保体系较好地弥补了日本股权融资渠道不通畅的弊端，在直接融资不发达，而间接融资发达的不平衡金融市场中取得了较好的政策效果。在20世纪90年代末，日本的担保规模远超美国，其发展的信用补全制度很好地克服了科技型企业的融资难问题，大大促进了日本科技型企业的发展。

第四，日本政府持续加强对系统的政策、法律法规和机构的设置。针对如何推动日本中小企业发展的问题，日本政府早在1963年便制定了

---

① 华晓龙. 国内外科技金融发展经验对苏州市的启示. 内蒙古科技与经济，2020（22）.

《日本中小企业基本法》。它强调了中小企业在日本经济发展中的重要地位，它的出台也意味着中小企业的发展状况已成为日本经济建设的重要抓手。此后，日本政府针对此问题，又相继推出了《日本中小企业现代化促进法》和《中小企业技术开发促进临时措施法》等相关法案，持续助力日本中小企业的发展。针对日本在20世纪90年代后所面临的漫长经济衰退，日本政府为保护中小企业稳定发展，又相继推出了《中小企业创造活动促进法》《新事业创出促进法》等，旨在为中小企业在衰退期的发展保驾护航。在政策性金融机构的布局方面，日本政府为了满足国内中小企业的融资需求，设置了商业合作社中央公库、国民金融公库、中小企业厅（局）、中小企业金融公库、风险开发银行以及日本开放银行等一系列政策性金融机构。在2008年次贷危机发生后，日本政府为应对金融危机给日本国内经济带来的巨大冲击，专门成立了政策金融公库，并将国民金融公库以及中小企业金融公库等五家专门为中小企业服务的金融机构合并。从整体上看，日本政府始终将中小企业的发展视为国内经济发展的重要抓手，并通过对制度以及基础设施的持续完善来为中小企业的发展提供保障，这也在一定程度上刺激了科技型企业在日本国内的持续涌现和不断发展。日本政府在科技金融耦合发展进程中有效发挥的统筹协调作用也是该国科技金融耦合发展持续推进的重要保障。①

2. 德　国

一直以来，德国都以强大的实体经济闻名于世界，而其强大的实体经济发展背后离不开国家对科技创新的支持。根据《2018年全球竞争力报告》，德国在创新排名方面以87.5分的高分成为全球最具创新力的经济体。作为世界创新大国之一的德国，其科技金融的发展模式主要有以下特点：

第一，德国政府的政策扶持力度强。为了优化科技型企业和中小企业发展的法律环境，德国政府出台了《改善中小企业新行动计划》以及

① 许超. 我国科技金融发展与国际经验借鉴——以日本、德国、以色列为例. 国际金融，2017 (1).

《联邦政府中小企业研究与技术政策总方案》等政策文件，用于促进科技型中小企业的发展。与此同时，各州根据地方发展情况制定了《中小企业促进法》，用于改善中小企业的生存环境，促进当地中小企业的发展。此外，德国政府设立了小型技术企业参与基金以及各类研发项目来资助中小企业开展技术创新活动，如中小企业创新核心项目、INNO-WATT项目、德国复兴信贷银行设立的欧洲复兴计划创新项目等。在建设政策性金融机构方面，德国主要借助建立政策性银行，通过德国清算银行和德国复兴信贷银行两大政策性银行对中小企业提供间接支持；与此同时，各州也可设立政策性银行，作为两大政策性银行的补充。德国有2 000多家专门服务于中小企业的金融机构，包括政策性银行、储蓄银行、州立银行、担保银行及合作银行等，它们之间形成了良好的合作互惠关系。为支持政策性金融机构的业务，每年德国政府向这两大政策性银行提供巨额的利息补贴。此外，针对重点领域的科技型企业的发展，德国政府还推出了特殊专项贷款。

第二，完善的信用担保机制。德国政府早在19世纪50年代便持续构建中小企业信用担保体系，该体系可分为三个层次，分别是由联邦州的担保银行进行担保、联邦州政府进行担保和由德国政府进行担保，其担保方式见表7-1。

表7-1 德国风险分担体系的层级

层级	担保主体	担保方式
第一层	联邦州的担保银行	通过市场化运作方式向企业提供担保，德国的担保银行可凭借自身信用为中小企业提供担保服务，最高担保额为100万欧元。
第二层	联邦州政府	主要对象为大中型企业，担保额较大（100万～1 000万欧元），由联邦州政府和德国政府的财政部门或代理机构直接向企业提供信用担保。
第三层	德国政府	

德国的担保银行已形成了一套成熟的风险分担机制，这套模式的关键在于联邦政府和州政府对中小企业贷款进行反担保，担保银行承担

80％的贷款风险，商业银行仅承担20％的贷款风险。[1] 当担保银行发生代偿损失时，政府会承担其损失的65％（其中，州政府承担26％，联邦政府承担39％）。这套模式充分发挥了政府担保的优势，从而实现了贷款风险在两级政府、担保银行、贷款商业银行之间分摊。与此同时，凭借担保银行在德国的特殊地位，其市场化运作方式与德国政府的支持相结合，德国的担保银行不断发展，并通过其活跃的相关业务有效改善了德国科技型企业的融资难题，进一步完善了银行融资支持体系，助力德国科技型企业的持续发展。

第三，德国政府不断鼓励信息共享和职业培训等中介服务的深度发展。在德国，工商企业必须加入商会并缴纳会费，这就需要特定部门对加入的企业提供法律评估、人员培训等特殊服务。与此同时，德国政府和州政府会通过定期组织科研活动，将国内外相关行业的最新资讯传递给中小企业，以便企业对产品和市场合理定位。[2]

（三）政府主导模式

在政府主导模式下，是由政府起主导作用，发挥政府对科技金融市场的引导、扶持、服务和监督职能，它的典型代表有以色列、韩国和印度等。不同于美国、日本和德国，采用政府主导模式的国家的金融市场往往是发展不成熟、配套不完善的，政府需要在科学技术和财务资源配置中发挥主导作用。在科技金融的发展过程中，政府通过直接投资和间接投资支持科技融资的发展。在这种模式下存在金融捐赠、政策贷款、政策担保、政策投资等多种政策规定，可使科技金融市场机制的失灵得到弥补。

1. 以色列

以色列是一个高度发达的资本主义国家，也是中东地区唯一的发达国家，在促进科技发展方面做出了巨大的贡献，有着"中东硅谷"的美

---

① 吴明玺. 世界各国中小企业信用担保制度的经验及对我国的启示. 世界经济研究，2014 (7).

② 许超. 我国科技金融发展与国际经验借鉴——以日本、德国、以色列为例. 国际金融，2017 (1).

称。以色列十分重视科学和工程学的研究，并在这些方面投入了大量资源。在发展科技金融方面，以色列遵循的也是以政府为主导的发展模式，具有以下值得借鉴的做法：

第一，采用 PPP 模式引入国际高新技术人才。以色列于 2006 年推出的"回家项目"以及 2009 年推出的"人才回流项目"均采用了 PPP 模式，实现了人才引进、人才孵化，并为高端人才提供了各种服务。在这种模式下，非政府组织可以切实参与政策制定、实施和效用评估等过程，同时充当咨询者、资助者、雇主以及合约方等多种角色，在提高人才政策针对性和有效性方面发挥着重要的作用。[①] 政府着重发挥整体把握的功能，注重公共资源的使用情况，以便在人才市场中匹配人才的供求关系。

第二，提供综合集成化的数据库信息服务。政府以自建数据库的方式，通过互联网将与创新创业有关的信息向公众公布。例如，特拉维夫创业政策网站上有全面的与创业相关的政策措施，以便有创新创业想法的企业或个人了解创新创业的相关资讯。此外，以色列还注重对本地科技型企业的信息进行收集与整合，并建立了科技型企业发展情况的数据库，涉及企业规模、区位、行业属性、主营业务、资金来源、当前发展问题等信息。对于列入该数据库内的企业，还要定期追踪其发展情况，以便及时更新库内信息。通过参考这个不断更新的数据库，并以专业的金融分析工具分析各类企业的最优融资模式和规模，可以在一定程度上减轻政府的财政负担，提高资本配置效率。

第三，打造政府资本引导风险投资模式。以色列风险投资模式的特色在于政府以设立种子基金与政府引导的风险投资基金的方式，直接参与科技型企业孵化的全过程，为初创期的科技型企业提供充分的金融服务与管理帮助。与此同时，以色列的种子基金与政府引导基金有着完善的以法律法规方式确定的资金退出机制。这种方式既确保了市场的主体地位，又发挥了政府对市场失灵现象的管制作用。

第四，规定首席科学家办公室拥有制定、实施和协调创新政策的权力，并提出了政府支持产业创新政策，强调政府支持创新的中性原则。

---

① 冯华.科技服务业促进创新创业的国际经验与启示.科技中国，2021（5）.

也就是说，在该原则下，只要是符合"基于科学的出口导向"产业政策要求的企业，都可以向政府申请研发扶持资金。^① 此外，以色列会针对企业在不同环节和不同行业的创新特点及需求，以及经济发展的不同阶段所面临的突出问题，制定相应的创新支持政策，将创新目标与产业发展和经济发展的总体方向有效结合，显著提高创新效率，如种子前期的研发政策、种子期的研发政策、竞争性的研发政策、共同技术的研发政策和合作性的研发政策。

2. 韩　国

长期以来，韩国致力于建立完善的支持科技创新的金融体系，该体系为创新经济、培育战略性新兴产业、应对金融危机等发挥了重要作用。韩国陆续建立了各种金融资金支援制度，如金融制度、税收制度、新技术产品市场制度等，积极发展创业风险投资和科技资本市场，实现科技与金融相互促进发展。

第一，韩国以多种方式支持中小高新技术企业融资。首先，韩国通过设立专项资金的方式鼓励商业银行放贷给中小高新技术企业。具体操作步骤是将政策性基金以贷款的形式下放到指定银行，然后指定银行在借款利率的基础上增加 1‰～1.5‰向中小企业提供贷款。除此之外，韩国还根据国家或地区的产业政策向重点行业的中小企业提供优惠利率政策贷款。另外，地方政府还成立了小企业培育资金，成立满 2 年的中小企业都可以申请。韩国全额资助成立非营利的金融机构——中小企业振兴公团，其目的是为国内中小企业提供金融服务支持，促进国际合作。为了促进金融机构向中小企业放贷的积极性，韩国央行还将对中小企业的贷款额度作为商业银行再融资优惠利率的评价指标之一。最后，韩国还成立了政策性银行来促进国家科技金融的发展，中小企业银行就是专门为中小企业提供融资的政策性银行，其主要职能就是为中小高新技术企业购置生产设备、开展研发等生产经营活动安排专项贷款。

第二，韩国建立了中小企业信用担保机制。目前，韩国建立了两个非营利性信用担保机构（即信用担保基金和科技信用担保基金）。这在一

---

① 孙志燕. 以色列以创新驱动经济发展的政策措施及借鉴. 中国经济时报，2013－03－01.

定程度上缓解了科技型企业融资难的问题，为科技型企业创造了良好的融资环境。1961 年，韩国建立了信用担保储备基金系统；为了进一步完善担保机制，1974 年又出台了《韩国信用担保基金法》，该法对资金来源、担保对象、担保资金、担保类型等做出了明确规定。1976 年，根据《韩国信用担保基金法》，由中央政府和商业银行共同出资成立了韩国信用担保基金（KCGF），这标志着信用保证业务正式在韩国起步，主要为缺乏抵押和信用记录的中小企业提供信用担保。[①] KCGF 向中小企业提供的担保有以下规定：①提供的担保必须在担保余额总额的 60％以上；②在提供担保时不要求申请人对抵押物提供反担保，主要根据企业信用状况和担保信用类型确定担保费用。1989 年，韩国颁布了《新技术企业金融支持法》，意味着韩国科技信用担保基金的成立。2000 年，韩国颁布实施了《韩国地方信用保证基金法案》，2000 年成立了韩国信用担保协会联合会，标志着覆盖全国的信用保证体系正式建立。[②]

3. 印　度

印度政府在科技发展中发挥了重要作用。印度科技部于 1982 年专门成立了国家科技企业发展委员会来支持技术产业化和科技企业的发展。与此同时，印度政府专门成立了中小企业管理机构，主要包括政府部门和行业协会，旨在为中小企业提供充足的资金支持和更优质的服务。

第一，出台科技金融方面的法律法规。在法律法规方面，印度颁布了《小工业法》，它表示将通过信贷、税收、技术等措施大力支持中小科技企业的发展。1990 年，为了保证更好地为中小企业服务和提供资金支持，印度颁布了《印度小工业开发银行法》，2006 年又颁布了《微型、小型和中型企业发展法》，对中小企业的发展给予了重视。2013 年，印度总理宣布了科技创新政策，并提出调整印度国家科技战略。印度政府还制订了每五年一次的科技研发计划。印度配套法律法规的不断完善在一定程度上促进了其科技金融的发展。印度政府通过制定相应的法律法规和科技政策来引导与促进印度科技产业的发展，并通过立法方式来保持科

---

① 胡映雪. 关于建立全国政策性科技信用担保体系的思考. 商业经济，2016（17）.
② 文海兴，张铭，许晓征. 韩国信用保证体系及其启示. 中国金融，2011（21）.

技政策和政策支持的权威性及连续性。

第二，建立政策性金融机构。小产业银行是印度最重要的政策性金融机构之一，旨在支持小型工业的创新和发展。印度小产业银行主要以"印度小产业银行＋商业银行"的形式为小型科技企业提供融资支持，并采用合作商业银行的形式帮助小型企业发展。

第三，发展较为系统的科技贷款和担保市场。印度商业银行与中国目前的商业银行有许多相似之处，在促进科技进步和发展创新方面有一定的共性，它们都愿意给那些规模大、整体经营稳定、风险指数小的公司发放贷款。为了加强小企业的发展，使其在未来取得更大的进步，印度专门成立了为小企业的实际经营服务的金融机构，即为这些企业的技术创新提供必要的帮助和资金来源。与此同时，印度决定实施相应的信贷资金担保制度，并明确规定了企业信用状况评级的具体标准。在担保机制下，企业经营的巨大风险在一定程度上被避免，还防止了一系列信息不对称问题，从而保证了中小企业信贷资金的流通。

4. 新加坡

作为亚洲四小龙之一的新加坡，也是亚洲地区科技金融和高科技产业的集聚地，发展科学技术创新能力一直是新加坡经济发展战略中的重要组成部分，因而在其发展科技金融体系的过程中，政府的引导作用十分显著，旨在通过政策引导建立国家创新体系。新加坡制定了体系化的创新政策，通过刺激研发和技术商业化，为高科技企业的初创和发展提供支持，以促进科技转化、产业结构升级。新加坡发展科技金融的主要举措为：

第一，发展创业型大学。模仿美国一流创业型大学的经验，如麻省理工、哈佛、加州理工和加州伯克利等大学，新加坡国立大学、南洋理工大学、新加坡管理大学等院校都建立了自主创新中心和产业联络办公室，并在校内设立了创业项目体系，一方面培养大学生的创新创业思维，另一方面为大学生的自主创业营造良好环境并创造机会，帮助大学生有效获取创业金融资源。

第二，大力发展风险资本融资和公共融资项目。为了追赶西方国家的科技水平，新加坡建立了公共融资项目，用于资助具有重要战略价值的科技研发创新项目。此外，新加坡还参股建立了风险投资基金，大力推动风险资本融资，促进科技创新项目的推广和发展。例如，新加坡的绝大多数风险投资基金都有新加坡国家主权财富基金淡马锡的参股。

第三，建立健全有效的资本市场。新加坡证券交易所成立了附属的高科交易所，积极引入金融创新，专注于中小企业融资，特别是处于起步阶段的高科技企业融资，以促进新加坡高科技产业的发展。2018 年，新加坡证券交易所与美国纳斯达克搭建起双向合作机制，鼓励科技型企业先在新加坡交易所上市融资，待其发展到一定规模再转向美国资本市场发展。

5. 英　国

英国拥有世界上稳定性较高的金融市场之一，2009 年世界经济论坛对全球 55 个国家和地区的金融行业发展情况进行了综合考察，其评分范围涵盖了金融监管、商业环境、稳定性等 7 个领域的 120 多个项目，英国的综合得分排名第一。稳定健全的金融环境能为国家科技企业的发展提供良好的环境，具体说来，英国在发展科技金融方面有以下特点：

第一，政府财政金融体系健全。尽管英国的科技金融属于政府主导型，但英国政府主要从宏观层面进行把控，而不直接参与各种具体的风险投资项目。在此过程中，英国更关注帮扶政策的落实程度，即金融机构是否参与科技金融创新工作，科技型企业是否切实得到了金融支持。英国的帮扶政策一般有直接扶持和间接扶持两种模式，直接扶持一般用作科学研究项目，而间接扶持一般利用财政金融手段。①

第二，发展科技担保以促进科技信贷。2009 年英国政府开展了企业融资担保计划（EFG），旨在缓解科技型企业融资难的问题。营业额在 2 500 万英镑以上的企业在政府担保的前提下，可以申请 1 000～100 万英镑的贷款。发展到 2011 年，EFG 为中小企业提供银行担保的贷款额度已经超过 7 亿英镑。与此同时，根据其投资于社区金融机构的资金多少，有不同额度的税收减免。个人及法人组织可从投资之日起连续 4 年获得

---

① 陈新艺. 国内外科技金融与区域创新融合发展典型经验及对福建省的启示. 科技和产业，2022，22（3）.

5％的税收减免，对于逾期未支付贷款的科技型企业，金融机构有权获得利息作为补偿。

第三，尽力提供金融创新服务。英国每年用于采购的财政支出占GDP 的 10％以上，其中 50％以上用于高新技术系统和服务。政府采购信息于每年初公布于政府官方网站，中小企业可以采取竞标方式，政府将与符合要求的科技型企业通过签订协议的方式进行合作。这种方式在一定程度上给处于初创期的科技型企业营造了良好的经营环境和发展机会。

（四）国外科技金融发展的经验启示

对于资本市场主导模式、银行主导模式、政府主导模式三种科技金融发展模式，通过观察国外科技金融的发展情况，我们总结出以下发展经验：

第一，注重科技金融体系的整体设计对科技创新的推动作用。无论是美国等国实行的资本市场主导模式，日本等国实行的银行主导模式，还是以色列、韩国等国实行的政府主导模式，都注重把握金融体系的整体设计，确保在政策、措施、项目、资源之间形成合力，并根据具体发展需要构建科技金融体系。

第二，注重解决科技金融在支持科技创新中容易出现的市场失灵问题。国外的科技金融之所以能在促进科技创新中取得成功，关键是在当地的环境下，有效解决了科技创新中的市场失灵问题。

第三，注重科技创新商业化在不同发展阶段表现出的科技金融需求。优秀的科技金融体系具有的优势就是能针对不同科技创新在商业化中的不同特性和不同阶段，提供个性化、有针对性的金融服务，并能针对不同的金融企业构建不同的融资服务主体。①

二、科技金融发展的国内经验

我国科技金融的发展模式是政府主导模式，即政府在科技金融配置中发挥主导作用。由于我国各地的产业发展有着不同的侧重，各区域经

---

① 黄运红. 国外科技金融创新发展经验研究. 商场现代化，2019（19）.

济发展的程度也不尽相同，因此需要根据各地的切实需求，发展以政府为主导的科技金融模式。下面主要通过分析我国有代表性的先进地区的科技金融发展状况，总结概括各地区的金融科技发展经验。

1. 北　京

北京中关村作为我国重要的高科技产业集聚地，是我国首个国家级高科技园区，也是我国经济机制体制创新发展的试验田，有着"中国硅谷"的称号，其发展模式对我国科技金融的发展具有重要的借鉴意义。

第一，北京中关村形成了以资本市场为主、以政府为辅的金融发展模式。首先，北京在财政上鼓励科技创新。随着北京中关村的扩张发展，地方财政资金的投入促进了民间资本对科技型企业的支持。其次，制度供给优化了科技创新，推动了风险投资服务体系建设，并依托北京中关村打造创新引领科技园区与创新高地。北京颁布了多项支持科技创新的政策，从制度供给层面加大了对科技型企业创新活动的支持，推动了风险投资服务体系建设。国家外汇管理局正式批准中关村外债便利化政策建议，将中关村核心区（海淀公园）协议扩大，将西城园、朝阳园、通州园、昌平园、顺义园、亦庄园六个园区纳入试点范围，并在试点范围内允许符合条件的中小微高新技术企业在一定额度内自主借用外债，从而更好地满足了中关村部分中小微高新技术企业的境外融资需求，降低了企业财务成本。最后，开放政策促进了全球金融资源的整合和创新。近年来，北京中关村不断构建符合国际标准的创新生态系统，提升了全球资源配置能力。中关村示范区已基本完成上市培育与辅导、"天使"投资孵化、投贷联动等一系列科技金融服务体系建设。由基金部门和"天使"投资牵头的股权投资在科技企业孵化与融资支持中日益突出。北京积极实行中关村代理股票报价转让、投贷联动、外汇管理改革、"天使"风险投资、税收等一系列创新试点政策，使信贷激励、风险补偿、投保联动、银企合作等科技与金融的对接机制进一步完善，从而推动了科技与资本的高效对接，而且不断涌现出"天使投资＋合作伙伴＋众筹"等创新模式，同时第三方支付、众筹融资、征信、消费金融、区块链、分布式台账等互联网金融和金融技术创新业态大量聚集，对技术创新起到了重要的支撑和助推作用。

第二，优化科技金融空间布局，形成"各具特色、互相协同"的北京特色科技金融发展格局。《北京市促进金融科技发展规划（2018—2022年)》在推动北京市科技创新与应用方面提出了具体要求，同时结合北京市产业发展基础和重点区域的实际情况，打造成"一区一核、多点支撑"的空间布局。北京中关村科技金融生态系统的一大特点是具备强政策导向和市场化程度较高，因为在中关村内有着发达的"孵化器"公司、创业投资市场和全国领先的第三板市场。从总体来看，北京的科技金融生态系统是以"孵化器"为平台，以创业投资、新三板市场为支撑的市场化程度较高的科技金融生态系统，其生态运行机制就是围绕"孵化器"展开的，同时结合市场化的运作和政府主体的引导。

第三，极力营造良好的科技发展环境。坐落在我国首都的中关村，其科技金融生态体系呈现出较强的政策导向，北京先后进行一系列改革，对科技型企业的创业投资、科技信贷、融资租赁、担保租赁、改制上市、知识产权质押、风险补偿机制等方面做出了改进。从优化科技创新发展环境来说，北京高度重视政策制度方面的供给，先后出台了一系列鼓励科技和金融创新的政策制度。早在2012年8月，国家发改委、科技部、中国人民银行等9个部门联合发布《关于中关村国家自主创新示范区建设国家科技金融创新中心的意见》，明确表示将中关村示范区建设成第一个国家科技金融创新中心，规划建设具有全球影响力的中关村科技金融服务体系。北京推进科技金融中心建设的努力主要体现在以下四个方面：在风险投资方面，设立了政府引导基金，并要求加强该引导基金的运营和投资管理；在发展融资服务方面，完善了科技型企业上市培育体系，建立健全了多层次资本市场融资服务平台；在科技金融服务体系方面，积极整合银行、证券、保险等金融资源，为将创新链和产业链深度融合的科技型企业提供创新融资服务体系；在科技信贷方面，支持银行、保险等金融机构扩大信贷规模，拓宽科技型企业的融资渠道。

2. 上 海

上海实行以政府为主、以资本市场为辅的科技金融发展模式。长期以来，上海在推进科技金融服务创新、促进科技型企业发展方面做了许多尝试，依托在全国领先的科技水平优势和金融中心优势，上海在发展科技金融方面取得了以下成果：

第一，上海加大了对科技金融的财政投入，建立了综合性融资服务平台，并通过一系列对中小企业的补偿机制稳健地促进了当地科技金融的快速发展。例如，上海使科技型企业加强了与银行、保险、证券、投资机构之间的合作，搭建了优质的融资服务平台，使各类金融机构之间开展了有效衔接，促进了科技创新所需资金的集聚，并且加强了金融机构与科技型企业之间的互信。上海以这种方式孕育出了众多大型老牌企业，造就了上海独有的金融发展特色。

第二，上海的科技金融体系主要表现在"31"格局上。其中，"3"是指机构服务体系、产品创新体系和政策支撑体系；"1"是指科技园的融资服务平台。上海想打造出优质的融资服务平台，同时依靠适宜的政策支撑，实现机构服务与产品的创新。一方面，上海初步形成了金融机构服务体系。在金融市场平台建设方面，上海股权托管交易中心和科创板的设立，提升了多层次资本市场对科技型企业的融资功能；在金融机构网络建设方面，中美合资的浦发硅谷银行设立了科技特色支行、专属的科技金融部门以及大型政策性融资担保基金，完善了科技金融的共同发展；在产权建设方面，上海拥有较为完善的产权交易系统，2020年1月2日上海联合产权交易所新一代交易系统正式上线，从而全面实现了交易方式和服务模式的创新。另一方面，上海初步形成了科技金融产品的创新体系，并选取上海银行、华瑞银行、浦发硅谷银行等银行作为试点银行，探索多种形式的合作创新，如投贷联动的融资服务创新以及科技金融产品融资服务模式创新。

第三，科技金融信息服务平台建设。上海市科委和金融办以搭建科技金融信息服务平台为抓手，加快了科技金融产品和服务创新。在科技金融信息服务平台二期开发的过程中，上海进一步完善了科技型企业信息库，增加了纳税，工商登记年检，水、电、煤缴费记录，知识产权或专有技术登记，企业奖励认定，高新技术成果转化项目，政府出资项目等信息；在上海市金融办和"一行三局"的指导及支持下，与更多金融机构开展合作，进一步吸引和鼓励银行、保险、小贷公司、VC、PE、"天使"投资、相关金融法律中介机构入驻，提供不同类别的金融产品和服务，将该平台打造成能够满足不同成长阶段、不同类型科技型企业需求的科技金融产品超市；开创履约保险产品新局面，推进科技信贷产品体系建设，优化与银行、保险公司、担保公司的合作，通过完善风险分担机制开发新的信贷产品，提高商业银行对科技型企业的信贷坏账容忍度，扩大科技信贷规模。通过上海科技金融信息服务平台的建设，不仅企业、政府和金融机构获得了发布与获取相关信息的平台，而且为科技型企业选择合适的金融机构和金融产品提供了便捷的渠道。

第四，科技金融政策支撑体系建设。一方面，上海出台了一系列政策，比如《关于加快建设具有全球影响力的科技创新中心的意见》和《关于促进金融服务创新，支持上海科技创新中心建设的实施意见》，这些政策的出台进一步夯实了科技金融政策环境的基础。在此基础上，中国人民银行上海总行还制定了创新货币信贷管理、加强基础设施建设的6条政策措施，将科技创新落到实处。另一方面，上海银保监会与证监会也竞相出台了上海银行业支持科技创新的指导意见、支持重大技术装备保险等科技保险创新产品的实施方案以及支持上海科创中心的6条意见。

3. 深 圳

深圳作为中国发展市场经济最早且最为卓越的地区之一，其金融产业是重要的支柱性产业。从近年来的发展情况看，深圳牢牢把握科技金融发展的机会，依靠科技推动金融创新，而金融又反过来为科技发展提供了动力。

第一，深圳高新技术产业园区的科技金融发展模式主要是以市场为主、以政府为辅。深圳强调以市场为主导配置资源，扩大市场各主体的参与程度。深圳还通过市场价格、竞争机制引导资源配置，充分实现了市场主导资源配置，鼓励民间投资进入科技金融领域并利用多种方式参与金融科技机构。在此背景下，一批优良的科技金融公司竞相出现，如微众银行、招联金融、平安金融科技等。《CDI中国金融中心指数报告》显示，深圳的金融产业发展状况已达到全国第三的水平，而且2020—2022年的年均增速达到了13.93%，超过了北、上、广等一线城市。

第二，完善了多层次资本市场。以1990年深圳证券交易所的成立为标志，深圳经济特区自成立四十余年来见证了深圳资本市场从无到有、从小到大的跨越式发展。深圳资本市场的监管体系和制度建设逐渐成熟，市场规模日益扩大。由主板和创业板构成的多层次资本市场体系初步形成，呈现出证券业和基金业共同繁荣的良好态势。事实上，在深圳证券交易所成立之前，深圳已有五家股份公司，被称为"老五股"，分别是深发展（现平安银行）、深万科（现万科A）、深金田、深宝安（现中国宝安）、深原野（现世纪星源），这五只深圳本地股票在改革后上市，构成了中国证券市场的雏形。目前，深圳上市公司的数量从最初的"老五股"增加到2020年10月13日的323家，A股总市值达到89 296.58亿元，囊括金融、房地产、高端制造业、信息技术、生物医药等多个行业。在市值过千亿元的109家A股上市公司中，深圳有18家，仅次于央企众多的北京。一大批优秀的民族品牌企业正在不停地由深圳培育而出，在国内外上市公司中，腾讯控股、平安、招商银行、万科、恒大成为"世界500强"，中兴、顺丰控股、比亚迪、丁晖科技、华大基因等企业在行业内处于领先地位。2020年恰逢中国资本市场成立30周年，深圳作为中国改革开放的试验场，正在为中国资本市场的发展和壮大而奋斗。面对金融风险和各种挑战，中国资本市场将坚持开放、自由、规范相结合，以供给侧结构性改革为主线，提高服务实体经济的能力，同时降低成本和提升贸易投资便利化水平。

第三，依靠独特的地域优势，与香港、澳门共同开启金融科技合作布局，形成科技金融创新的特色模式。2019年，《粤港澳大湾区发展规划纲要》（以下简称《纲要》）的发布推进了港深金融市场的互联互通和深澳特色金融合作，并开展了科技金融的试点工作。在2019年《纲要》发布之前，也有不少像腾讯这样的深圳企业早已启动与香港的科技金融业务合作，从而促进了两地之间的互通互惠互利。在深圳的特色发展模式下，众多的科技型企业迅速发展。需要注意的是，为缓解信息不对称造成科技型企业难以得到合理评级的问题，深圳南山区通过大数据为科技型企业"画像"，由此打造出"一个平台、一个系统、三个联动、八个产品"的科技金融生态系统。该科技金融生态系统以数据驱动为核心，首先是设计了全新的企业评级体系，弱化了权重设计中的财务指标，同时企业创新能力的重要性被进一步强调。然后，通过大数据分析，从行业类别、研发投资、专利申请、工作经验、员工受教育程度等方面对科技型企业的形象进行评价和反映。最后，构建基于大数据评级的"虚拟孵化器"。深圳南山区与北京大学合作建设智慧金融实验室，在中小企业债权支持评估体系的基础上，开发了中小企业股权价值评估体系，并与投资机构共建"虚拟孵化器"，以便跨越空间限制为科技企业提供金融支持。根据未来的发展趋势，深圳将扩大对外开放，并以此促进经济蓬勃发展。因此，深圳良好的营商环境和特殊的区位优势决定了它在中华民族伟大复兴征程中肩负着更多的责任与使命。

第四，政府做出了良好的顶层设计。首先，深圳在 2017 年与 2018 年的政府工作报告中强调了金融科技的重要性，还出台了《深圳市支持金融企业发展的若干措施》，将专项奖放在区块链、数字货币等领域。其次，深圳正在大力发展实体经济。为引导科技健康发展，2017 年深圳金融办创立了天使母基金，规模达到 50 亿元。除此之外，深圳修订出台了《深圳市外商投资股权投资企业试点办法》，对外商也加强了政策支持，用以促进国内实体经济的发展，也为初创科技型企业提供了优质的发展环境。为了消除企业间的信息壁垒，深圳搭建了创业创新平台。该平台整合了各部门近 200 家企业的信息数据，也针对不同发展状况的中小微企业提供了融资咨询等服务，并为中小企业提供了一定的信贷风险补偿。最后，深圳在防范金融风险、加强内外部监督方面发挥了重要作用。一方面，深圳加大了对各类金融机构的监管力度，特别是对投资类、众筹类公司的监管；另一方面，深圳促进了金融高质量发展，转变了金融供给方式，深化了金融改革，加快了现代化金融体系建设。

4. 苏　州

近年来，苏州作为中国经济发展速度最快、现代化程度最高的城市之一，已经在科技创新领域具备强大底蕴。具体说来，苏州已拥有完善的省级、国家级高新技术园区 10 余个，并在生物医药以及纳米材料等行业居于全国领先地位，形成了强大的创新产业集群，对全国科技创新起到了显著的示范作用。与此同时，在金融服务方面，苏州政府协同银保监会等金融部门，形成了政策链完善、信息链顺畅、资金链完备以及服务链全面等突出优势，并取得了明显成效，形成了独具特色的"政府＋

银行＋担保＋保险＋创投＋券商"的科技金融苏州模式。

在以政府为主导的政策链方面，苏州以政府部门的有效政策为核心。苏州早在 2009 年便颁布了《关于加强科技金融结合，促进科技型企业发展的若干意见及主要任务分解表的通知》，并于 2018 年针对如何促进科技金融深度融合这个命题，进一步完善了苏州的政策体系、科技信贷以及科技保险等基础措施。与此同时，苏州针对科技型企业在发展过程中普遍存在的融资难问题，于 2015 年印发了《苏州市金融支持企业自主创新行动计划（2015—2020）》，强调银行业应当充分发挥其对科技型企业的融资作用，并通过一系列的政策优惠等措施鼓励金融中介机构为科技型企业提供全面的金融服务，为其发展保驾护航。苏州充分发挥了政府在全市发展中统筹协调的积极作用，为科技型企业的各个发展环节设置了完备的政策链保障。

在信息链方面，苏州的科技创新部门构建了"金字塔"式的科技创新产业整体布局，也就是以科技创新部门为塔尖，以科技型企业、高新技术企业、科技人才密集企业等为塔基，形成了具有苏州特色的科技创新产业布局，并且制定了一系列有关专利研发、成果转化以及产品收入等的指标体系，动态检测苏州科技创新发展的整体情况，并充分引导金融机构参与科技创新产业发展的各个环节，为科技创新产业提供更加完备、优质以及具有极强针对性的金融服务。目前，苏州还在筹备搭建"科企查"服务平台，旨在为苏州的科技型企业提供更加完备的评价指标体系，同时增强科技型企业的发展透明度，为其树立优质企业形象提供了极具社会性的便利窗口。此外，金融监管部门也积极参与信息链的建设，并与科技创新部门形成了紧密的配合机制，推动苏州的银行、保险以及创业投资等金融机构共同搭建苏州科技创新产业的信息链。

在资金链方面，苏州通过对科技创新型贷款提供风险担保、风险补偿以及贷款补贴等政策措施，加上每年更新发布的《苏州市科技金融计划项目的通知》，为科技型企业的发展搭建了完备的资金链布局，并通过"政府担保＋银行信贷"的方式对科技型企业提供资金链支持。具体看来，苏州设立了"科贷通"项目，它按照科技型企业销售收入的梯度提供不同级别的风险补偿，其中重点支持对象的风险补偿比例高达80%。该政策的效果显著，截至2021年底，已为近1万家科技型企业提供贷款500余亿元，并培育出优质高新技术企业近50家，推动23家科技型企业成功上市，其中有12家企业在科创板上市。从全国科技创新战略布局来看，经中国银保监会同意，我国第一个科技保险试点在苏州成功落地，并获得了显著的发展。此后，中国银保监会继续推进该试点建设，并针对未来苏州的发展提出了三年行动计划。该项目已累计服务2 000余家科技型企业，提供保险费用补贴3 000多万元。

在服务链方面，目前苏州已设立了科技支行60余家，同时设立了全国首家科技保险公司，为科技型企业的发展构建了健全的金融服务链。引导专营机构落实"五单机制"，即单独配置人力资源、单列信贷计划、单设信贷评审制度、单设考核机制、单设尽职免责制度，提高服务科技型企业的积极性、精准性和专业性。例如，苏州推出了专门的风险评估及信贷审批模式，灵活调整了授信政策及评估流程；招聘引入了生物医药、人工智能等高科技领域的理工科人才；弱化了对财务指标的关注，给予拨备计提返还、在会计考核中少计或不计风险成本、专项调降科创金融产品FTP定价等特殊政策。截至2021年9月底，苏州辖区内主要中资商业银行对科技型企业的贷款余额为1 348.26亿元，较年初增长30.64%。针对科技型企业的研发风险保障需求，苏州在全国首创科技项目研发费用损失保险，为46家"独角兽"培育企业提供研发费用保障4 600万元，保费由市级财政全额补贴；苏州还落地了全国首单"集成电路流片费用损失保险"，填补了对高端芯片自主可控研发生产风险保障的空白。

5. 成 都

近年来，成都的科技产业发展迅速。2019年成都新增超1 000家高新技术企业，高新技术企业的总数突破4 000家，国家级孵化器新增3家，符合入库条件的国家科技型企业总数超5 000家。需要注意的是，良好的科技创新势头背后离不开科技金融对其发展的支撑作用，成都为了发展科技金融，在金融产品及服务、制度创新方面都取得了一定成效，其发展模式值得我们探索学习。

第一，金融与科技融合发展的政策环境良好。纵观过往发展，政府提供的金融政策质量对当地的实体经济发展具有直接影响。然而，在科技金融领域往往面临着政策散乱且缺乏系统性的缺陷。在顶层架构设计方面，成都建立了由科技局、财政局、金融局、"一行两会"分支机构、高新区管委会等多部门协同的科技金融工作联席制度。[①] 在政策供给方面，成都出台了《科技金融资助管理暂行办法》、《科技创业天使投资引导资金管理办法》、《市级科技企业债权融资风险补偿资金池资金管理暂行办法》、《关于进一步加快建设国家西部金融中心的若干意见》以及《关于支持金融科技产业创新发展的若干政策措施》等多项科技金融相关政策。上述政策的颁布及实施，极大地改善了成都科技金融耦合发展的政策环境，并有效拓宽了科技型企业的融资渠道，降低了科技型企业的融资成本，化解了科技型企业所面临的融资难问题。

第二，联合多方创新科技金融产品。科技金融产品的供给对科技型企业的发展至关重要，而科技金融产品的发展通常难以靠市场化实现。为了解决市场上缺乏针对科技型企业的金融产品的问题以及缓解金融体系对科技型企业服务不足的情况，成都在创新科技金融产品方面采用了"政府＋"的方式。目前，成都联合了创业投资机构、银行、担保以及保险公司等金融机构，为科技型企业提供全方位的科技金融产品，并调动了金融机构参与科技金融耦合发展的积极性，同时也在很大程度上提高了财政资金的使用效率。以"科创贷""科创投"取得的成果来看，"科创贷"已帮助超 2 500 家企业获得信用贷款达 55 亿元；"科创投"已完成投资项目达 100 个，投资总额超 7 亿元。"科创贷"是由成都科技局针对科技型企业提供的专项服务，同时也是通过政府增信，联合银行、担保以及保险公司等金融机构为科技型企业提供的信贷产品。该产品的运行取得了显著的成效，目前已经设立了超 50 亿元的科技创新型贷款支持，通过提供 5 万～1 000 万元不等的贷款金额以及相对较低的贷款利率，基本满足了科技型企业不同发展阶段的融资需求。"科创投"专门针对科技

---

① 周代数，张俊芳，马宁. 科技金融助力中小企业创新发展的机理分析与实践启示——基于成都模式的研究. 全球科技经济瞭望，2020，35（4）.

型企业在成立初期所面临的股权融资问题，也就是"首投"困难问题。在成都市政府的带领下，目前成都已成功组建天使投资基金超过 10 家，基金总规模超过 10 亿元，充分发挥了财政科技资金的杠杆作用。天使投资也实现了"募、投、管、退"的全流程发展，并且成功孵化出了一批"独角兽"企业。此外，成都科技创新投资集团有限公司（以下简称"成都科创投集团"）于 2021 年正式成立，注册资本高达 100 亿元。在未来，成都科创投集团将持续聚焦"5＋5＋1"的现代化产业体系和先进制造业的 13 个重点细分领域，重点发展基金投资、直接投资和增值服务三大核心业务。成都科创投集团的成立意味着成都搭建出了覆盖初创期、成长期及成熟期的科技创业项目全生命周期投资体系，进而可以打造与城市发展相匹配的创业投资机构。在成立后的一年时间内，成都科创投集团已累计投资科技项目 220 余个，包括中鼎恒盛、本源量子等产业链关键项目，投资规模约 33 亿元；累计孵化本地技术成果 32 项，无人机活塞涡喷等 44 项科技成果在蓉转化，云祺科技等 9 家本地企业入围"专精特新"名单，海创药业等 10 家被投企业获评"潜在独角兽"企业，极米科技等 19 家被投企业成功上市。

第三，打造创新与金融服务平台——"科创通"平台。针对如何更好地服务于科技型企业的发展，解决其融资难的问题，成都于 2014 年中期推出了"科创通"平台，旨在充分发挥互联网发展优势，通过构建"线上＋线下＋孵化载体"的模式充分整合优势资源禀赋，最终推动成都科技型企业的发展。"科创通"平台定位于"聚集、服务、撮合、孵化"四大功能。具体说来，"聚集"是指充分聚集各类创新发展主体，"服务"是指科技金融耦合发展配套服务，"撮合"是指带动科技型企业的融资供需融合，"孵化"是指促进科技型企业的科研成果转化与项目的孵化。与此同时，通过"科创通"平台，科技型企业可以获得知识产权、技术交易、教育培训以及决策评估等方面的服务

第四，探索基于母子基金架构的知识产权运营基金。在进行融资时，科技型企业由于轻资产的特质，往往难以满足传统融资方式中的抵押品要求，为了解决科技型企业难以在传统模式下获得资金的问题，在制度设计上，成都制定了《知识产权运营基金暂行管理办法》，用以鼓励金融

机构开展知识产权质押融资，同时创立了知识产权运营母基金以助力中小企业知识产权服务体系。2019 年 3 月，成都出资 3 亿元的运营基金正式成立，旨在运用资本方式，促进整个知识产权运营体系的建设，鼓励知识产权密集的科技型企业和成都"5＋5＋1"的产业来投资。在基金运营方面，该基金采用"1＋N"的 FOF 架构，即第一只知识产权运营基金由政府出资设立，而后通过该运营基金发起设立或参股 N 只主要从事知识产权运营的子基金。其中，母基金的运作遵循"政府引导、市场运作、利益共享、风险共担"的基本原则，进而通过子基金的设立来联合投资机构以及知识产权服务机构等，持续探索知识产权运营的新模式。

第五，完善科技金融专项经费补助。成都在科技创新发展领域中不断完善科技金融专项经费的发放，通过采取"后补助"的方式对科技型企业提供了多项经费补助（补贴），具体的科技金融专项经费发放方式及途径见表 7-2。其中，截至 2019 年底，成都设置的天使投资补助资金超过 3 000 万元，据此帮助 100 余家科技型企业获得天使投资超 10 亿元，发挥了财政资金的杠杆作用；成都市政府带头为 200 多家科技型企业提供贴息补助超 1 500 万元，并帮助科技型企业获得银行贷款超 20 亿元。

表 7-2　科技金融专项经费

补助类型	补助对象	补助额度
天使投资补助	获得天使投资的种子期、初创期科技型企业	获天使投资额的 10%、最高 100 万元经费的一次性经费补助。
债权融资补助	获得信用融资、股权质押融资、知识产权质押融资的科技型企业以及青年大学生创业团队	分为信用评级补助、知识产权质押融资评估费补助、担保费补助、贷款利息补助四种类别。其中，针对前三项，成都将依次提供每户每年最高 5 万元、10 万元、20 万元的经费补助；在贷款利息补助上，给予科技型企业按同期中国人民银行贷款基准利率计算实际发生的利息的 30%、每户每年总额最高 50 万元的经费补助；给予青年大学生创业团队按同期中国人民银行贷款基准利率计算利息的 50% 的经费补助。

续表

补助类型	补助对象	补助额度
新三板挂牌补贴	在全国中小企业股份转让系统挂牌上市的中小企业	符合条件的申请者，给予 50 万元的一次性经费补贴。
科技与专利保险补贴	参加科技与专利保险的科技型企业	符合条件的申请者，每年每户获得的补贴总额最高为 20 万元。

6. 广　州

广州是全国最早的 16 个科技和金融相结合的试点城市之一，同时它也将科技金融作为国际科技创新枢纽建设的重点。长期以来，广州都积极推进金融、科技与产业三者融合发展，以发展战略性新兴产业、促进重大科技成果转化为战略目标，通过金融创新驱动科技创新和产业发展。目前，广州已初步形成金融、科技、产业融合创新的发展模式，其金融、科技、产业呈良性互动发展态势。

第一，发展科技信贷的广州模式。在 2015 年 9 月，广州市科创委同市财政局联合颁布《广州市科技型中小企业信贷风险补偿资金池管理办法》，广州市科技局首先以企业法人的身份成立广州市科技金融综合服务中心，同时受托管理广州市科技型中小企业信贷风险补偿资金池。最初，广州投入了 4 亿元到该风险补偿资金池中，并与广州市内的 8 家商业银行达成协议后成为合作银行，共同支持信贷工作的实施，最终通过十倍的金融杠杆，取得了总计 40 亿元的信贷支持资金。为规范资金池的日常运营，充分发挥财政资金在其中的引导功能和杠杆效益，广州充分利用各参与方的关系以防范化解风险，切实为科技型企业服务，并对资金池的各参与主体提出了明确分工。在此，风险补偿资金池按参与角色的不同，主要分为主管部门、管理机构和合作银行三类主体。其中，主管部门包括市财政局和市科创委，市财政局主要负责资金预算和拨付以及监督资金的使用情况；市科创委主要负责筛选合资的业务合作银行，并对申请对象进行资质审核。管理机构是广州市科技金融综合服务中心，其主要负责资金池的日常管理工作，包括资金核算管理工作；对于合资的科技型企业的贷款申请进行尽职调查和资格审核；在贷款下放后，该中心还需要协助合作银行对科技型企业进行贷后管理；在出现损失时，该中心需要进行相关损失核销工作。合作银行需要了解并发掘科技型企业的信贷需求，提出资金池信贷业务存在的问题，每季度和半年需要向科技金融综合服务中心提供科技信贷专项工作报告。广州的科技信贷模式经历了六年的发展，形成了稳定的风险共担模式，可以引导银行资金向具有潜力的科技型企业放贷，实现财政资金与银行资金流向科技创新领域。截至 2021 年，广州地区已成立了 37 家科技支行或部门，广州的科技型企业信贷风险损失补偿资金池共为 6 550 家企业提供贷款授信达 698 亿元，累计发放贷款达 504 亿元，资金池放款的年均增长率为 65%，实际杠杆撬动比例达 126 倍，科技信贷规模和杠杆撬动比例都为全国第一。在支持高新技术行业方面，截至 2021 年，广州已为 5 190 家高科技企业授信，其中超 70% 是纯信用贷款。

第二，创立广州科技金融平台。广州科技金融平台于 2015 年正式上线并开展服务。该平台的特色是开展了线上与线下相结合（O2O）的运作模式，线上主要以互联网平台收集信息、整合资源，而线下的专业团队直接利用线上收集且筛选后的信息为科技型企业提供服务，在一定程度上弥补了开展纯线下业务存在的手续烦琐、效率低下等问题，提高了科技金融服务的效率和成功率，有效解决了中小微企业融资难和融资贵的问题。该平台由广州市高新技术创业服务中心联合上海信隆行信息科技股份有限公司（以下简称"信隆行"）共同创立，其面向全国范围内的金融服务机构，具有"一融贷"、"一融赋"以及"一融淘"三种特色功能。"一融贷"侧重为企业提供债务融资渠道，在"一融贷"平台内，符合资质的银行、小额贷款公司等债权机构可在平台上发布企业信息以及企业可提供的融资产品，在获得平台认证后，根据企业上交的融资需求信息为其提供债务融资。中小企业融资难的一大原因是缺乏抵押物，特别是处于初创期的企业。目前，该平台与全国数十家银行，包括建设银行、平安银行等定制了将近 80 亿元的总授信额度，同时发展纯信用贷款产品，为广州的产业服务，以提高企业获得融资的成功率。"一融赋"侧重为企业提供股权融资渠道，现有导师团队近 200 余家、PE/VC 基金1 000 余家入驻，各机构可以在平台内直接寻找到有潜力的项目，进行路演报名、约谈、尽职调查等操作。"一融赋"业务可以分为在线投行服务与众创产品服务，均为实现项目与机构的对接和开展。因此，该平台除了有众多的资金供应方外，还有众多的合作券商、会计师事务所、律师事务所等为小微企业提供增值业务的服务机构。与其他融资平台相比，该平台最大限度地发挥了互联网整合资源的优势，实现了项目与机构的精准对接。资金供需双方都可直接在平台上查询具体信息，比如企业可以根据银行或小贷公司给予贷款能否使用信用贷、有无抵押品的要求以及其他征信措施等具体标签直接筛选资金源。与此同时，该融资平台可以细分到各行各业，更便于投资机构精准找到合适项目，避免在陌生的领域"抓瞎"。例如，医药类投资机构可在该平台中更有针对性地寻找医药行业中的好项目。据统计，目前该平台匹配出来的产品可实现70％以上的准确率。此外，其他的相关机构也可从该平台获取海量的实时数据，以了解和检测项目的进度及服务结果，让合作双方全方位精确地掌握投融资的情况。政府部门也可通过该平台获取数据，了解当地科技型企业在投融资过程中存在的问题，以便政府制定相关政策。

第三，积极发展科技专营机构。科技型企业因具有"轻资产，高风险"等特征，"融资难""融资贵"问题尤为突出。为促进金融机构和科技型企业的协同发展，广州积极构建科技专营机构发展模式，为当地科技型企业提供更好的金融服务。截至2018年底，广州设立的科技专营机构达12家，并联合银行开发了30类针对科技型企业的金融产品。下面对番禺天安科技支行、南沙科技园区和萝岗区科技支行模式进行介绍。

中国银行广东省分行于2009年创立科技银行，旨在解决科技型企业的融资问题。

与此同时，在广东省科技厅的支持下，中国银行广东省分行于2012年创立了广东省银行业首家科技信贷专营机构（即广州番禺天安科技支行），进一步推进了广东科技金融耦合发展的进程。为促进科技型企业获得贷款，天安科技支行启用知识产权质押融资方式，推出了"科技通宝"等一系列信贷产品，旨在让科技型企业通过知识产权和商标权等获取抵押贷款，据统计，截至2017年9月5日，天安科技支行涉及知识产权质押的贷款有16笔，总批复金为2.2亿元，占总贷款审批金额的43％。此外，天安科技支行创建了风险共担机制，由省、市和区的各级政府科技部门共同提供科技信贷资金池，各部门共同承担其信贷风险。

在广州南沙区，中国银行广东省分行与广东省科技厅、广州市科信局等部门合力打造了南沙区首家科技金融专营机构——中国银行广州南沙科技园区支行。中国银行广州南沙科技园区支行的科技金融发展模式为科技信贷金融服务模式。该模式不断探索科技型企业的实际需求，最终摸索出的业务模式为"信用体系＋风险补偿"，而且开发出了专属于科技型企业的信贷产品"中银科技通宝"。这不仅推动了南沙区科技与金融的完美"联姻"，而且促进了南沙区产业结构的优化升级。

萝岗区依托区域商业银行发展的良好基础，以商业银行支行的形式成立科技银行，并在业务拓展和经营手段上赋予其一定的独立性，专门支持科技型企业的发展。针对科技型企业"轻资产、高成长、高风险"的特点，萝岗区采取了"政府政策支持＋贷投结合＋金融机构联盟"的运营模式。在政府政策支持方面，广州市政府和黄埔区政府对萝岗区科技银行支持科技型企业的融资服务提供了一系列政策支持。例如，实施财政贴息政策，降低科技型企业的融资成本；实施财政补偿政策，降低金融机构的交易成本等。在贷投结合金融产品方面，对支持科技型企业融资的业务产品设立不同于传统商业银行的绩效考核指标，而且更强调考核科技型企业的贷款户数、授信规模、销售业绩等指标。在金融机构联盟方面，鉴于银行不能进行股权直接投资的监管要求，商业银行尝试采取与第三方金融机构合作的方式，实施"贷投结合"的方法对具有成长性的科技型企业进行曲线投资，形成科技金融耦合发展的合作联盟。

第八章
科技金融区域发展的体系
设计和政策建议

面对全球科技创新发展的新趋势，贯彻落实创新驱动发展战略是适应后国际金融危机时期综合国力竞争新形势的必然选择，也是我国推进供给侧结构性改革，更好把握新常态下经济高质量发展的重要抓手。围绕这个发展趋势，要想抢占国际科技发展制高点，从根源上面对经济高质量发展的机遇和挑战，我们必须从科技资源和金融资源优化配置与融合利用的角度，在社会经济活动中的各个环节全面把握科技与金融创新引领和协同发展的主线，实现实体经济、科技创新和金融发展的互通互融，为增强国家和区域竞争优势提供强大支撑。

如前所述，珠三角地区试图打造更好的合作基础，通过加大科技投入来抢占经济发展的先机，充分发挥区域科技和产业优势，建设开放互通、整体协调、布局合理的区域创新体系，从而深化珠三角地区9市的科技创新和金融发展全面合作，打造多元化、全域化、专业化的科技金融体系。事实上，基于前面章节中对珠三角地区科技金融现状的分析和耦合指数的计量测度，科技金融工作并未形成联合优势。长期以来，科技创新与金融发展"两张皮"仍是珠三角地区科技金融耦合发展的重大课题。面对珠三角地区的经济增长从要素驱动型转向创新型的关键窗口期，政府与市场合作构建有利于科技金融区域发展的框架体系，为科技型企业创造投融资便利，已经被列为珠三角地区各级政府在新时代下的重点任务。因此，本章主要从珠三角地区科技金融区域发展的体系设计出发，阐述科技金融区域发展的指导原则和设计框架，同时结合珠三角地区的现实情况，从政府机构、金融机构、科技企业和科技金融服务等方面提出一系列有利于科技金融区域发展的政策建议。

一、科技金融区域发展的体系设计

科技金融区域发展的体系设计主要是把促进科技创新和金融发展融合作为深化科技体制改革、完善区域创新创业生态环境、提升自主创新能力和国际核心竞争力的重要抓手。科技金融区域发展体系设计的核心是处理好政府与市场的关系，协调发挥"看不见的手"和"看得见的手"的作用。一方面，要使金融市场在资源配置中发挥决定性作用，让企业真正成为科技创新的主体，通过市场选择和培育新兴产业；另一方面，更好地发挥政府的作用，充分展现社会主义市场经济制度的优越性，通过更多的财政科技投入，实现财政金融的汲水效应，吸引更多的金融机构和社会资本为企业技术创新服务。因此，本章依据经济学的基本理论，从财政配套机制和市场生态机制两方面设计科技金融区域发展体系，用以满足科技型企业在种子期、初创期、成长期、成熟期等不同阶段的融资需求，建立与企业科技研发、科技成果转化、产业发展相适应的科技金融发展体系。

对科技金融区域发展体系的整体设计（见图 8-1）在功能上试图实现宏观层面、中观层面和微观层面的金融能够有效服务科技创新的新内涵。在宏观层面上，地方政府的政策引导和金融市场的市场配置共同推动了国家自主创新战略，促进了供给侧结构性改革和战略性新兴产业与现代制造业等高新技术产业的发展，提高了全社会的全要素生产率；在中观层面上，地方政府基于差异化的财政配套机制和不同的市场生态机制进行了投融资分配，从而实现了科技风险在科技型企业发展过程中的合理分布，促进了科技研发、成果转化和产业孵化与集聚发展，实现了社会财富最大化；在微观层面上，地方政府通过一系列金融政策、金融制度、金融工具和金融服务实现了财政资金与市场资本的有机融合，促进了企业科技资产的财富化，实现了高新技术产业的快速发展。因此，科技金融区域发展的体系设计在形式上要体现地方政府与金融市场在逻辑上如何厘清各自的职能，在实质上要体现科技创新与金融区域发展如何实现金融服务实体经济的科技创新。

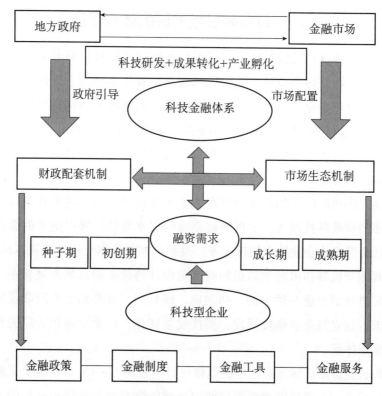

图 8-1　科技金融区域发展体系的整体设计架构

（一）科技金融区域发展的指导思想和指导原则

科技金融区域发展的指导思想以党的十八大和十八届三中、四中、五中、六中全会为指导，以缓解科技型企业的融资难问题为主线，以科技金融主体建设、科技金融服务平台建设和科技金融机制创新为重点，坚持市场主导和政府治理，全面推进科技创新与金融发展的有机融合，促进区域经济的高质量发展，提升区域在国家经济发展和科技创新中的引领作用。

科技金融区域发展的指导原则主要包括市场化原则、合作化原则和差异化原则。第一，市场化原则。科技金融的可持续发展离不开政府和市场各方的参与，但金融资源如何科学、有效地支持科技创新，需要厘清政府与市场的边界。具体说来，政府应在市场失灵的领域通过制定适当的政策进行市场干预，或是通过渐进性改革的方式优化试点开发区的科技金融发展模式。与此同时，在市场竞争领域，科技金融的发展要充分发挥市场竞争的原则，让市场对金融资源的配置起决定性作用，尽量减少政府对市场的干预。第二，合作化原则。科技金融的发展需要多样化的金融资源支持科技创新主体，同时基于科技创新推进金融改革适用于科技型企业。因此，在金融资源的集结方面，应充分调动银行中介、风险投资机构、证券公司、担保公司、小贷公司等金融机构；在科技创新的资源方面，应充分考虑大数据、云计算、人工智能、区块链等新技术。显然，科技金融的全面发展应该注重区域性科技金融服务平台，用以充分融合金融资源与科技资源。第三，差异化原则。科技金融的参与主体主要包括不同规模的科技型企业，这些企业的融资需求依据自身的发展阶段存在差异。在科技金融发展模式的设计中，应充分考虑到科技型企业的差异、金融市场的差异和政府政策的差异。

（二）科技金融区域发展的财政配套机制

科技金融区域发展离不开财政配套机制的建设，健全和完善的财政配套机制对于满足科技型企业的融资需求、克服科技金融发展可能面临的市场失灵、促进科技型企业高质量发展具有重要作用，见图 8-2。从客观上说，完善科技金融的财政配套机制是构建高水平社会主义市场经济体制的客观要求，也是区域经济运行机制的重要组成部分。财政配套机制的建立不是像过去一样沉溺于对个别科技型企业微观行为的引导和

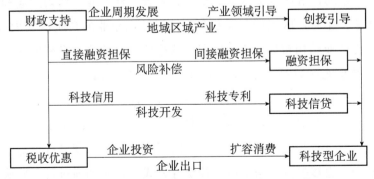

图 8-2　科技金融区域发展的财政配套机制架构

管理，而是要在新时代下引导和调控所有企业步入良性发展，着眼于区域中长期经济高质量发展方案的制定与实施，通过有效地运用各种财政配套政策全面支持科技型企业的发展，实现对科技金融发展的促进、创新资源与要素的有效整合以及推动产业发展等功能。

1. 区域创业投资引导政策促进科技金融发展的配套机制

以珠三角地区为例，珠三角地区是国内创业投资发展较早的地区，其创业投资市场的发展迅速，在机构数量以及管理规模上始终位于国内前列。然而，由于受到产业发展以及投资机构分布不平衡等因素的影响，珠三角地区创业投资市场的发展主要集中在广州和深圳。从整体上看，近年来各地方政府的创业投资引导政策往往是通过设立全企业周期发展基金、全产业领域引导基金、区域性产业基金以培育具有核心竞争力的创业投资企业，推进科技型企业的快速成长，充分发挥财政资金在科技金融投融资层面的积极效应。第一，全企业周期发展基金支持科技型企业的高质量发展模式。依据企业发展周期理论，珠三角地区在科技型企业发展的不同阶段建立了与之相匹配的政府发展基金，比如双创基金、银政合作基金、天使基金、成长基金、并购基金等。第二，全产业领域引导基金支持科技型企业的高质量发展模式。结合珠三角地区的产业布局特色以及在新发展格局下的角色，以电子信息产业、高端装备与新材料产业、新能源产业、生物医药产业等为核心，协同带动相关产业基金的设立，特别是针对科技型企业发展的特色产业基金，可以优化产业结构和产业布局，培育能够高质量发展的区域支柱产业、新兴产业和特色产业体系。第三，区域性产业基金支持科技型企业的高质量发展模式。针对作为产业结构布局核心的广东，依据珠三角地区和粤东地区、粤西地区、粤北地区科技型企业非均衡发展的客观情况，以"珠三角城市＋"的投资模式，由点及面、逐步推进，即初始资金由全省范围内的地方县（区）政府筹集，由珠三角地区的主要发达城市政府进行配比，由省级政府进行指导和规划，并对不同区域的基金额度进行统筹，通过参股基金、直接投资、信贷风险补偿等方式，切实加强对资金短缺地区的资本支持。

2. 地方政府的融资担保政策促进科技金融发展的配套机制

地方政府的融资担保政策通过直接融资担保、间接融资担保和风险补偿担保等配套机制发挥了融资担保的汲水杠杆效应、公共产品效应和风险补偿效应，为科技型企业发展的融资需求提供了制度保障，切实降低了科技型企业的融资成本。第一，直接融资担保政策可以有效发挥汲水杠杆效应，通过社会资本满足实体经济发展的融资需求，建设实体经济的市场化资金补偿机制。基于政府融资担保政策的信用平台，政府设立了债券担保、基金担保、信托计划担保和资产证券化担保等能够引导社会资本参与科技型企业发展的融资过程。通过政府性担保获得的海量社会资本可以赋能科技型企业的研发、生产和销售等，推进科技型企业的发展和升级。第二，间接融资担保政策具有一定的准公共产品属性。由于间接融资担保政策具有准公共产品属性，因而通过设立银行贷款担保、技术贸易融资担保、融资租赁担保等可以解决科技型企业在融资担保中面临的市场失灵问题，为科技型企业融资提供宽松环境，激发企业高质量发展的活力。基于科技型企业经营规模小、税收负担重、内生潜力弱等引致的内源融资困难和科技型企业抵押担保差、贷款利率高、贷款手续烦琐等引致的外源融资困难，政府可以通过融资担保政策借助专业化的融资担保机构用有限的财政资金向科技型企业提供担保，用以解决因信息不对称导致的融资市场失灵问题，从而缓解科技型企业发展面临的资金不足问题，进而形成扶持科技型企业高质量发展的融资市场机制。第三，风险补偿担保政策立足于发挥财政的风险补偿效应，通过银担合作机制构建科学合理的风险分担路径，支持贷款规模增长快的科技型企业。融资担保机构是银行与企业之间的桥梁，不仅可以通过银行授信解决科技型企业发展中面临的融资困难，而且可以控制风险并承担相应的责任。在风险分担路径上，省市级担保、再担保基金承担的风险责任比例可以参照国家融资担保基金承担的比例。对于风险敞口比较大的银行业金融机构，地方融资担保基金可以提高自身承担的风险责任比例或扩大合作贷款规模，用以满足科技型企业发展的融资需求。

3. 地方政府的科技信贷政策促进科技金融发展的配套机制

地方政府的科技信贷政策通过基于科技信用、科技专利和科技开发等无形资产衍生的金融服务配套机制，能够满足处于不同发展阶段的科技型企业的融资需求，服务于科技型企业的快速发展。第一，科技信用政策是指在国家重点支持的高新技术领域、战略新兴产业内，金融机构对具有较好发展前景的科技型企业发放短期生产经营贷款。广东通过配套科技担保贷款、科技保证保险贷款、科技保险补贴等一系列政策，使其金融机构能够支持科技型企业持续进行研发与技术成果转化。第二，科技专利政策是指通过引导政策性银行依据科技型企业的发明专利权、实用新型专利权、商标权和著作权等，通过知识产权质押融资等方式来降低企业的融资成本，有效控制金融机构向科技型企业贷款的风险。借由省、市、县（区）联动设立的政府科技贷款和科技信贷贴息资金，可以形成由政府引导和多方参与的科技型企业配套机制。第三，科技开发贷款是指在支持国家科技开发计划的实施以及攻关等科技计划的范围内，针对科技型企业发放的中长期专项贷款支持。广东通过设置一系列补偿科技创新成本的政策，在技术研发期、成果转化期、初步产业化、规模市场化的纵向链条中，充分发挥了科技开发贷款的功能，引导其对企业科技创新的投入。

4. 地方政府的税收优惠政策促进科技金融发展的配套机制

地方政府的税收优惠政策通过企业投资政策、扩容消费政策和企业出口政策等配套机制，促使科技型企业借助匹配的金融资源产生显著的投资效应、消费效应和出口效应，进而推动科技型企业的可持续发展。第一，在企业投资方面的减税降费政策能够强化企业的投资效应，促进经济增长。在实物资本投资方面，减税降费政策不仅能够通过投资税收抵免、投资扣除等方式增加投资，而且能够通过降低科技型企业生产成本及增加其利润的方式扩充投资的资金来源，进而推动科技型企业的再生产投资，形成高质量发展；在人力资本投资方面，减税降费政策可以强化科技型企业在关键技术研发创新领域的人力投入，切实增强科技型企业的自主创新能力和核心竞争力，助力其高质量发展。第二，扩大消费方面的减税降费政策可以用强劲的消费促进科技型企业的高质量发展。

一方面，减税降费降低了家庭部门的税费负担，直接提升了家庭部门的可支配收入；另一方面，可以通过降低科技型企业的税费支出，间接提高家庭部门的总收入，最终增加居民可支配收入对消费形成的收入效应。该效应对家庭部门形成了扩容升级，面对来自家庭部门总需求加速上升的利好冲击，科技型企业生产经营的规模、产品和服务的供给质量会不断改善，形成经济高质量发展的良性循环。第三，在企业出口方面的减税降费政策能够降低科技型企业的产品成本，使得出口科技产品的价格在国际市场上更具竞争力，从而刺激出口规模，形成开放经济下的高质量发展。

（三）科技金融区域发展的市场生态机制

市场生态机制是科技金融区域发展的"神经系统"，也是整个区域科技金融发展的基础。市场生态机制的建设是一个系统性工程，它涵盖了科技金融的主要市场业务，包括债权融资市场和股权融资市场，见图 8-3。立足于科技金融耦合发展的市场生态机制建设，其对资源配置方式的转变是关键，即资源配置的方式由传统体制下的"钱随物走"转变为新体制下的"物随钱走"，所以市场生态机制是否及时高效，能否形成"愿

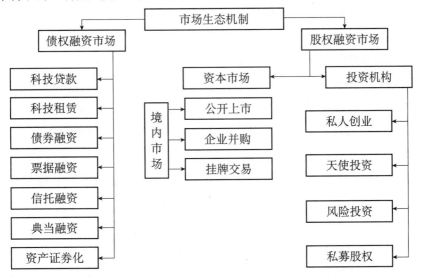

图 8-3　科技金融区域发展的市场生态机制架构

意来、留得住"的科技金融生态环境,对于推进创新型技术要素高效配置、充分发挥金融市场的枢纽功能具有重要作用。

市场生态机制的建设主要是发挥银行业、证券业、保险业金融机构及创业投资等各类资本创新金融产品、改善服务模式、搭建服务平台的功能,引导金融资源积极向科技创新领域配置,实现科技创新与金融发展的有机融合。从整体架构上看,科技型企业主要依赖债权融资和股权融资来获取金融资本。债权融资由银行机构、保险机构等参与提供,融资企业对金融资本具有使用权,而股权融资由创业风险投资机构、资本市场等提供,融资企业对金融资本具有所有权。处于种子期、初创期、成长期、成熟期等不同发展阶段的科技型企业,对金融资本的需求方式和数量不同,采取的融资方式也不一样。

1. 区域债权融资促进科技金融发展的配套机制

区域债权融资促进科技金融发展的配套机制主要包括科技贷款、科技租赁、债券融资、票据融资、信托融资、典当融资和资产证券化。具体说来,第一,在科技贷款机制方面,科技银行采取了市场化运作模式,为科技型企业提供多种形式的融资服务,比如债权融资或股权融资等,同时成立了专业化的运营管理团队,对科技型企业的银行贷款进行联合信贷评审,不仅密切关注科技型企业自身的财务信息,而且更注重科技型企业的新技术、新产品和新模式等非财务信息,实现科技型企业的高风险与商业银行稳健性经营的需求平衡。第二,在科技租赁机制方面,以大数据风控技术为基础,科技金融与融资租赁深度融合为科技租赁,向高成长、高风险、高投入、轻资产的科技型企业提供高效的租投一体化金融服务机制,比如科技租赁设立的股权投资基金。租投联动模式可以降低融资成本、建立稳固的融资渠道,同时针对科技型企业的定制化需求和标准化需求,科技租赁在新基建项目融资、新技术产品推广、制造业转型升级、无形资产融资等不同场景下提供了因地制宜的科技金融服务。第三,在债券融资机制方面,企业的集合债、私募债和常规债券等能够有效满足不同规模科技型企业的融资需求。例如,集合债是多家企业共同申请发行企业债券;私募债对小微企业不设行政许可,对发行人没有净资产和盈利能力的门槛要求;常规债券中的企业债券和公司债券均要符合公开发行债券融资的条件。第四，在票据融资机制方面，企业的短期票据、中期票据和中小企业集合票据等能够实现科技型企业不同期限和规模的融资需求。例如，短期票据通过银行本票、银行承兑汇票、商业本票、商业承兑汇票等支持科技型企业的融资需求；中期票据通过在银行间债券市场分批发行的方式进行债务融资；中小企业集合票据在银行间债券市场通过产品标准化设计、信用标准化提升、债券标准化冠名、发行标准化注册的方式进行债务融资。第五，在信托融资机制方面，科技型企业可以利用信托方式进行资金融通，比如基于资金信托贷款、股权信托、债权信托、受益权转让信托、融资租赁信托等支持科技型企业的融资需求。第六，在典当融资机制方面，若科技型企业面临短期资金的特别需求，可以质押或抵押方式进行快速融资，特别是对于没有社会信用认证的初创的科技型企业。第七，在资产证券化机制方面，科技型企业可以特定资产组合或特定现金流为基础发行可交易证券，将缺乏流动性的资产转换为金融市场的流动性证券进行融资，特别是对于盈利能力较弱的纯科技型企业。

2. 区域股权融资促进科技金融发展的配套机制

区域股权融资促进科技金融发展的配套机制主要包括资本市场和投资机构。具体说来，第一，在公开上市机制方面，多层次资本市场的构建可以满足处于不同发展阶段的科技型企业的融资需求，并依据差异化投资主体的风险偏好，建立由主板市场、中小板市场、创业板市场、科创板市场等构建的多层次资本市场体系。这些不同层次的资本市场之间相互协调、相互贯通，为科技创新活动提供相应的科技金融服务和资金支持。事实上，从高层次的主板市场到科创板以及新成立的北京所，随着科技型企业的上市门槛逐渐降低，风险程度也在不断增大。在通常情况下，伴随高新企业或科技创新活动的不断发展，企业会选择升级自身所在的资本市场。因此，公开上市的多层次资本市场是科技金融体系的重要组成部分，它们发挥了市场对资源配置的决定性功能，并通过筛查机制识别出市场对企业高新技术的认可程度，促使风险偏好强的资本有效进入前瞻性强的科技型企业，为科技创新活动在短期内的规模扩张创造机遇。此外，它还能发挥市场的价格功能，实现资本与技术的有机结合，更好地把握和管理企业的内部经营。第二，在企业并购机制方面，科技型企业的发展对技术创新活动的质量要求越来越高，而技术成果的巨大研发投入和不确定的市场认可度使得科技型企业的发展不能局限于自主研发，而应不断通过并购方式获取相关目标企业的核心技术，特别是市场竞争中的技术追随者。通过科技型企业的兼并与收购，可以提升产品的创造能力和研发能力，使得该企业不断扩大生产规模，实现企业核心技术价值的最大化。第三，在挂牌机制方面，区域性股权市场在科技型企业挂牌融资过程中发挥了重要功能，它们有效整合了科技型企业、政府、金融机构等主体，实现了信息流与资金流的并轨，有利于发挥区域性股权市场的诸多市场功能。例如，区域性股权市场的挂牌交易有效缓解了投资者与科技型企业之间的信息不对称，更好地保护了利益相关者，而披露信息的真实性有助于对内幕交易和操纵市场实行社会监管以及培育公开、公正、高效、竞争的交易运行机制。第四，在私人创业投资机制方面，科技型企业以自主创新的科技成果为核心，通过金融中介机构建立了一个多元化、多层次的资信沟通机制，形成以社会资本为主、以财政资金为辅的资金来源体系。第五，在天使投资机制方面，专门考察科技型企业的技术项目是否对市场具有吸引力、技术产品是否具有竞争力、发展战略的前瞻性等，合意的天使投资人会对初创的科技型企业进行前期投资，并会积极参与科技型企业的发展。第六，在风险投资机制方面，风险资本是科技型企业发展的孵化器，特别是对于有巨大发展潜力的创业企业。一般来说，风险资本通过进行前期股权投资，在创业企业发育成熟或相对成熟后，再获得资本增值收益。事实上，基于创新技术的研发成功将引致一定的市场壁垒，自然获取远超社会收入的平均利润，所以科技型企业借助于风险资本能够很好地降低外部环境的不确定性和内部环境的复杂性。第七，在私募股权机制方面，针对发展到一定规模并具备稳定现金流的科技型企业，私募股权投资以积极管理、专业运营进行长期权益类价值投资，同时投资者通过参与科技型企业的公司治理，开展不同类别的股权投资，包括投资于扩展期企业的直接投资基金、参与管理层收购的并购投资基金、投资过渡期企业或者上市前企业的过桥基金以及上市后的私募股权投资基金等。

二、科技金融区域发展的政策建议

结合科技金融区域发展的体系设计框架，本节将基于政府机构、金融机构、科技型企业以及科技金融服务部门四个视角提供一系列有利于科技金融区域发展的政策建议。

（一）政府机构视角下的政策建议

政府应当充分发挥在科技金融区域发展进程中的统筹协调作用，并围绕完善政府财政支持体系、加强政府对金融机构的政策引导、加强政府对科技型企业的支持、完善科技金融服务实施的政策引导、完善科技投入及科技成果转化体系以及加大对科技金融的监管力度等方面持续优化区域发展配套制度体系。

1. 完善政府财政支持体系

地方政府应当结合区域发展战略做好顶层设计，并同周边地方政府在顶层制度设计上相互借鉴、协同发展，加强制度联动机制，构建区域的顶层制度设计生态网；在此基础上，各地方政府应充分把握地区具有特色的产业布局所带来的差异化发展潜能，进一步完善各自的财政支持体系。具体说来，可以围绕以下三个政策方向来完善现有的财政支持体系：

第一，继续加大各地方政府对于科技支出的力度。首先，政府作为科技金融活动的领导者，在厘清其与市场边界的基础上，应适当加大对于市场不愿进行投入的科技金融领域的支持力度，如新成果孵化阶段，以弥补市场失灵，体现其对高新技术产业发展的支持，实现金融资源的有效配置，保障高新技术企业科技创新活动的顺利进行；其次，充分发挥政府科技资金的引导示范作用，引导社会资本共同参与科技金融建设，建立创新基金等科技金融合作载体，积极调动社会资本为企业的技术研发、技术转化与产品产业化等提供有力的金融支持；最后，利用税收优惠、财政风险补偿基金、政府担保等间接财政手段引导构建政府、企业、金融机构等共同参与的风险共担机制，降低单一主体风险，提高其他科技金融主体的积极性。

　　此外，需要进一步明确政府在科技创新领域的角色，科技创新固然需要政府的支持，但政府只是科技金融体系中特殊的参与主体，也只能作为科技金融市场的引导者和调控者，不可能成为主要的投资主体。具体说来，政府在科技与金融耦合过程中的作用主要表现在以下几个方面：一是制定鼓励创新的制度，制度创新对技术创新起着先决性作用，我们必须认识到只有通过高效的制度安排才能产生真正的原始创新。二是发挥金融对科技创新的杠杆作用，鼓励金融促进科技创新，为科技银行的设立提供有效的政策条件和保障措施，鼓励科技银行进行创新。三是制定有利于科技型企业融资的政策，充分发挥财政补偿激励杠杆作用，对技术含量高、市场前景广、信用记录好的科技型企业，给予一定贷款贴息和中介费补贴。与此同时，政府资金的投入方向应该从单个企业向公共平台建设转变，重点构建基础平台、企业信息平台、融资服务平台和技术市场交易平台，促进企业资产由无形资产向有形资产转变。通过出台优惠政策，吸引更多的科技型企业到产权交易所进行股权交易和知识产权交易，设立科技型企业非公开股权交易系统，探索风险投资的退出渠道。通过服务平台，鼓励、支持和吸引各类金融中介机构为科技型企业提供高效率、全方位的金融服务，尽力发挥财政担保资金的效用。充分发挥政府财政资金在科技创新中的引导作用，最终构建一个覆盖科技研发、科技创业、科技产业化等不同阶段的多层次扶持政策。

　　第二，提高地方政府公共科技金融的使用效率。各地方政府在加大财政科技支出、风险补贴、高新技术企业税收减免的同时，应当建立完善的扶持企业筛选机制，疏通政府财政资源流向高新技术企业的桥梁，建立与完善财政资源投入及使用的监督管理机制，防止财政科技资金出现滥用、挪用等不规范行为，确保财政科技资金的投入能够被高新技术企业高效使用，使得财政科技资金的乘数效应能够充分发挥。此外，各地方政府应进一步强化财政支持后的跟进、监管以及绩效审核等工作，并根据具体的公共科技金融使用效率来决定后续扶持工作的方向与力度。

　　第三，建立区域协调的科技财政体系。各地方政府应从宏观上对科技金融发展的整体战略进行统筹规划，再结合各地区有特色的产业结构以及经济发展特点，制定差异化的科技金融发展方针，同时应鼓励相互借鉴并推动科技金融发展好的城市对欠佳的城市进行帮扶。例如，以广州和深圳为代表的第一类城市可以对以粤东、粤西、粤北城市为主的第三类城市进行帮扶，改善这些城市的财政支出体系，逐渐完善全省的科技财政体系。此外，科技金融资源应当进行合理配置，各地方政府要对科技金融资源的配置体系进行有针对性的矫正。具体说来，在公共科技金融上可以对科技金融落后的第三类城市直接给予适当的财政倾斜，在市场科技金融方面则可以出台系统性的政策，引导市场金融主体积极进行响应，充分发挥公共科技金融的示范和引导作用。

2. 加强政府对金融机构的政策引导

在科技金融区域发展的体系设计中，还要把握政府与金融机构之间的关系。政府是科技金融区域发展的领导者，可以通过不断完善政策制度来调控金融机构在区域建设中的工作方向与对科技型企业的支持力度。与此同时，金融机构是政府部门对科技型企业进行管理的信息来源之一，也是政府机构为科技型企业的发展做出合理政策规划的依据。因此，进一步加强政府对金融机构的政策引导，有助于进一步优化金融资源配置，促进区域内高新技术产业的发展和产业结构的升级。具体说来，可以围绕以下三个政策方向来加强政府对金融机构的政策引导作用。

第一，通过立法完善金融机构的信用担保体系，为银行等金融机构防范信贷风险提供强有力的制度保障。只有在完善的法律和法规程序下，风险投资机构才能安全地投资大量资本，具有高风险和高利润的科技项目才能得以落实，科技型企业才能得以发展。政府应积极倡导以诚信为原则的社会治理格局，推进整个金融行业的信用体系建设，完善社会主义市场经济体制建设，同时也能不断提高政府公信力。要想将金融机构纳入征信范围，实施信用评级，政府就要做好金融立法工作，对金融立法加紧规划布局，健全金融行业的法律法规，同时设立失信惩戒机制，对金融机构的经营行为实施有法可依和违法必究，以规范金融体系中的经济行为。相关政策部门法制法规的建立健全，有利于进一步规范市场经济的平稳运行，并使资本的流动更加规范，从而规避风险资本在市场中的无序运行，为科技创新撑起保护伞；与此同时，健全的法律法规有助于保护技术和知识产权，规避不法分子的不法行为，并增加国家财政收入，有助于财富和收入的再分配。然后，在改善金融环境的同时还要注重效率。政府应与金融机构之间做到信息共享，解决信息不对称问题，加大资金对重要金融领域的精准投放，创新金融产品。政府应加快自身职能转变，加强服务型政府的建设，通过简政放权、放管结合、优化服务，发挥市场在资源配置中的作用，促进金融系统进行高效率的资源配置，实现经济的快速稳定增长，进而提升市场经济效率。政府对市场的正当干预要依靠法律手段进行，遵循政府干预法定原则，进行依法干预，并承担违法干预的法律责任，维护市场经济秩序。

第二，规范我国信用担保体系建设。政府应推进我国的信用担保体系建设。由于风险与创新联系紧密，科技创新活动的日益活跃意味着风险的不断累积，政府应该进一步完善信用担保体系。政府建设的信用体系是提高社会信用的基础与前提，我们必须进一步提高对社会信用体系建设的重视程度。此外，全面的信用担保制度有助于降低信息不对称所带来的一系列成本问题，从而为企业高效低价的融资提供保证，并带动科技创新的良性发展。在此基础上，政府可以协调有关部门，规范和加速我国的信用担保体系建设，为科技创新项目的融资提供便利。

第三，政府部门与金融机构做好信息共享和项目对接机制。政府部门将科技型企业的税收、经营状况等财务信息数据与金融机构做好信息共享，为金融机构精准发放贷款提供有力依据。

3. 加强政府对科技型企业的支持

科技型企业是区域经济增长由要素驱动型转为创新驱动型的主要参与者，而政府的一系列顶层设计都离不开对科技型企业发展的扶持，同时这也是政府在区域建设中的核心任务。具体说来，可以围绕以下三个政策方向来加强政府对科技型企业的支持作用。

第一，鼓励科技型企业的建立与创新，对科技型企业建立风险补偿机制。政府应为科技型企业做好战略谋划与政策支持，并利用多种手段为科技型企业提供各种金融服务，加快中小企业产业转型，注重集成电路、人工智能、生物医药等重点产业的发展，引领这些产业快速成长并形成产业集聚，同时抓住时代机遇，加快企业创新发展的步伐。此外，政府要加大力度推动中小企业与大型企业、科研院所、学校开展合作，扶持一批有自主创新能力的企业快速成长，并且在创业阶段迅速解决"瓶颈"问题，提升企业高科技成果的转化效率。

第二，推进科技金融的市场化改革。政府要通过建立成熟的法治环境、高效的政务环境和公平的社会环境实现市场化红利的释放，推动金融要素价格的市场化发展，将金融体系市场化与金融监管有效结合，从而合理配置市场资源。科技金融的形成和发展是市场与科技有效结合的过程，深入推进市场化改革是实现科技金融产业飞跃发展的有效手段。此外，政府对资本市场的上市以及退市制度加以完善，可以保护投资者利益，提高上市企业的品质和资本市场的质量，促进资本市场长期、健康、稳定的发展。

第三，政府和科技型企业要注重构造人力资本新版图，通过培育多元化、多层次和多渠道的人才体系，实现人力资本贡献率的提升。科技金融的发展在本质上是人力资本和金融资本有机结合的产物，提升人力资本水平是促使科技金融升级发展的重要战略举措。政府和科技型企业要强化人才队伍建设，促进人才合理流动，构建人才评价与激励的管理量化机制。

4. 完善科技金融服务实施的政策引导

积极响应国内国际双循环新发展格局下赋予区域的战略使命，构建区域创新创业生态环境以及提升自主创新能力和国际核心竞争力的工作，都离不开与之配套的法制环境、政务环境、城镇化发展以及对外开放的政策引导。相应地，可以围绕这四个视角进一步完善政府关于科技金融服务实施的政策引导作用。

第一，在法治环境方面，健全科技创新和金融市场的法规制度体系是首要任务。例如，在科技创新领域要加快推进《中华人民共和国促进科技成果转化法》和《中华人民共和国专利法》的修订，以解决知识产权创造、应用和保护方面的法律障碍；在金融市场领域要抓紧修订《非存款类放贷组织条例》、《私募投资基金管理暂行条例》、《中华人民共和国证券法》和《中华人民共和国信托法》等确保金融创新业务的法律规范。与此同时，积极开展科技金融的执法监管和司法保护也是必要的，比如严厉打击侵犯知识产权和金融欺诈等犯罪活动、广泛开展法律服务来提升科技金融主体的司法保护程度。

第二，在政务环境方面，应加强政务服务平台的建设，提高政务人员的综合素质，优化政务审批的流程效率，并积极惩治和预防科技领域及金融领域的职务犯罪，形成简政放权、放管结合、优化服务的政务环境。在社会环境方面，对于不同规模的科技型企业，构建平等准入、公平竞争的政策环境，持续完善科技型企业的信用体系，有效解决信息不对称等客观原因造成的发展瓶颈。

第三，在城镇化发展方面，政府应积极加速中国特色新型城镇化建设水平，通过实施集约式城镇化、智能式城镇化和低碳式城镇化推进科技创新与公共基础设施产业投资基金、城市信托、农地金融等各类金融参与主体的深度耦合，实现科技金融与城镇融合发展。在集约式城镇化方面，农村开发区、乡镇产业园和农村科技示范园区等有利于整合城乡金融资源，加速实用型科技成果的转化应用；在智能式城镇化方面，城市交通、医疗卫生、教育、社区管理服务等诸多领域的信息化和现代化促进了科技与金融的紧密结合；在低碳式城镇化方面，低资源消耗、低环境代价的高质量道路必然推动低碳技术和与碳金融相关的产业发展。

第四，在对外开放方面，政府应合理有序地逐步开放资本账户，通过功能性金融监管与结构性资本管制相结合，实现更开放的金融产业与科技产业的耦合。在功能性金融监管方面，应从规则性监管向原则性监管转变，同时加强宏观审慎监管，满足综合经营的监管需要，有效支持科技产业的发展；在结构性资本管制方面，逐步由开放长期资本流动管制到解除与贸易自由化相关的短期资本流动管制，进而由放宽资本流入到允许资本自由流出，达到人流、物流、技术流和资金流的有机整合。

5. 完善科技投入及科技成果转化体系

为了全面推进科技创新与金融发展的有机融合，促进区域经济的高质量发展，需要完备的科技投入及科技成果转化体系来支持。相应地，我们可以围绕以下三个视角来完善政府关于科技投入及科技成果转化体系的构建。

第一，在拓宽科技投入渠道的同时，不断优化科技投入结构。要想区域内的科技活动投资力度继续增大，需要引导区域内的企业释放科技创新潜力。首先，提高中试研究的资金投入，使科技成果的技术成熟度进一步提高，促进"科研-中试-生产"的良性循环。其次，继续加大科技成果转化的投入力度，同时推动风险投资参与科技成果转化，积极开拓科技风险投资市场，鼓励外资和民间资本进入风险投资领域，使资本市场和技术市场的融合程度得到提高。再次，逐步调整和优化科技投入结构，实现区域经济高质量发展，解决动力转换的问题。最后，逐步调整技术引进资金和消化创新资金的投入比例，在整体上由技术引进型模式向自主创新型模式转变，努力提高区域内企业的自主创新发展能力。

第二，完善科技投入产出绩效评价机制。首先，进一步规范政府财政支出的绩效评估体系。具体说来，有以下三点：一是依据科技项目的实现程度来建立动态管理机制；二是建立涵盖科技项目成果、内部管理和投资过程的评价体系；三是根据科技项目成果来制定严格的奖罚制度。需要注意的是，应动态地看待科技投资的投资收益率，不能把当年的产投比作为衡量科技投资收益率的唯一标准。其次，支持和鼓励企业加大对高校和科研机构科技成果的投入，使高校、科研机构和孵化中心各司其职、健康发展，努力寻求科技创新的乘数效应，并构建针对高校和科研机构科技投入与产出的绩效评价体系。具体说来，有以下三点：一是应当构建有利于转化大学和科研机构科技成果的技术交易平台，并逐步从技术交易平台扩展到"创意交易会"；二是建立一系列专利转让收益分配机制，用以提高技术人员的工作热情，并促进大学和科研机构的科技成果转化；三是应努力增加大学和科研机构在国际知名学术期刊上发表文章的数量。再次，将总量指标和平均指标有机结合起来，同时要注意特定指标的内部差异。例如，现有发明专利、实用新型专利和外观设计专利共三类专利，它们的科学技术含量逐渐下降，对产出绩效的贡献也不同，因此在定量评价时应考虑其内部差异的权重分配问题。最后，要把生态和社会效益指标纳入科技投入与产出的绩效评估框架中，密切关注科技创新对生活质量、资源节约、环境友好和社会和谐的积极与消极影响。例如，每万元 GDP 能耗、每万元 GDP 用水量、工业废水排放达标率、资源化利用率等指标不容忽视。

　　第三，促进科技成果的转化和应用。具体说来，有以下七点：一是进一步加强企业、高校和科研机构的三方合作，大力推进技术研发、科技成果转化、创新平台建设、创新人才培养，有效提升区域内优势产业和技术的创新能力；二是充分发挥区域内的经济基础与产业链互补的优势以及高端创新资源的汇集优势，加大人才培养及人才引进的工作力度，为科技成果转化提供长期稳定的人才基础；三是推进赋予科研人员科技成果所有权和长期使用权的试点改革工作，完善决策机制，规范操作流程，探索成果评价、收益分配等制度；四是以最严格的标准来加强知识产权保护，加强知识产权行政执法和海外知识产权维权援助，完善知识产权快速保护体系以及知识产权多元化纠纷解决机制和非诉纠纷解决机制，同时完善知识产权信用监管体系建设；五是继续加强高质量知识产权创造，实施重点行业高价值专利培育工程、知识产权强企培育工程、工业专利导航评估工程和提高知识产权代理人素质工程；六是继续推进知识产权高水平使用，构建高水平的知识产权运行体系，进一步推进知识产权方面的金融工作，在提高高校专利质量的同时，推进其转化应用；七是继续推进区域技术转移中心建设，努力打造立足区域、辐射全国、面向国际的高端服务枢纽平台，支持区域创新驱动战略的发展，为推进区域科技成果转化提供有力支持。

6. 加大对科技金融的监管力度

　　科技金融的崛起导致金融市场的竞争加剧，这可能会使一些金融机构降低贷款门槛或开展一些高风险活动，也就是金融稳定将会受到威胁。此外，那些越来越依赖大数据、云计算、区块链等第三方机构提供服务的科技型企业可能会存在信息泄露风险，也就是科技型企业的重要信息可能被泄露。因此，加强对此类企业的科技金融监管是科技金融发展的必经之路。但是，要注意金融创新和风险监管之间的适当平衡，在创新与监管的博弈中，金融创新总是走在前面，但监管不能远远落后，要注重找到金融创新与金融监管的平衡点，实现监管、创新、再监管、再创新的动态博弈和良性循环。

　　第一，完善相应的法律法规体系。对于新出现的互联网金融产品和服务，首先要明确它的性质。如果对传统金融产品和服务有相应的法律，那么就应该按照同样的标准进行监管。如果属于新产品，就需要先对它的潜在风险进行评估，并建立相应的法律来弥补制度的不足。只要是从事金融活动的企业，就要平等对待，在准入和监管方面都要从严要求。我们要在用户隐私数据的使用和保护方面做出相应的规定，防止企业利用用户数据进行大数据杀熟、诱导消费金融产品；与此同时，企业对于数据的安全意识要不断提升，避免造成用户数据因为黑客攻击而泄露。此外，我们要开展金融领域的反垄断立法，以维护金融市场的公平竞争。由于金融市场的特殊性，如果存在民营企业的寡头垄断或垄断，不仅可能导致寻租，而且可能导致金融风险因信息不对称而高度集中，这就对金融市场的健康稳定发展有着非常不利的影响。金融违规的形式和手段随着金融科技的不断发展变得更加多样化和隐蔽化，因此打击非法金融活动的立法工作刻不容缓。

第二，监管与科技手段的结合。金融监管部门要积极探索大数据、AI、区块链等新技术在金融监管中的应用，改变传统金融监管的方式和流程，加快监管方式向数字化、程序化、自动化转变，增强风险防控能力。我们可以与互联网公司合作，建立监管大数据平台，设置各种数字金融风险参数，进行金融风险实时监管和快速预警。此外，我们需要建立健全互联网金融风险预警系统，尝试利用金融科技创新监管工具。需要注意的是，虽然利用金融科技创新监管工具有助于提高监管效率、降低合规成本，但金融监管部门的基本职能不能被替代，而金融技术风险的隐蔽性、传染性和突发性也难以改变。

第三，借鉴监管沙盒模式，通过测试找到最佳监管路径，为科技金融的发展提供相应的空间和制度保障。监管沙盒的概念是由英国金融行为监管局在2015年提出的，是指政府在探索合理监管边界的同时，应为金融科技企业提供一个宽松的监管环境，让其尝试新产品。这种方式可以在有效防范风险的同时，鼓励金融科技企业创新。2019年12月，中国人民银行推出金融科技创新监管试点工作，借鉴国外主流的监管沙盒设计理念和运行模式来引导金融机构和金融科技公司的创新工作规范发展。

（二）金融机构视角下的政策建议

金融机构要发挥好在金融领域的中介作用。在区域科技创新发展战略布局中，金融机构对科技金融发展有着积极的促进作用，如何合理运作金融中介机构，逐渐成为科技金融发展不可或缺的部分。

1. 对政府机构做好信息的及时反馈

第一，应当积极与当地政府开展合作。金融机构应积极主动地响应政府号召，支持地方经济建设与发展，地方政府可以依托区域内的金融机构，制定适当政策引导金融资本流向特定的科技型企业。在政策支持方面，地方政府应当对金融机构支持科技型企业的融资服务提供一系列政策支持。例如，实施财政贴息政策来降低科技型企业的融资成本、实施财政补偿政策来降低金融机构的交易成本等。在贷投结合金融产品方面，对于支持科技型企业融资的业务，应使用不同于传统商业银行的绩效考核指标，重点考核科技型企业的贷款户数、授信规模、销售业绩等指标。

第二，应当做好与当地政府的对接机制，与政府共同搭建服务于科技型企业的对接平台，在政府的指导下支持科技项目建设，加大对科技型企业的信贷投放。政府应通过金融机构解决中小企业的融资难问题，推动地方建设、发展经济、增加税收，同时政府要为银行提供政策的支持与引导，推动金融机构的发展。

第三，应当完善内部信用评级体系，对科技型企业设计差异化产品。金融机构要加强对企业信用的调查力度，搜集真实、准确的企业信息，并利用互联网信息技术完善信用评级体系的建设，同时建立监督风险机制，以便把控信用风险、优化信用环境。此外，金融机构需要加强金融创新和建立金融产品创新机制，并针对不同类型的科技型企业开发有针对性的金融产品，以提升贷款质量、满足科技型企业的资金需求。

2. 金融机构要为科技型企业提供适宜的金融服务

第一，积极拓展知识产权质押融资发展模式。为了有效解决科技型企业与金融资源严重不匹配的问题，可由政府部门牵头构建服务科技型企业的信息共享平台，通过引导规模化的担保机构直接参与的方式，评审科技型企业拥有的知识产权情况并为其提供质押服务。金融机构通过政府引导的方式与科技型企业、中介机构和评估机构进行接洽，在制定一系列具体方案并签订合作协议后，向科技型企业提供知识产权质押融资贷款。在市场方面，可搭建信息平台对接科技型企业的融资需求和披露知识产权的具体资讯，但不参与对贷款申请企业的评估过程，充分发挥市场在配置金融资源上的决定性作用。在中介方面，担保公司和评估机构的引入形成了外部增信机制，不仅降低了知识产权质押贷款的金融风险，而且确保了科技型企业贷款的质量。通过政府搭台的模式，让科技型企业的需求与金融机构的资本形成良性互补，通过建设互联网金融平台来缓解信息不对称问题，可以形成科技金融相融合的趋势。

第二，创新金融服务方式，建立科技金融深度融合的保障体系。利用互联网技术推动线上金融业务办理，为科技型企业提供快捷的金融服务，可让科技型企业享受到优质的金融服务。此外，政府应积极打造"互联网＋科技金融"服务平台，即将科技型企业的信息归到同一个平台进行分类并公开，旨在让更多科技型企业能够搜集到所需资源，进而加快企业的科技创新进程。

第三，金融机构应做好信息系统的安全建设，在法律范围内保护用户隐私。金融机构要提升工作人员的安全意识，建立完善的信息安全保障体系，定期对信息平台进行检查，并采用创新方法应对网络黑客的非法入侵，提升信息平台的防御能力建设，完善信息安全管理制度，加大对网络平台的监管力度，同时运用威胁情报技术、安全众测服务等手段，不断提升防御水平，实现信息平台的安全运转。

3. 金融机构要拓宽科技型企业的融资渠道

第一，通过完善多层次资本市场来支持科技型企业做大做强。让科技型企业通过多层次资本市场体系来实现重组、上市和融资。金融机构利用各类产权交易市场为科技型企业提供股权转让和融资服务，而非上市科技型公司的股权转让渠道需要不断完善。科技型企业可以利用债券市场融资，金融机构可以探索对发行公司债券、信托计划、中期票据、短期融资券等直接融资产品的科技型企业的社会融资利息进行补贴。

第二，金融机构开展面向科技型企业的创新服务，拓宽它们的融资渠道。商业银行应积极为科技型企业提供系统的金融服务，开发多种形式的抵押信贷业务和产品。我们应鼓励融资租赁企业创新融资租赁业务模式，开展融资租赁与风险投资相结合、租赁债权与投资股权相结合的风险投资租赁业务。我们应加强互联网金融的发展和模式创新，支持网上小额信贷、第三方支付、网上金融超市、大数据金融等新兴业态发展。

第三，完善科技型企业的融资担保和科技保险制度。我们应引导设立多层次、专业化的科技担保公司和再担保机构，逐步建立和完善科技型企业的融资担保体系，鼓励为中小企业提供贷款担保的担保机构实行快速担保审批程序，简化反担保措施。为了满足小微企业多层次、多样化的融资需求，科技担保可以根据企业的特点，从可评价性和有效性的角度，不断创新产品和服务。由于成长型科技企业有相对充足的财务数据等可评价指标，科技担保可以通过逐一评审的方式为其提供个性化服务。面对科技型小微企业信用信息缺失、财务不规范的问题，科技担保可通过掌握的关键信息进行评估，推出"见贷即保"等标准融资担保产品，并采用批量、表格的评估方式，以简化流程、提高效率。科技担保应注重产品和服务的创新，通过推广和批量创新的模式，为科技型小微企业提供具有普惠金融性质的信用担保服务。

与此同时，保险机构要大力发展知识产权保险、首（套）产品保险、产品研发责任保险、重点研发设备保险、成果转化保险等科技保险产品。金融保险机构要提供更多种类的科技保险补贴，让科技型企业愿意尝试购买科技保险，逐步加深科技型企业对科技保险的认知。保险公司设计的科技保险产品应该从科技型企业的角度出发，满足科技型企业的需求，为科技型企业有效设计能够分散现有业务风险的科技保险，加强科技保险产品的创新，比如为专利侵权引起的法律调查、诉讼等事项引入保险保障。

4. 金融机构和科技金融服务部门形成风险共担、合作共享的局面

科技金融服务部门对科技型企业进行信用评级、资产评估、法定审核，同时金融机构在投放资金时也要参考这些信息，金融机构与科技金

融服务部门应合作共享、信息互通、共同发展。

第一，将信息与计算机、人工智能、区块链等技术相结合，提高信息监管效率。计算机、人工智能和区块链的运用有利于金融机构与科技金融服务部门共同建立信任机制。区块链技术能够实现不同部门的跨链联系，金融机构的业务数据上链后，可建立区块链分布式报表系统，人工智能通过对历史海量数据进行有效提取，能从不同维度进行分析，帮助金融机构提前预警，并做到风险控制。此外，科技金融服务部门可以对金融业发展中存在的不端行为进行及时检测，完善市场监管，并运用科学技术及时推进对市场主体的事前、事中、事后监督。

第二，金融机构积极寻求与科技金融服务部门的合作模式，在促进科技金融迅速发展的同时，对科技型企业进行实时监督，提升监管效率，并对存在的问题进行讨论，形成改进方案，最终促使科技金融共同发展。金融行业发展至今，已经与会计、法律形成了不可分割的关系，会计是金融市场发展的基石，能够反映企业真实的财务信息，而法律执行程度、诉讼风险也时刻影响着金融市场。金融机构与资产评估部门、法律部门、信用评级部门深度合作，保证每一项业务开展过程中的科学性、独立性和客观性，在"互联网＋"时代中提高金融服务水平、推动科技金融的创新发展。

第三，维护市场秩序，防范法律风险，规范金融网络环境。互联网金融的发展模式虽然实现了低成本、高参与度等，但也带来了诸多风险。为了维护金融市场秩序，金融机构应联合科技金融服务部门共同加强法制建设，同时建立金融安全体系，由法律部门提供专业咨询服务，并与科技金融服务部门共同确定法律保障体系，比如对工作人员开展法律培训、培养金融和法律复合型人才以及利用法律知识和基础背景解决金融问题。

(三) 科技型企业视角下的政策建议

基于新时代科技金融区域发展的全局战略视角，需要提高科技型企业的创新能力，完善科技型企业的人才工作环境，提高科技型企业的管理效率，这些都是科技金融区域发展的题中应有之义。

1. 确定科学的创新发展模式

科技型企业应尽快实现技术创新，促进科技成果的转化，同时提高产品质量、降低制造和能耗成本，与金融机构和科技金融服务部门开展深度合作，然后通过自身知识产权质押缓解自身资金问题，促进自身与金融机构和科技金融服务部门的共赢。

第一，科技型企业必须加强战略管理，正确选择科研方向，然后通过总体设计和系统规划实现预期目标。科技型企业在选择科研方向时，应坚持市场导向，然后根据自身优势和行业发展趋势制定战略规划。与世界同行业企业相比，技术领先的科技型企业应根据市场变化，慎重选择第二代和第三代技术路线。技术相对落后的科技型企业应结合市场容量研究决定是采用现有的紧跟战略，还是另寻出路。要想以创新的思路开拓新的市场，科技型企业应坚持行业领先战略，即立足行业高端、走在行业前沿，努力突破关键核心技术，为企业创造竞争优势。为了突出主业，科技型企业不能全面出击，要与其他企业的科研方向之间有所区别，努力创造技术和品牌优势，抓住市场机遇，促进未来发展。此外，建立高效、合作、开放的技术创新体系对提高科技型企业的技术创新能力具有重要意义。

第二，实施科技创新战略，要求科技型企业不仅要重视重大关键技术的研发，而且要重视科技成果的转化和应用，以加快品牌的培育和建设。对此，可由创新型企业、高新技术企业、科技型中小企业、高等院校和科研院所联合设立研究开发机构或技术转移机构，共同开展研究开发、成果应用推广、研究标准制定等工作。围绕"互联网＋"战略，我们可以探索企业技术难题招标等研发众包模式，引导科技人员、高等院校、科研院所承接企业项目委托和招标，推进开放式创新。科技型企业应带头组织实施那些市场导向明确的科技项目，同时完善技术成果向企业转移扩散的机制。科技型企业应大力引进国内外先进适用技术，进行技术创新、改造和升级。

第三，利用技术产权交易平台、知识产权交易平台等各种平台，促进科技成果与资本的有效联系。政府应支持有条件的技术转让机构与天使投资、风险投资合作设立投资基金，加大在科技成果转化项目方面的投入力度。政府还应与国际知名技术转让机构深入合作，围绕重点行业的技术需求，引进国外先进适用的科技成果。科技型企业应不断探索满足不同用户需求的科技成果评价方法，提高科技成果转化的成功率。与此同时，政府应实施"互联网＋"集成电路设计等重点领域的专利导航工程，引导协同制造、现代农业、智能能源、绿色生态、人工智能等"互联网＋"领域的知识产权战略布局，使各产业的创新发展能力得到提升。

2. 不断改善人才和科技工作环境

第一，科技金融发展的本质是人力资本和金融资本有效结合的产物，因而提升人力资本水平是催化科技金融升级发展的重要战略举措。创新人才建设是推进科技创新、提高核心竞争力、提高自主创新能力的重要支撑，它还是科技型企业调整经济结构、转变发展方式的中心环节。在人力资源方面，科技型企业要善于运用政府重构的人力资本新版图，通过培育多元化、多层次和多渠道的人才体系，实现人力资本贡献率的提升。科技型企业要完善人才选拔机制，构建人才引进的绿色通道，注重人才短期激励与长期激励的结合，完善人才业绩考核制度，这些举措有助于形成人力资本的良好生态环境。具体做法如下：首先，科技型企业必须牢固树立人力资源是第一资源、科技是第一生产力的观念。我们应激发全社会重视、关心和支持人才及科技工作的积极性，宣传和鼓励创新创业先进典型，在企业内部形成人才和科技创新的良好氛围。

第二，要加强对人才和科技工作的组织领导。组织和动员各部门营造有利于人才成长的环境，真正建立以企业为主体的人才选拔和竞争机制，实施有吸引力的激励政策，吸引、留住和使用科技人才，使创新创业成功的科技人才获得荣誉、地位、进步和效益。根据各级政府强调的人才强市、科教兴市战略，突出科技人才的地位和作用，把科技人才作为各项工作的重中之重。科技型企业应统筹规划战略研究、总体规划、重大政策实施和关键问题解决，努力提高科技人才工作的组织水平。科技型企业要增强大局意识，加强协调合作，打破条块分割、部门所有制、行业垄断和各自为政的局面，从而有效整合资源并形成合力。政府要从落实新发展理念的角度，加强和改进对科技人才工作的领导。科技型企业要不断完善科技人才工作的目标责任制，将科技人才工作列为年度考核的重要内容，同时提高考核权重、细化考核标准，形成完善、科学的考核体系。科技型企业要加强宏观指导和日常检查，督促各部门按照目标、任务和时间要求，逐一落实科技人才工作。科技型企业要严格审查程序，对科技人才工作先进的部门和个人给予表彰和奖励，对工作不力、效果不佳的部门实行通报批评，以奖惩分明的措施促进企业科技人才工作的开展。

第三，促进区域金融要素的流动自由化。通过对科技金融及科技创新区域发展现状的描述和实证结果的分析，我们不难看出，各区域的金融要素资源失调现象较为显著。

因此，我们应在充分把握区域内的产业布局特色及经济发展优势的基础上，强化区域的创新资源集聚能力，加快形成开放互通、布局合理的区域创新体系。

第四，加快建立科学的科技人才和科技产业管理体系。根据我国的实际情况和发展趋势，应加快建立标准明确的科技人才评价体系，即充分利用科技人才管理体系、服务良好的科技项目评估体系和坚实有效的相关政策执行体系，建立科学的人才分类和评价标准体系。针对从事基础和前沿技术研究、应用研究、成果转化等不同活动的人员，应完善分类评价标准和方法，突出能力和绩效导向。对于从事基础研究的科技人员，要突出长期目标导向，实行有代表性的评价体系，其评价重点应从研究成果数量转向研究质量、原始价值和实际贡献，让科学家以灵活的工作方法从事科学研究。政府应重视对从事应用研究和技术开发的科技人才的市场考察及用户评价。对于从事成果转化的科技人才来说，评估其技术转移能力和科研成果对经济和社会的影响十分重要。政府应构建统一开放的科技人才市场，同时发展专业人才市场和网络人才市场，如职业经理人人才市场和高科技人才市场。政府应制定人才服务行业从业人员的行为准则，加强人才服务市场和人才中介机构从业人员建设，不断提高人才服务行业从业人员的专业水平和业务能力；充分发挥市场配置资源的作用，实现人才服务机构的投资主体多元化，倡导和鼓励社会资本进入人才服务的领域，加大科技人才服务投融资规模，促进人力资源管理咨询、人才培训、人才测评等人才服务专业领域的发展。

3. 提升科技型企业自身的信用管理水平

第一，与其他企业相比，科技型企业的风险巨大，特别是处于初创期的科技型企业。这类企业的风险溢价需要高信誉担保机构进行担保，才能实现闲置社会资本由储蓄到投资的转化。科技型企业可以通过设立引导基金获取间接金融支持和担保，同时利用政府在区域产业发展过程中的信息优势，引导社会资本，降低投资风险，有效发挥政府基金的汲水作用。科技型企业必须打造完整的信用体系来提升科技资本的风险防范水平，基于初创期科技型企业资产少的特点，传统的商业银行融资模式并不支持其融资需求，所以金融创新和深化成为科技型企业可持续发展的重要前提。

第二，科技型企业一旦发生重大业务事项，应及时与金融机构沟通，并定期向金融机构报告企业的生产经营情况、存在的问题和发展方向，然后根据金融机构的建议，再结合自身条件，调整与金融服务机构的合作，确保以低成本、便捷、高效的投融资渠道解决融资问题。此外，科技型企业还可采取灵活的风险规避措施来提高金融机构及企业的操作能力及抗风险能力。科技型企业应认真学习和研究国家金融政策，把握各金融机构的市场定位、金融服务的主要客户结构和优惠政策的重点，要学会主动对接，找到好的组合点。与此同时，科技型企业可以通过理念创新、机制创新和管理创新，不断拓展企业的发展空间，并提高效率，增强企业发展潜力，提升企业信誉和良好的社会形象，增强各金融机构提供更多、更好金融支持的信心。

第三，科技型企业通过构建信用体系，可以实现新兴金融机构与科技型企业的信息对等，同时借助信用评级机构的专业服务，可以实现保险产品的有效创新，并可依据处于不同发展阶段的科技型企业承担的风险大小与融资需求进行不同金融机构的融资安排，形成金融担保中介、保险公司、证券公司与商业银行的科学合作，有效提升科技型企业对科技资本的可持续获取能力。

4. 积极寻找合适的融资方式

第一，完善主板市场、中小板市场、创业板市场、科创板市场等多层次资本市场体系，加强不同层次资本市场之间的相互协调、相互融通，为科技创新活动提供相应的科技金融服务和资金支持。符合条件的中小企业应积极发行公司债券、短期融资券、集体债券，并开展股权融资、项目融资、信托产品等其他形式的直接融资，以促进自身的快速成长。政府积极培育和规范发展的产权交易市场不仅可以促进技术和资本的结合，而且可以促进各类资本的流动和重组。

第二，广泛利用区域资源，形成一套有效筛选企业、强调自行承担风险的市场机制，以促进投融资对接，实现资本供给与风险分散的平衡。与此同时，我们可以改善针对科技型企业的服务，通过市场化手段配置资源，并提供各种定制化的专业服务，用于满足科技型企业不同生命周期的需求。科技型企业可以借助专业服务机构实现规范化运营，获得重组咨询、管理咨询、财务顾问等服务，从而完善治理结构、提高管理水平、规范财务运作，最终增强可持续发展能力。

第三，具有自主创新能力的科技型企业可以在海外上市，挖掘国际合作资源，积极拓展在亚洲、欧洲、美洲和非洲的业务。科技型企业应积极参与海外资本合作，充分利用全球科技资源，推动海外资本引进，进而发展区域内的科技型企业，促使区域整体的自主创新能力得到提高。

（四）科技金融服务部门视角下的政策建议

从整体来看，区域内的科技金融服务部门及基础设施应当围绕服务国家发展战略进行建设。在多层次资本市场的建设过程中，基于科技型企业在发展早期"轻资产，高风险"的特点，参照区域性产权交易市场的建设经验，通过资产评估机构、信用评级机构的科技金融服务部门的规范与完善，可以实现科技型企业的知识产权转让、科技成果转化以及技术入股等，从而提升科技资源和金融资源相互整合的空间，促进科技创新与金融发展的有机结合。

1. 资产评估机构

第一，资产评估对于科技成果转化具有很大的作用，它推动了科技成果的转化。通过推进对科技成果转化的评估与评价，更多高水平、高质量、高价值的科技成果将从高校向企业推广。虽然资产评估解决了科技成果转化的定价难题，而且它在科技成果转化方面已经起到了积极作用，但资产评估还需要加强以下几个方面来推动科技成果的转化：一是对科技成果转化的评估指标体系及评估方法有待加强，我们要在大数据下完善科技成果转化的评估指标体系及评估方法，建立更精准的评估模型；二是资产评估准则还有待完善，在无形资产评估准则的框架下，已分步制定了专利、商标、计算机软件、著作权等指南，完善了知识产权评估的准则体系，但专门针对科技成果的准则还有待完善；三是科技成果转化工作十分重要，需要培养更多的人才。

第二，资产评估还能有效防止国有资产流失。如何在支持科技成果转化的同时保障国有资产安全和完整，这是高校和科研院所等机构在科技成果转移转化过程中无法避免的问题。要切实加大"放管服"的改革力度，最大限度地支持科技成果转化和科技创新。

第三，资产评估可以调动科研人员的积极性。我们要加大对科技成果转化评估管理和评估理论体系的研究，以增强评估能力、完善评估机制。

第四，无形资产评估使科技型企业与金融机构形成了一种资产纽带关系，可以实现良性发展。这是因为量化无形资产的价值可以使金融市场对企业的价值及其未来发展能力有一个正确和积极的认识，从而提高了企业获取风险投资和场外融资的机会。

2. 信用评估机构

第一，信用中介在促进金融创新、丰富科技型企业融资渠道、提高信用良好企业的融资效率方面发挥着非常重要的作用。例如，信贷涉及担保和信用评级等中介机构，这些中介机构向银行提供它们对借款人的相关评估，这是银行是否发放贷款的重要依据。信用中介可以说是银行与企业之间的桥梁和纽带。对银行来说，信用机构对企业进行独立的信用调查，揭示企业风险，可为银行信贷决策提供有利参考。对企业来说，通过信用中介的信用评估，企业能够认清自身的风险并进行有针对性的改进，从而获得银行信贷资金的支持。长期以来，金融机构（特别是各大国有银行）积累了丰富的风险管控经验，不仅能准确把握风险的发展方向，而且能准确判断供给侧结构性改革的力度和结构，特别是在判断微观主体的信用状况方面比较准确。我们既要发挥金融中介的作用，又要发挥信用中介的作用，特别是在目前我国仍以间接融资为主的情况下，需要通过发挥信用中介的作用来促进企业融资，拓宽微观主体的融资渠道。

第二，在提高科技型企业融资效率的同时，信用中介与金融机构共同承担了一些风险。这就要求信用中介结合国际惯例和中国国情，将传统的研究方法与现代的科学技术和互联网技术相结合，在征信、信用调查、信用评估和信用担保方面采用定性和定量相结合的方法，以提高自身的专业技术能力。

第三，要加强内部管理，即加强内部从业人员的职业道德、纪律以及能力的培养和教育。信用服务业作为一个从事信用产品生产的行业，具有知识密集型和技术密集型的特点。信用中介的主要运作手段是对各种数据的处理、存储、管理、使用和报告。商业数据库系统和先进的客户信息管理系统是信用中介竞争力的集中体现。商业数据库存储了国民经济中各种经济组织的数据并定期更新，可以提供各种信用评级或调查咨询报告，以满足客户的不同需求。因此，信用评估机构对从业人员的综合素质要求很高，需要从业人员综合运用经济、法律、金融、技术、经营管理等方面的知识对人、企业、市场进行敏锐的观察和分析。这些高素质人才往往需要通过市场获得，因此信用评估机构要完善用人机制，坚持择优录用的原则，公开招聘综合素质高、业务能力强的专业人才，不断提高担保机构的整体业务水平，促进信用评估的健康发展。与此同时，信用评估机构要有适当的分配和劳动报酬机制，遵循风险与收益成正比的原则，并要有创新机制。信用评估机构可以让资本、技术、知识产权等参与分配，将企业经营者和工作骨干的贡献、风险、分配联系起来，从而激励员工发挥才能，调动他们的工作积极性。

3. 孵化器

第一，利用区域资源网络加强孵化器与风险投资的紧密结合。在创业资金方面，孵化器提供的资金量相对较少，一般用于创业企业的种子期和初创期，但在后期难以支撑创业企业的发展；风险投资提供的资金量比较大，但一般投入创业企业的成长期及后续时期。在孵化器与风险投资融合后，可以保证创业企业在不同阶段有足够的资金生存和发展，从而最大限度地将资本优势转化为创新优势和技术优势。在服务功能上，孵化器主要为创业企业提供孵化场所、沟通网络、政策支持和融资服务；风险投资主要为创业企业提供股权基金、市场开发和管理咨询服务。在两者融合后，创业企业在发展过程中所接受的服务功能可以多元化、综合化，其存活率和增长率都可以大幅提高。在政策支持方面，孵化器能够享受国家和地方的优惠政策及支持，如投资政策、产业政策、税收政策、高新技术政策等；然而，在风险投资政策法规不完善的大环境下，风险投资能够享受到的优惠政策和支持非常少。在两者融合后，风险投资可以利用孵化器的政策优势，充分发挥其资本优势，从而使科技型企业得到健康高效的发展。

第二，加强孵化器融资平台建设，积极促成科技型企业与金融机构对接，建立和完善孵化资金体系，鼓励孵化器与证券服务机构紧密合作，形成以孵化为源头、以加快融和上市为目标的企业孵化链。完善孵化链可以带动区域内科技型企业的发展。为加快孵化链各环节的衔接，应针对不同成长阶段的企业需求，建立"众创＋孵化器＋加速器＋产业园"的接力孵化培育体系。孵化器的前端可扩建为创新创业苗圃，用于孵化创业团队和项目，而孵化器的后端可扩建为加速器，以促进"毕业"企业的快速成长，为高速成长企业的发展提供空间，促使各环节的有效衔接和健康发展。围绕区域重点发展的战略性新兴产业、产业技术创新链和新兴优势产业链，努力形成"研发-创业-产业化-价值"孵化链，培育和壮大高新技术企业，推动区域科技创新能力的不断提升，进一步促进区域孵化器创新要素的流动。我们要推进创新要素向科技型企业流动，充分发挥企业的创新主体作用，大力支持科技型企业创新创业。我们应鼓励区域孵化器中的企业家和创业项目实现交流孵化与异地孵化，促进创业项目和创新人才在区域内部流动；推进区域风险资本流动，推动各地区金融机构、天使基金对投资项目进行筛选，实现风险资本的跨区域流动，从而推动孵化服务平台在区域内充分发挥创新效益，支持研发设计、技术转让、科技咨询、科技评估、企业孵化、知识产权转让、投融资、检验检测等的孵化服务公共平台建设，实现创新资源共享。

第三，结合区域的实际情况，打造适合区域发展的科技孵化器模式。政府可以考虑以下几点：一是区域内的各地方政府要找到被孵化项目的需求；二是吸引孵化项目，并要有适合项目成长的土壤和强大的专业服务提供支撑；三是让孵化项目活下来，也就是通过一系列流程加强对孵化项目的辅导，使孵化项目得到更有效的帮助；第四，要让孵化项目成长起来，政府要为孵化项目建立配套的孵化运作模式；第五，要让孵化项目走出去，即让孵化项目成长为一个没有孵化器保护也能吸引外部投资并生存下去的企业。

4. 其 他

科技金融服务部门应与政府机构、科技型企业、金融机构密切合作（见图8-4），消除信息壁垒，建立相应的退出机制。

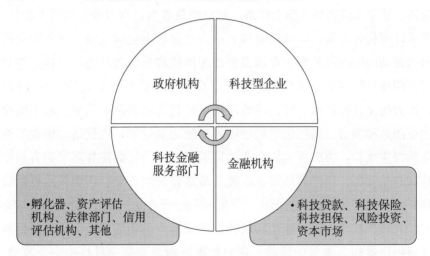

图8-4 科技金融服务部门与政府机构、科技型企业、金融机构的密切合作

第一，法律部门与金融机构的合作能够降低经济交易成本，促进科技、金融共同发展。法律能在经济活动中划分产权界限，并对产权进行细分，使得使用权和所有权分离，这是金融机构产生经济交易活动的基础。此外，法律在资金交易过程中能够对契约进行保护，法律还能与金融机构及政府部门有机结合，利用其法律强制力规范社会契约，降低社会整体的交易成本，促进科技金融安全发展。

　　第二，会计部门在经济活动中具有缓解信息不对称的重要作用，有助于金融机构的资金投放和政府部门的财务审查工作。会计可以反映整个经济运作过程，并且通过处理账务、填制报表等方式可以缓解信息不对称，减少代理成本。此外，区域内的各地方政府通过科技金融服务部门提供的信用评级与企业资产报告等信息，可用于对科技型企业进行分级，然后对其进行梯度培育和帮扶。

参考文献

[1] 白玉娟，于丽英．我国科技金融生态系统评价及空间演化趋势分析．科技管理研究，2019，39（23）．

[2] 柏建成，高增安，等．科技创新赋能了金融发展吗？——基于长江经济带门槛效应的实证研究．科技管理研究，2020，40（20）．

[3] 保罗·斯威齐．资本主义发展的理论．纽约：牛津大学出版社，1942.

[4] 曹金飞，吴邦江，朱旭强．互联网时代科技金融发展问题与对策研究——以常州市为例．金融经济，2019（18）．

[5] 陈非，陈昕，张红方．科技型中小企业融资难成因及对策研究——基于汕头市的调研．财会通讯，2019（23）．

[6] 陈非，陈昕．科技金融引领发展的汕头模式．人民论坛，2019（23）．

[7] 陈非，蒲惠荧，龙云凤．广东省科技金融投入与创新效率地区差异的实证研究．科技管理研究，2019，39（17）．

[8] 陈新艺．国内外科技金融与区域创新融合发展典型经验及对福建省的启示．科技和产业，2022，22（3）．

[9] 陈元刚，冯丹，蔡振武．珠三角金融发展水平、FDI溢出效应与经济增长的关系探讨．商业经济研究，2015（11）．

[10] 谌玲．科技金融支持科技型中小企业发展探讨．现代商贸工业，2019，40（30）．

[11] 崔璐，申珊，杨凯瑞．中国政府现行科技金融政策文本量化研究．福建论坛（人文社会科学版），2020（4）．

[12] 丁涛，胡汉辉．金融支持科技创新国际比较及路径设计．软科学，2009，23（3）．

［13］丁雨婷．硅谷集团科技金融发展模式借鉴．杭州金融研修学院学报，2019（10）．

［14］段雅欣，范思琪．河北省科技金融发展分析．福建质量管理，2020（16）．

［15］房汉廷．关于科技金融理论、实践与政策的思考．中国科技论坛，2010（11）．

［16］房汉廷．科技金融本质探析．中国科技论坛，2015（5）．

［17］冯华．科技服务业促进创新创业的国际经验与启示．科技中国，2021（5）．

［18］高丹文，刘虹，吴永芳，王敏．科技金融助推中小微企业创新发展的研究——以湖南省常德市实证分析为例．科技与金融，2020（4）．

［19］高媛．我国科技金融效率评价及影响因素研究．重庆：重庆工商大学，2021．

［20］郭红兵，徐淑一，曾玉叶．基于复合系统协同度模型的科技金融"三链协同"研究——北京、上海和广东的一个比较实证分析．南京财经大学学报，2019（5）．

［21］郭林涛．河南科技金融发展中存在的问题与对策研究．河南科学，2019，37（9）．

［22］胡斌，蔡雨欣．科技金融创新探究——基于对上海市"3＋X"科技信贷的分析．现代经济信息，2019（16）．

［23］胡苏迪．科技金融中心的形成机理与发展模式研究．南京：南京师范大学，2017．

［24］胡映雪．关于建立全国政策性科技信用担保体系的思考．商，2016（17）．

［25］华坚，胡金昕．中国区域科技创新与经济高质量发展耦合关系评价．科技进步与对策．2019，36（8）．

［26］华晓龙．国内外科技金融发展经验对苏州市的启示．内蒙古科技与经济，2020（22）．

［27］黄灿，许金花．日本、德国科技金融结合机制研究．南方金

融，2014（10）．

[28] 黄先海，宋学印．赋能型政府——新一代政府和市场关系的理论建构．管理世界，2021（11）．

[29] 黄运红．国外科技金融创新发展经验研究．商场现代化，2019（19）．

[30] 贾妍妍．我国科技金融发展思考．合作经济与科技，2019（18）．

[31] 贾臻，万芸，黄荣斌．科技金融对高技术产业科技创新的影响研究．科技和产业，2020，20（3）．

[32] 蒋鹤．科技创新与知识产权保护的关系简析．中阿科技论坛（中英文），2021（12）．

[33] 蒋渊巍．科技金融背景下长三角地区金融创新模式分析．现代营销（下旬刊），2019（8）．

[34] 金珊珊，雷鸣．日本科技创新金融支持体系的发展模式及启示．长春大学学报，2013，23（9）．

[35] 靳晓彤，王永强．科技金融生态运行机制研究．合作经济与科技，2019（17）．

[36] 李华军，刘贻新．"金科产"融合发展视角下金融资本作用路径及支持效率研究——基于资本形态及创新阶段的比较分析．科技管理研究，2018，38（14）．

[37] 李华军．改革开放四十年：科技金融的实践探索与理论发展．科技管理研究，2019，39（11）．

[38] 李慧．广东省促进科技成果转化的科技金融机制研究．科技与金融，2019（8）．

[39] 李琳．科技金融发展研究．农村．农业．农民（B版），2019（8）．

[40] 李书媛．科技金融服务分层赋能——初创期科技型企业信用担保的风控指标体系初探．营销界，2019（34）．

[41] 李思梦．科技金融背景下天津地区企业孵化器发展研究．价值工程，2019，38（25）．

[42] 李苏，胡启清，乔小燕．金融支持科技型企业融资问题研

究——以苏州市为例．时代金融，2016（9）．

［43］李兴伟．中关村科技金融创新的举措、问题及对策．证券市场导报，2011（1）．

［44］李永壮，张德环，等．专业技术人员科技创新与实务．北京：中国人事出版社，2015．

［45］林宗园．科技金融在无锡高新区发展中的现状及问题简析．太原城市职业技术学院学报，2019（9）．

［46］刘月田，宋立根．科技金融深度融合的探讨．中国财政，2019（24）．

［47］刘照，王安然．京津冀科技金融发展区域差异研究．产业创新研究，2019（6）．

［48］陆岷峰，黄百卉．互联网金融下一站：金融科技．企业研究，2019（3）．

［49］陆岷峰，李冬梅，汪祖刚．金融互联网背景下商业银行业务流程再造研究．成都行政学院学报，2014（5）．

［50］陆岷峰，陆顺，汪祖刚．互联网金融背景下商业银行"用户思维"战略研究——基于互联网金融在商业银行转型升级中的运用．石家庄经济学院学报，2015（2）．

［51］陆岷峰，马经纬，汪祖刚．金融科技背景下普惠金融基本矛盾图谱与解决路径研究．金融理论与实践，2019（8）．

［52］陆岷峰，徐博欢．互联网金融伦理秩序研究．武汉金融，2019（5）．

［53］马克思，恩格斯．马克思恩格斯选集：第1卷．3版．北京：人民出版社，2012．

［54］马彧菲，李浩，邱奇栋，王玮．云南省科技金融发展及其投入产出效率分析．时代金融，2019（25）．

［55］毛璐璐．科技金融支持科技型中小企业的发展研究．长春金融高等专科学校学报，2019（4）．

［56］倪芝青，严晨安，金旭东．杭州科技金融支持"双创"发展SWOT研究．杭州科技，2019（4）．

[57] 庞如超，韩钰．京津冀科技金融协同发展的合作机制研究．经济研究导刊，2019（17）．

[58] 祁丽．北京市科技与金融融合发展现状、难点与建议．金融经济，2019（14）．

[59] 秦亚飞，徐东方，胡瑞华．河北省科技金融资源配置效率与提升路径研究．山西农经，2019（17）．

[60] 青海省金融工作办公室课题组．金融支持与青海科技创新．青海金融，2015（12）．

[61] 沈海璐．科技金融服务平台存在的问题分析及提升对策研究．全国流通经济，2019（33）．

[62] 石薇，王洪卫．以科技金融创新打造上海科创中心软实力．科学发展，2015（9）．

[63] 司秋利，陈正其．金融发展与科技创新的良性互动：理论与实证．经济论坛，2020（9）．

[64] 孙娜，刘政永，王健．京津冀科技创新与金融发展空间交互效应分析及对策建议．统计与管理，2019（10）．

[65] 孙宁．金融科技背景下，对农村普惠金融的发展研究．金融经济，2019（16）．

[66] 孙晓慧．科技创新、科技金融与科技产出的协同发展研究．杭州：浙江大学，2019.

[67] 孙哲．国内外科技金融创新发展模式比较研究．纳税，2019，13（20）．

[68] 孙志燕．以色列以创新驱动经济发展的政策措施及借鉴．中国经济时报，2013-03-01.

[69] 陶永亮．中关村科技成果转化经验及对浙江的启示．中国科技信息，2020（7）．

[70] 王芳，许舒雅．我国科技金融技术效率及收敛性研究——基于区域差异视角的分析．金融发展研究，2019（8）．

[71] 王锋．大数据时代科技成果转化金融法律完善研究．科技与法律，2019（6）．

［72］王刚，黄鹭宏. 促进科技开发贷款业务发展的财政扶持政策研究. 海南金融，2011（1）.

［73］王健. 京津冀科技金融深度融合的路径研究. 产业创新研究，2019（9）.

［74］王健. 推进科技与金融的深度融合. 人民论坛，2019（24）.

［75］王伟，王硕. 公共科技金融研究述评与展望. 科学管理研究，2021，39（2）.

［76］王文桂. "科技金融合作平台"的运营理念研究. 会计师，2019（13）.

［77］王文静，王玉婷. 科技金融政策对科技企业创新能力的影响研究——以天津市为例. 天津商业大学学报，2020，40（2）.

［78］王雪辰. "一带一路"背景下科技金融支撑战略性新兴产业发展研究. 经济研究导刊，2019（18）.

［79］王勇健，等. 助力科技和产业创新，全力构建一流的科技金融服务体系. 中国企业改革发展优秀成果2019（第三届）下卷. 中国企业改革与发展研究会，2019-12-16.

［80］韦文求，王现兵，林雄，李大伟. 普惠性科技金融发展的探索与实践——基于广东经验. 科技管理研究，2019，39（13）.

［81］卫红，吴中华. 科技创新型中小企业直接融资问题研究. 财政监督，2011（20）.

［82］魏江林. 科技金融支撑战略性新兴产业的发展路径研究. 企业改革与管理，2019（19）.

［83］魏路遥. 国内四城市科技金融发展比较及国际经验借鉴. 海南金融，2019（7）.

［84］文海兴，张铭，许晓征. 韩国信用保证体系及其启示. 中国金融，2011（21）.

［85］吴明玺. 世界各国中小企业信用担保制度的经验及对我国的启示. 世界经济研究，2014（7）.

［86］奚兴强，孙亚琴，沙一心. 科技金融发展对区域经济增长的影响——基于区域创新视角的分析. 经济研究导刊，2019（33）.

[87] 谢黎, 唐美灵, 任波. "另类数据"在科技金融服务领域的应用研究. 中国科技资源导刊, 2019, 51 (5).

[88] 谢颖昶. 科技金融对企业创新的支持作用——以上海张江示范区为例. 技术经济, 2014 (2).

[89] 熊慧, 雷阳. 青海省科技金融发展探讨. 青海金融, 2021 (11).

[90] 徐涛, 周文泳, 尤建新, 陆铭. 科技金融文献述评: 基于可视化工具的分析. 上海管理科学, 2019, 41 (6).

[91] 徐璋勇, 陈立新. 金融发展对科技创新支持的实证研究——基于我国 2004—2015 年省市面板数据的分析. 西部金融, 2018 (5).

[92] 徐志成, 仲崇高. 企业科技创新能力与水平指标评价体系构建. 河海大学学报 (哲学社会科学版), 2011, 13 (4).

[93] 许超. 我国科技金融发展与国际经验借鉴——以日本、德国、以色列为例. 国际金融, 2017 (1).

[94] 许自豪, 黄慧敏. 江西推进科技金融发展的问题及对策建议. 科技广场, 2019 (6).

[95] 杨刚. 科技与金融结合的支撑体系研究. 工业技术经济, 2005 (8).

[96] 杨晓丽, 孙凌杉. 基于金融产业链的科技金融发展研究——苏州模式的借鉴与启示. 科学管理研究, 2015 (2).

[97] 约翰·伊特韦尔. 新帕尔格雷夫经济学大辞典. 北京: 经济科学出版社, 1996.

[98] 战昱宁, 赵玲, 丁艳. 科技金融资源配置效率研究——以杭州为例. 科技和产业, 2019, 19 (9).

[99] 张宸嘉. 金融科技创新推动农村普惠金融发展的思考. 山西农经, 2021 (23).

[100] 张林, 李雨田. 金融发展与科技创新的系统耦合机理及耦合协调度研究. 南方金融, 2015 (11).

[101] 张梦欢. 科技创新引领金融发展思考. 合作经济与科技, 2016 (20).

[102] 张明喜，赵秀梅．科技金融中心的内涵、功能及上海实践．科学管理研究，2016（4）．

[103] 张普．美日韩发展科技金融的经验及对江苏的启示．江苏科技信息，2012（9）．

[104] 张倩霞，科技金融发展模式比较研究——以京沪粤浙苏为例．兰州：甘肃科技大学，2018．

[105] 张雅婷．广州科技金融发展策略研究．广州：广东外语外贸大学，2019．

[106] 张缨．科技金融：促进政府创新政策"有效供给"．中国科技论坛，2015（10）．

[107] 张忠寿，高鹏．科技金融生态系统协同创新及利益分配机制研究．宏观经济研究，2019（9）．

[108] 郑好，武山．金融发展对科技创新的空间溢出效应分析．统计与决策，2021，37（13）．

[109] 周代数，张俊芳，马宁．科技金融助力中小企业创新发展的机理分析与实践启示——基于成都模式的研究．全球科技经济瞭望，2020，35（4）．

[110] 朱波强，李权，蔡洪文．"双创"背景下科技金融运行机制创新．中国高校科技，2019（10）．

[111] 朱沛，孙英隽．我国科技型中小企业融资难影响因素分析——基于科技银行和科技型中小企业之间的博弈．中国物价，2019（7）．

[112] Ágnes Györi, Ágnes Czakó, Gergely Horzsa. Innovation, Financial Culture, and the Social-Economic Environment of SMEs in Hungary. *East European Politics Societies and Cultures*, 2019, 33 (4).

[113] Alberto De Oliveira. Financial Innovations and Sanitation Services: The Battle Between Low-income Users and Shareholders. *Bulletin of Geography. Socio-Economic Series*, 2020, 47 (47).

[114] Chang-Hyun Jin, Jung-Yong Lee. The Impact of Entrepreneurship on Managerial Innovation Capacity: The Moderating Effects of Policy Finance and Management Support. *South African Journal of*

Business Management, 2020, 51 (1).

[115] Chien-Chiang Lee, Chih-Wei Wang, Shan-Ju Ho. Financial Inclusion, Financial Innovation, and Firms' Sales Growth. *International Review of Economics and Finance*, 2020 (66).

[116] Chien-Chiang Lee, Chih-Wei Wang, Shan-Ju Ho. Financial Innovation and Bank Growth: The Role of Institutional Environments. *North American Journal of Economics and Finance*, 2020 (53).

[117] CIBC Innovation Banking. Worximity Technology Inc. Secures $1.5 Million in Growth Financing from CIBC Innovation Banking. *Journal of Robotics Machine Learning*, 2020.

[118] Dalia M. Ibrahiem. Do Technological Innovations and Financial Development Improve Environmental Quality in Egypt?. *Environmental Science and Pollution Research*, 2020 (27).

[119] Dante I. Leyva-de la Hiz, Vera Ferron-Vilchez, J. Alberto Aragon-Correa. Do Firms' Slack Resources Influence the Relationship Between Focused Environmental Innovations and Financial Performance? More Is Not Always Better. *Journal of Business Ethics*, 2019, 159 (4).

[120] Eagle Spirit Energy Holdings Ltd. Contracts with Legacy Financial Systems Inc. and True Innovations Inc. for the Eagle Spirit Energy Corridor. *Journal of Engineering*, 2019.

[121] Elena Cefis, Eleonora Bartoloni, Marco Bonati. Show Me How to Live: Firms' Financial Conditions and Innovation During the Crisis. *Structural Change and Economic Dynamics*, 2020 (52).

[122] Equity Pandit Financial Services Pvt. Ltd. Equity Pandit's Newly Launched "Prima" Awarded as Best Innovation of the Year by the Economic Times. *Journal of Engineering*, 2020.

[123] Finance- Finance and Business. New Finance and Business Findings Reported from McMaster University (Assessing the Impact of Big Data on Firm Innovation Performance: Big Data Is Not Always Better

Data). *Information Technology Newsweekly*, 2020.

[124] Finance-Financial Economics. Researchers from Istanbul Medipol University Report on Findings in Financial Economics (Stochastic Hybrid Decision-making Based on Interval Type 2 Fuzzy Sets for Measuring the Innovation Capacities of Financial Institutions). *Journal of Technology Science*, 2020.

[125] Friday Osemenshan Anetor. Foreign Capital Inflows, Financial Development and Growth in Nigeria: A Structural VAR Approach. *The Journal of Developing Areas*, 2020, 54 (3).

[126] Gök Adem. The Role of Financial Development on Carbon Emissions: A Meta Regression Analysis. *Environmental Science and Pollution Research International*, 2020, 27 (11).

[127] Hayat Khan, Itbar Khan, Truong Tien Binh. The Heterogeneity of Renewable Energy Consumption, Carbon Emission and Financial Development in the Globe: A Panel Quantile Regression Approach. *Energy Reports*, 2020 (6).

[128] Jaison Chireshe, Matthew K. Ocran. Financial Development and Health Outcomes in Sub-Saharan African Countries. *The Journal of Developing Areas*, 2020, 54 (3).

[129] Jan Žáček. Should Monetary Policy Lean Against the Wind? Simulations Based on A DSGE Model with an Occasionally Binding Credit Constraint. *Economic Modelling*, 2020 (88).

[130] Lulu Liang. Research on the Innovation of Financial Management in Colleges and Universities under the New Situation. *Journal of Economics and Public Finance*, 2019, 5 (4).

[131] Mathew Hughes, Yi-Ying Chang, Ian Hodgkinson, Paul Hughes, Che-Yuan Chang. The Multi-level Effects of Corporate Entrepreneurial Orientation on Business Unit Radical Innovation and Financial Performance. *Long Range Planning*, 2020.

[132] Michael Machokoto, Geofry Areneke. Does Innovation and

Financial Constraints Affect the Propensity to Save in Emerging Markets?. *Research in International Business and Finance*, 2020 (52) .

［133］Mingting Kou, Yuanqi Yang, Kaihua Chen. The Impact of External R&D Financing on Innovation Process from a Supply-demand Perspective. *Economic Modelling*, 2020.

［134］Pietro Pizzuto. Regional Effects of Monetary Policy in the U. S. : An Empirical Re-assessment. *Economics Letters*, 2020 (190) .

［135］Qifan Xu. Macro Monetary Policy and Micro Corporate Behavior. *Modern Economy*, 2020, 11 (3).

［136］Shankar S. Gowri, Miller James M. Balakrishnan P. V. Sundar. Evolutionary Disruption of S&P 500 Trading Concentration: An Intriguing Tale of A Financial Innovation. *PloS One*, 2020, 15 (3).

［137］Shoaib Hafiz Muhammad, Rafique Muhammad Zahid, Nadeem Abdul Majeed, Huang Shaoan. Impact of Financial Development on CO2 Emissions: A Comparative Analysis of Developing Countries and Developed Countries. *Environmental Science and Pollution Research International*, 2020, 27 (11).

［138］Solow R. Technical Change and the Aggregate Production Function. *Review of Economics and Statistics*, 1957 (8) .

［139］Trumel Redmond, Muhammad Ali Nasir. Role of Natural Resource Abundance, International Trade and Financial Development in the Economic Development of Selected Countries. *Resources Policy*, 2020 (66) .

［140］Xiaoyu Li, Jiahong Yuan, Yan Shi, Zilai Sun, Junhu Ruan. Emerging Trends and Innovation Modes of Internet Finance—Results from Co-Word and Co-Citation Networks. *Future Internet*, 2020, 12 (3).

［141］Xin Chang, Yangyang Chen, Sarah Qian Wang, Kuo Zhang, Wenrui Zhang. Credit Default Swaps and Corporate Innovation. *Journal of Financial Economics*, 2019, 134 (2).

后　记

　　秉科技之兴，行必善，建必功，汇通四海；倚金融之畅，事于诚，立于信，财聚八方。我国已经实现了第一个百年奋斗目标，在全面建成社会主义现代化强国的第二个百年奋斗目标的征程中，新时代呼唤新科技金融。时光如影，岁月如梭，从我在大学毕业的实习期间接触科技金融到后来进行深入的学术研究，屈指算来，已有 15 个年头。从当初的一个懵懂者和受益者转变成当下的一个醒目者和研究者，于我来说，是一种实践提高和理论成熟。随着时光的流逝和年龄的增长，将所有对科技金融发展的个人认知贯穿起来，我们会发现：我国科技金融的发展真可谓"沉舟侧畔千帆过，病树前头万木春"。过去四十多年来，我国科技金融迭代发展的初心始终围绕科技创新，只有深刻理解科技端的金融需求，才能更好地进行金融供给侧改革。不管是成功的经验还是酸楚的教训，不管是顺利的改革还是惨痛的失败，过去多年的所研所感拨动了我研究和写作的全部兴趣。事实上，读懂中国科技金融发展的过去、现在和未来，就有了生动的案例，所以本书写作的初心也是为了更好地研究科技金融区域发展的理论与实践。

　　在 2007 年大学毕业的实习期间，我进入银行系统的某单位进行毕业实习，自此开始接触和了解科技金融的产品知识。2008 年，在我攻读悉尼大学硕士学位期间，通过多次与当地金融业界人士交流，我从一个国际视角了解了澳大利亚本土科技金融的发展情况以及科技金融的国际化运营，个别热心的朋友还通过单位可视化的信息系统给我演示了科技金融产品的功能和用途。对于一个学生来说，这提供了一个充分认知科技金融产品的机会。2010 年回国后，在我攻读中山大学岭南学院博士学位期间，在参加导师定期举行的科技金融专题研讨会上，我深深感受到了这一领域的复杂性、多面性和广泛性，也对这个领域产生了浓厚的兴趣。

　　在 2014 年博士毕业后，我有幸进入广州大学工作。在大学中，我教授过"财政学""金融理论与政策""互联网金融"等多门课程，主持过多个科技金融领域的国家级和省部级课题，而后又在商业银行兼职担任独立董事，也曾在学校财务处等职能部门工作。这些经历既开拓了我的学术视野，又丰富了我的人生经历。

　　在本书撰写完成之际，首先，我要感谢我的家人，感谢他们在生活（特别是心灵）上的支持，无数个深夜，当我静静敲着这些思想上的感悟时，家人的一杯牛奶、一杯热茶或者一声问候都让我从心底感到温暖，他们的爱让我体会到了生活的真、善、美。其次，感谢李胜兰教授和叶祥松教授在科技金融领域的理论研究方面给予我的无私指点。再次，感谢我的硕士生团队，感谢张红、郑伟钢、李泽、陈铭善等人在书稿撰写过程中的支持和付出。最后，感谢所有阅读本书的朋友，希望我的一些思考有生命、有价值、有热力，能够带给大家一些感悟。

　　《礼记·中庸》十九章有云："博学之，审问之，慎思之，明辨之，笃行之。"学术道路无止境，我将在科研道路上积极探索，继续前行。由于时间和水平有限，本书的不足乃至谬误之处在所难免，敬请各位专家和学界同仁批评指正。

图书在版编目（CIP）数据

科技金融区域发展研究/冯锐著. -- 北京：中国
人民大学出版社，2022.11
ISBN 978-7-300-31235-4

Ⅰ.①科… Ⅱ.①冯… Ⅲ.①科学技术-区域金融-
经济发展-研究-中国 Ⅳ.①F832.7

中国版本图书馆 CIP 数据核字（2022）第 220667 号

科技金融区域发展研究

冯 锐 著

Keji Jinrong Quyu Fazhan Yanjiu

出版发行	中国人民大学出版社			
社 址	北京中关村大街 31 号		**邮政编码**	100080
电 话	010 - 62511242（总编室）		010 - 62511770（质管部）	
	010 - 82501766（邮购部）		010 - 62514148（门市部）	
	010 - 62515195（发行公司）		010 - 62515275（盗版举报）	
网 址	http://www.crup.com.cn			
经 销	新华书店			
印 刷	北京宏伟双华印刷有限公司			
规 格	160 mm×230 mm 16 开本		**版 次**	2022 年 11 月第 1 版
印 张	15.5 插页 1		**印 次**	2022 年 11 月第 1 次印刷
字 数	230 000		**定 价**	68.00 元